Policy Analysis of Community-based Disaster Reduction

社区减灾政策分析

俸锡金 王东明 著

图书在版编目(CIP)数据

社区减灾政策分析/俸锡金,王东明著. —北京:北京大学出版社,2014.4
(公共管理论丛)
ISBN 978-7-301-24095-3

Ⅰ. ①社… Ⅱ. ①俸… ②王… Ⅲ. ①社区-减灾-公共政策-政策分析
Ⅳ. ①C912.8

中国版本图书馆 CIP 数据核字(2014)第 068223 号

书　　　名：	社区减灾政策分析
著作责任者：	俸锡金　王东明　著
责 任 编 辑：	高桂芳　张　昕
标 准 书 号：	ISBN 978-7-301-24095-3/C·1004
出 版 发 行：	北京大学出版社
地　　　址：	北京市海淀区成府路 205 号　100871
网　　　址：	http://www.pup.cn
新 浪 微 博：	@北京大学出版社
电 子 信 箱：	ss@pup.pku.edu.cn
电　　　话：	邮购部 62752015　发行部 62750672　编辑部 62753121
	出版部 62754962
印 　刷 　者：	三河市博文印刷厂
经 　销 　者：	新华书店

965 毫米×1300 毫米　16 开本　14.5 印张　223 千字
2014 年 4 月第 1 版　2014 年 4 月第 1 次印刷

定　　价：38.00 元

未经许可,不得以任何方式复制或抄袭本书之部分或全部内容。
版权所有,侵权必究
举报电话:010-62752024　电子信箱:fd@pup.pku.edu.cn

本书由英国国际发展部(DFID)出资、联合国开发计划署(UNDP)进行项目管理的"亚洲社区综合减灾合作项目"资助出版

目 录

前言 …………………………………………………………… (1)

第一章 社区减灾政策概述 …………………………………… (1)
 第一节 社区和社区减灾 ……………………………………… (2)
 第二节 社区减灾政策的定义和分类 ………………………… (10)
 第三节 社区减灾政策分析的内容和方法 …………………… (16)

第二章 社区减灾政策环境 …………………………………… (27)
 第一节 经济财政制度影响 …………………………………… (28)
 第二节 社会治理制度影响 …………………………………… (32)
 第三节 教育文化与科技影响 ………………………………… (39)

第三章 社区减灾政策制定 …………………………………… (46)
 第一节 社区减灾政策的制定主体 …………………………… (47)
 第二节 政策对象分析与社区减灾政策制定 ………………… (57)
 第三节 政策需求分析与社区减灾政策制定 ………………… (71)

第四章 社区减灾政策执行 …………………………………… (79)
 第一节 社区减灾政策执行主体 ……………………………… (80)
 第二节 政策强度与社区减灾政策执行 ……………………… (83)

第三节　政策执行困境与社区减灾政策执行 …………… (97)
第五章　社区减灾政策评估 ……………………………………… (107)
　　第一节　评估的目的和内容 …………………………………… (108)
　　第二节　评估的方法和技能 …………………………………… (123)
第六章　社区减灾政策发展 ……………………………………… (130)
　　第一节　社区减灾政策发展的长期目标 ……………………… (131)
　　第二节　社区减灾政策发展的具体途径 ……………………… (134)
　　第三节　社区减灾政策发展的主要动力 ……………………… (143)
　　第四节　社区减灾政策发展的现实困境 ……………………… (149)
附录1　相关典型政策 …………………………………………… (160)
附录2　相关典型案例 …………………………………………… (213)
主要参考书目 …………………………………………………… (220)
后记 ……………………………………………………………… (225)

前　言

我们对社区减灾政策的关注,源自于2008年12月承担的联合国开发计划署(UNDP)资助的"早期恢复和灾难风险管理项目"的子项目——农村社区减灾能力建设研究。正是这个项目,让我们与社区减灾政策研究结下了不解之缘。

最初对社区减灾和社区减灾政策进行研究,仅仅是为了完成项目任务,一点也没有撰写成书的想法。但没有想到的是,在那之后的几年时间里我们还会承担或参与一系列与社区减灾相关的研究或工作,让我们在积累大量资料的同时,也深刻认识到了政策在推动社区减灾工作中的重要作用。于是,我们便萌生了撰写一本介绍和分析我国社区减灾政策的著作的想法。这一想法得到了民政部救灾司减灾处处长来红州博士和联合国开发计划署驻华代表处助理国别主任杨方女士的大力支持。他们特地邀请我们参加由英国国际发展部出资,联合国开发计划署进行项目管理,民政部、中国水利水电科学研究院、中国地震应急搜救中心以及孟加拉、尼泊尔两国共同实施的"亚洲社区综合减灾合作项目",并让我们承担了其中的"中国社区减灾政策研究"部分的任务。

在对过去几年积累的与社区减灾相关的资料和成果进行分析的基础上,我们借助公共政策理论和系统分析方法,将社区减灾政策的研究定位在回溯性政策分析上,并试图通过一种反思式的政策分析,对社区减灾政策生命周期的几个关键环节即政策的制定、执行和评估进行重点研究和分析，进而为我国社区减灾政策的发展提出一些建设性的政策建议。同时，为对社区减灾政策的分析更为全面，我们也将影响社区减灾政策整个生命过程的政策环境和政策发展作为研究的重要内容。

本书的脉络和各章之间的逻辑关系是在掌握资料的基础上经多次讨论确定的。第一章从总体上对与社区减灾政策分析相关的概念和方法进行了概述，界定了社区、社区减灾和灾害的基本概念，介绍了本书关于社区减灾政策的定义和分类、社区减灾政策分析的内容和方法；第二章从经济财政制度、社会治理制度、教育与文化、信息技术四个方面，对政策环境如何影响社区减灾政策进行了深入分析；第三章介绍了我国社区减灾政策的制定主体，并重点分析了社区减灾政策制定应考虑的两个关键性因素——政策对象和政策需求；第四章介绍了社区减灾政策的执行主体，并结合具体政策案例分析了影响社区减灾政策执行的两个重要因素——政策强度和执行困境；第五章结合北京市社区减灾政策的具体案例，从评估的目的和内容、评估的方法和技能两个方面对社区减灾政策评估进行了阐述和分析；最后一章从政策发展的长期目标、具体途径、主要动力和现实困境四个方面，深入探讨了我国社区减灾政策的发展。

本书是"亚洲社区综合减灾合作项目"的成果之一，也是集体劳动的结晶。俸锡金提出本书的写作框架，撰写第一、三、四、六章，并负责全书统稿；王东明撰写第二、五章。

在写作过程中，我们力图将公共政策的理论和社区减灾政策的实践有机结合起来，在进行理论分析的同时也相应介绍了我国社区减灾政策运行的实际情形。相信读完本书后，读者不仅能对我国社区减灾政策有所了解，更能有所启发并有所收获。

作　者
2014 年 1 月 1 日

第一章
社区减灾政策概述

作为公共管理者治理社区的一种手段,社区减灾政策同样担负着"实现社区有效治理"的这一使命。所以,从公共政策的角度来讨论社区的界定,更多的是着眼于有效管理的考量。

范式的作用集中于理顺和总结现实,弄清我们应当选择哪条道路来实现我们目标。"四个统筹"之所以被我们称为综合减灾的范式,就在于它十分清晰地告诉了人们,综合减灾究竟是什么,以及减灾政策的执行者应该怎样做。

从公共政策的角度而言,"四个统筹"是"确定具体政策应采取的态度,应依据的假设,应遵循的指导原则,是一种主导政策"。作为一项特殊的减灾政策,社区减灾政策也必然要遵循和体现"四个统筹"的基本原则。换句话说,大减灾和综合减灾是社区减灾的题中应有之义。

从公共政策的视角来研究和探讨社区减灾并不是一件轻松的事情。首当其冲的是,关于社区的定义,无论是在学术研究领域还是在管理实践领域都还存在着各种不同的理解;其次,关于减灾究竟是"大减灾"的概念还是"小减灾"的概念,同样也还有着不同的看法。而这一切恰恰就是探讨社区减灾政策最为基础的部分。本章基于我国社区减灾尤其是社区减灾政策的现实考虑,提出了本书所依托的社区和社区减灾的基本界定;在此基础上,厘清社区减灾政策的定义和分类,并提出社区减灾政策分析的框架和方法。

第一节　社区和社区减灾

一、社区的界定

自从德国社会学家藤尼斯提出"社区"这一概念之后,世界各国的研究者基于社会发展和历史变迁所带来的社区变化,在不同的历史发展时期,对社区的内涵和外延作出了不尽相同的诠释。这些多元化的社区定义,大致可以归结为功能主义观点和地域主义观点。前者认为社区是由有共同目标和共同利害关系的人组成的社会团体,即功能社区;后者认为社区是在一个地区内共同生活的有组织的人群,即地域性社区。①

与学者们研究的视角不同,我国政府管理者更注重从管理的角度来界定社区的边界和功能,更多地强调如何才能实施有效的社区治理。如时任民政部基层政权和社区建设司司长的张明亮曾撰文指出:"要按照便于服务管理、便于开发社区资源、便于社区自治的原则和地域认同感等社区构成要素,对原有街道、居委会规模作适当的调整,以调整后的居委会辖区作为城市的主导形式,形成地域社区。"② 2000 年 11 月 19 日,由中共中央办公厅和国务院办公厅联合转发的《民政部关于在全国推进城市社区建设的意见》也开宗明义地提出,"社区是指聚居在一定地域范围内的人们所组成的社会生活共同体。目前城市社区的范围,一般是指经过社区体制改革后作了规模调整的居委会辖区"③。由此可见,尽管政府管理者对社区的界定源于治理的需要,但事实上叠加了功能社区和地域性社区的主要内涵。

---

① 姜振华、胡鸿保:《社区概念的发展历程》,载《中国青年政治学院学报》2002 年第 4 期,第 122 页。
② 张明亮:《城市社区建设的探索和推进》,载《北京行政学院学报》2001 年第 1 期,第 2 页。
③ 见《中共中央办公厅、国务院办公厅关于转发〈民政部关于在全国推进城市社区建设的意见〉的通知》(中办发〔2000〕23 号)。

作为公共管理者治理社区的一种手段,社区减灾政策同样担负着"实现社区有效治理"的这一使命。所以,从公共政策的角度来讨论社区的界定,更多的是着眼于有效管理的考量。首先,作为一项特殊的公共政策,社区减灾政策的执行必然要依托现有的组织系统,尤其是法定社区的组织系统来实现其应有的功能;其次,作为一项特殊的减灾政策,社区减灾政策在规范和引导常态情形下法定社区减灾行为的同时,也必然要考虑将非常态情形下建立的临时社区的减灾行为纳入其规范和引导的范畴。

基于这样的两种考量,社区便可界定为"以一定规范和制度,将一定地域范围内的个人、群体和组织结合在一起的社会生活共同体"。对这一定义可做如下理解:首先,一定的地域范围通常是指法定社区的辖区范围。具体而言,在农村指的是行政村或自然村辖区;在城市指的是街道辖区或居委会辖区,以及城市发展新划分的社区委员会辖区。其次,在特定的情形下,一定的地域范围还包括临时划分的特定区域。如2008年四川汶川特大地震发生后,为安置受灾群众而建立的帐篷社区或板房社区管辖的特定区域(见专栏1.1);在重大工程建设中临时建立的工程建设者聚居区。最后,在这一定的地域范围内,所有的个人、群体或组织都会受到一定规范和制度的约束。

专栏1.1

汶川地震后建立的临时社区

针对若干村(社区)受灾群众集中居住、打破原建制的大规模过渡安置点,按原村(社区)相对集中原则,成立过渡安置点社区管委会。社区管委会对安置点实行统一集中管理。管委会下设居民委员会,居委会下设居民小组,通过多层次的形式,最终实现社区化管理。社区是安置点最小的细胞,通过"再造社区",将原来不同社区居民再次融入社区管理,解决基层管理结构的"盲点"问题。

资料来源: 四川省民政厅提供的《汶川特大地震抗震救灾志(卷六)·灾区生活志》资料长编。

二、社区减灾的涵义

社区减灾的涵义至少可以从三个层面来理解。首先,社区减灾中灾害的内涵是什么?其次,社区减灾的本质是什么?最后,社区减灾何以重要?这三个问题关系着我们对社区减灾政策环境、社区减灾政策制定和社区减灾政策执行等诸多方面的理解。

1. 灾害和减灾

在这里,灾害不是指广泛意义上的灾害,而仅仅是指自然灾害。自然灾害是指由自然因素造成人类生命、财产、社会功能和生态环境等损害的事件和现象①,主要包括干旱、洪涝灾害,台风、冰雹、雪、沙尘暴等气象灾害,火山、地震灾害,山体崩塌、滑坡、泥石流等地质灾害,风暴潮、海啸等海洋灾害,森林草原火灾和重大生物灾害等。② 自然灾害不仅具有自然属性,而且具有社会属性。③ 这种双重属性,决定了自然灾害问题不仅仅是一个单纯的技术问题,同时还是一个复杂的社会问题,是一个需要运用综合手段、协调各方力量来加以解决的问题。理解了这一点,才能更好地理解和把握减灾的深刻内涵。

减灾是在灾害管理的各个阶段,采取一系列措施减轻灾害造成的人员伤亡、财产损失,以及灾害对社会和环境的影响。④ 从这一概念可以看出,减灾是一个大减灾和综合减灾的概念。它在时间序列上涵盖了灾害发展各个阶段即灾前、灾中和灾后;它在灾害种类上涵盖了自然灾害的各种类型;它在减灾措施上涵盖了减灾所需的各种手段和各类资源。综合减灾概念的提出,既源自于灾害的复杂性和影响的广泛性,也源自于人们在与灾害长期的斗争过程中对灾害和减灾工作的不断认识和深刻反思。尤其是20世纪90年代以来,无论是科研工作者还是减灾工作的实践者,都在不断总结和反思如何走出"九龙治水"式的减灾工作的困境,建立综合减灾的发展模式。

---

① 《中华人民共和国国家标准:自然灾害基本术语》,北京:中国标准出版社2011年版,第1页。
② 《国务院办公厅关于印发国家自然灾害救助应急预案的通知》(国办函〔2011〕120号)。
③ 参见国家科委全国重大自然灾害综合研究组:《中国重大自然灾害及减灾对策(总论)》,北京:科学出版社1994年版,第6页。
④ 《中华人民共和国国家标准:自然灾害基本术语》,北京:中国标准出版社2011年版,第1页。

1994年,国家科委全国重大自然灾害综合研究组在对我国自然灾害总况、特点、规律、区划,建国40多年来减灾工作的成就和问题,以及"国际减灾十年"减灾工作新阶段的形势进行分析的基础上,认为"减灾研究从自然科学界向社会科学界渗透;在概念上从单纯技术性的灾害规律研究,向社会减灾实践方面转化;减灾活动从部门向社会扩展,已成为减灾工作发展的总体趋势,只有充分发挥政府、科技、社会三个方面的积极性才能完成减灾大业"①,并提出了综合减灾的发展思路。2006年10月9日,国家减灾委主任、国务院副总理回良玉在加强减灾能力建设座谈会上,提出了加强综合减灾能力建设的"四个统筹"(见专栏1.2),对如何开展综合减灾工作进行了比较系统的阐述,标志着综合减灾范式的基本形成。

范式的作用集中于理顺和总结现实,弄清我们应当选择哪条道路来实现我们的目标。②"四个统筹"之所以被我们称为综合减灾的范式,就在于它十分清晰地告诉了人们,综合减灾究竟是什么,以及减灾政策的执行者应该怎样做。所以,从公共政策的角度而言,"四个统筹"是"确定具体政策应采取的态度,应依据的假设,应遵循的指导原则,是一种主导政策"③。作为一项特殊的减灾政策,社区减灾政策也必然要遵循和体现"四个统筹"的基本原则。换句话说,大减灾和综合减灾是社区减灾的题中应有之义。

专栏1.2

综合减灾"四个统筹"的具体内容

加强综合减灾能力建设是一项复杂的系统工程,必须全面贯彻落实科学发展观,按照以人为本和构建社会主义和谐社会的要求,充分发挥各有关部门和社会各方面的合力作用,统筹考虑各灾种以及灾害发展各个阶段的

---

① 国家科委全国重大自然灾害综合研究组:《中国重大自然灾害及减灾对策(总论)》,北京:科学出版社1994年版,第6—7页。
② 〔美〕塞缪尔·亨廷顿:《文明的冲突与世界秩序的重建》,周琪等译,北京:新华出版社2002年版,第10页。
③ 〔美〕叶海卡·德罗尔:《政策科学的构想》,美国艾尔希维亚出版有限公司1971年版,第63页。

不同特点,综合运用多种减灾手段,实现各方面、各环节减灾工作的统筹协调,以及各部门、各领域减灾信息和资源的交流共享,最大程度地减轻灾害造成的人员伤亡和经济损失。按照这一要求,综合减灾工作必须要做到"四个统筹":

一要统筹抗御各类灾害。我国国土面积广袤,地理气候条件复杂,灾害种类多,分布范围广,而且往往呈现群发性特点,一次重大灾害可以衍生一系列次生灾害,形成灾害链。这就要求我们在灾害管理工作中,要统筹考虑各类灾害风险分布情况和发生特点,综合制定各项防灾、减灾和备灾措施,切实提高针对各类自然灾害的防范应对能力。

二要统筹做好灾害发展各个阶段的工作。灾前、灾中、灾后等各阶段的灾害管理工作各有侧重,上一阶段减灾措施的成效,往往会影响到下一阶段的工作;防灾备灾工作不充分,应急处置工作就会陷入被动;应急处置措施不得力,就会加大恢复重建工作的难度。我们要在继续坚持多年来形成的"以防为主,防、抗、救相结合"减灾方针的基础上,进一步强化灾害监测预警、防灾备灾、灾害应急、恢复重建等各个关键阶段的有序衔接和综合协调,全面提高减灾工作总体成效。

三要统筹整合各方面资源。做好综合减灾工作,既要充分发挥各级政府的作用,又要明确有关企、事业单位的责任和义务;既要充分发挥解放军、武警官兵、公安干警、民兵预备役等的突击队作用和专业救援队伍的作用,又要有效动员社会各方面的力量,最大程度地形成减灾合力。

四是统筹运用各种减灾手段。加强综合减灾工作不能靠"单打一",而是要多措并举。要做到工程性措施与非工程性措施相结合,在加强防灾减灾基础设施建设的同时,切实加强灾害应急管理、提高社会公众的防灾减灾意识;做到行政手段与市场机制相结合,在加强行政管理的同时,充分发挥市场机制作用,综合运用金融、保险等各种手段,提高减灾效能,分散灾害风险。

材料来源:国家减灾委主任、国务院副总理回良玉2006年10月9日在加强综合减灾能力建设座谈会上的讲话。

2. 社区减灾的本质

社区减灾的本质究竟是什么,是一个值得探讨的本源问题。对这一问题的认识,在很大程度上影响着社区减灾政策的选择。就像我们日常生活中对一个人的本性判断,说其从本质上是一个好人或坏人一样,不同的定性势必会影响人们与该人相关联的一系列行为的选择。

从所能检索到的文献资料来看,对这一问题的研究和探讨还比较少。研究者更多地是从社区减灾的外在表现来阐述社区减灾是什么。吕芳从主体关系角度来定义社区减灾,她认为,"社区减灾是指活跃在社区里的各个主体如居民、企业、民间组织、基层政府等结成一种合作伙伴关系,在灾害面前具备基本的自救、互救能力"①。周晓红和周晓菁基于工作层面认为,"社区减灾,顾名思义就是在社区范围内进行的减灾工作。社区减灾的含义至少包括四个方面:一是社区减灾是以社会的最基本单元或者社会大机体的细胞为背景,是最基础最基层的减灾工作;二是社区减灾是以减轻各种灾害对社区人居环境的影响为目标,最终要升华为一种安全社区文化;三是社区减灾作为最广泛深刻和全面综合的减灾工作,囊括了社区内的自然灾害、环境灾害、人为技术灾害和其他公共事件应对过程的全部内容;四是社区减灾是社区建设的重要内容之一,为社区建设提供支持保障并服从和服务于社区建设"②。陈建英对社区减灾的定义最接近社区减灾的本质。他认为,"社区减灾,是基层政府管理向社区延伸、向居民提供减灾公共产品和服务,社区自主采取减灾措施保护居民安全二者的有机结合"③。

事实上,构建伙伴关系也好,提供公共产品和服务也罢,所有这些活动都是公共管理的外在表现。也就是说,社区减灾在本质上是一项公共管理活动。④ 这一本质属性可做如下理解:

首先,社区减灾作为一项公共事务管理活动,不仅仅是政府,政府之外的其他公共组织也参与其中。质言之,社区减灾的主体是由政府和其他公

---

① 吕芳:《社区减灾:理论与实践》,北京:中国社会出版社2011年版,第1页。
② 周晓红、周晓菁:《社区减灾综合对策分析》,载《中国减灾》2006年第4期,第24页。
③ 丁石孙:《灾害管理与平安社区》,北京:群言出版社2006年版,第257页。
④ 关于公共管理的涵义,参见陈庆云:《公共管理研究中的若干问题》,载《中国人民大学学报》2001年第1期,第22—27页。

共组织共同构成的多元化开放体系。

其次,在这一公共管理主体体系中,政府始终是最核心的公共管理主体。这是因为,(1)减轻社区的灾害风险和减少社区的灾害损失是政府不能放弃和推脱的责任和职能,政府理应在社区减灾中发挥主导和推动作用;(2)社区减灾政策是最大和最重要的社区减灾公共产品,这一产品只能由政府提供;(3)其他公共组织尤其是社区自治组织能力的有限性,也决定了核心的社区减灾产品只能由政府提供;(4)从我国社区减灾的实践来看,绝大部分社区减灾都是在政府主导和推动下进行的。

最后,社区减灾是由一系列减灾公共产品和服务构成的总和,政府不必是唯一的提供者,也不必直接提供某些公共产品和服务,它可以通过建立公共部门与私营部门、非政府组织的合作性伙伴关系和有效的、激励性的制度安排来鼓励其他社会主体参与供给。

3. 社区减灾何以重要

社区减灾何以重要是一个老生常谈却又不得不谈的问题。因为社区是社会的基本单元,也是减灾的前沿阵地。它不仅要第一时间直接面对灾害,更要第一时间处置灾害。"灾害频发地区的当地人由于暴露并接近灾害发生地,往往成为潜在的受害者,并为应对灾害承担了绝大部分责任。当地人了解当地的受灾危险性,并且熟悉适于本地环境的传统应对机制。在危机发生时,当地人第一个作出反应,并在受灾地区的努力重建中坚持到最后。"[①]不仅如此,有准备的社区能维持和改进他们的发展水平(见图1-1),能有效地对潜在的灾难作出反应,限制灾难转变为应急事件的程度。[②]

而最为人们所关注的是,在灾害尤其是突发性灾害发生的最初时刻,远亲往往不如近邻。因为,在生命救援的黄金时间里,只有守望相助的社区成员能够快速、有效地作出反应。"阪神·淡路大地震时,很多人被压在倒塌的房屋下面,需要立刻得到救援。在救援器材和人手都极为不足的情况下,

---

① 〔泰〕萨尼·拉莫思·杰吉劳斯:《基于社区的灾害风险管理:国际经验》,载中华人民共和国民政部和联合国驻华机构灾害管理小组编:《社区减灾政策与实践》(2009年12月),第58—59页。

② 世界卫生组织:《社区应急准备——管理及政策制定者手册》,北京:人民军医出版社2002年版,第7页。

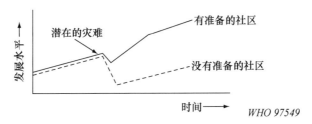

图 1-1　灾难对应急事件有准备和没有准备的社区发展过程的影响

许多人因当地居民的及时救援而得救。"[①]唐山大地震的例子也表明,在救助的各种方式,即包括自救、互救、外部力量救援的各种方式中,自救、互救是最为重要的救助方式。据专家统计,唐山大地震共造成60万人被压埋,占当时唐山市人口的86%,其中20万—30万人当即自救脱险,30万—40万人由邻里亲戚互救脱险,1万人由解放军救助脱险,比例见图1-2。[②]

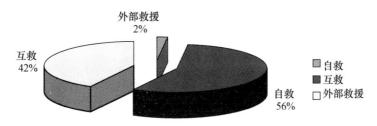

图 1-2　唐山大地震幸存者脱险方式比例

此外,社区的数量之多,分布之广,灾害的不同时空分布和经济社会发展水平的不同,决定了每个社区的资源禀赋和灾害风险的不一样,也决定了每个社区的减灾不可能是"千人一面"。所以,以社区为单元开展减灾工作,可以最大限度地结合社区自身的情况,在社会的最基层实现人、地域和时间三个重要元素的有机结合,因地制宜地采取减灾措施来应对社区面临的灾害挑战。

正是由于社区扮演着独到而无法取代的减少人员伤亡、减轻灾害损失

---

① 王柯:《"阪神大震灾"的教训与"创造性复兴"》,北京:中国民主法制出版社2009年版,第211—212页。

② 丁石孙:《灾害管理与平安社区》,北京:群言出版社2006年版,第272页。

的重要角色,发挥着特殊的重要作用①,所以,无论是国际社会的减灾行动纲领,还是国内的减灾政策倡导,社区减灾始终都是绕不开的"热门话题"。2005年1月18日至22日在日本兵库县神户市召开的世界减灾大会,通过了《加强国家和社区的抗灾能力——2005—2015年行动纲领》,把社区减灾提高到和国家减灾并列的层面,并把在社会各界特别是社区发展和强化各种减灾组织、体制和能力,促进减灾工作作为三项重要的战略目标之一。2010年5月12日,国家减灾委办公室把"减灾从社区做起"确定为国家防灾减灾日主题。所有这些,无不彰显出社区减灾在整个减灾工作中的重要地位。

第二节 社区减灾政策的定义和分类

一、社区减灾政策的定义

按照《辞海》的理解,政策是国家、政党为实现一定历史时期的路线和任务而规定的行为准则。② 这一定义把政策的主体定位为国家和政党,体现了国家的管理行为。张金马同样也认为政策是党和政府的一种行为准则,是党和政府用以规范、引导有关机构团体和个人行动的准则或指南。其表现形式有法律规章、行政命令、政府首脑的书面或口头声明和指示以及行动计划与策略等。它的内涵和形态体现在以下几个方面:第一,政策是一种政治行为,是政府意志的表现,它表征政府想干什么,怎样干;不想干什么,为什么不想干。第二,它是一个过程概念,这种过程性表现在政府是为达到某一既定目标而采取的一系列可操作的活动。因而它是动态的,是时间的函数,与历史的过去和未来有关。第三,它是一种权威性的社会价值分配方案。对某一项具体政策而言,这种价值分配在与其政策直接相关的群体和个人范围内进行。第四,政策具有规定性,它要求政策制定者和政策执行者双方都应具有行为一致性和执行重复性的特征。第五,政策还是鼓励良性期望

---

① 李立国:《全面提升社区综合减灾能力》,载《中国减灾》2008年第4期,第9页。
② 辞海编纂委员会:《辞海》(第六版 彩图本),上海:上海辞书出版社2009年版,第2926页。

行为的刺激源,是推动社会变革和社会进步的总杠杆,是激励民众、振兴国力、民族自强的催化剂。第六,政策还是有关集体成员之间的一种默契,它要求所有成员,在给定的环境下,每一个成员都能把握其他成员的行为准则。①

尽管上述定义比较全面地指出了公共政策的表现方式,而且突出了它是一种行为规范,但并没有把公共政策的本质反映出来。因为,对公共政策本质的理解应突出以下内容:(1)公共政策是对全社会的利益分配,而不是其他分配;(2)公共政策是基于在多种利益关系上有选择的分配,而不是盲目的分配;(3)公共政策是通过综合各种利益矛盾后的利益分配,而不是孤立的就事论事式的分配;(4)公共政策是要在实践中得到兑现的利益分配,而不是口头或纸上的利益分配。基于这样的认识,陈庆云将公共政策定义为政府依据特定时期的目标,在对社会公共利益进行选择、综合、分析和落实的过程中所制定的行为准则。②

另外一些研究者则把政策制定的主体延伸到党和政府之外。陈振明认为,政策是国家机关、政党及其他政治团体在特定时期为实现或服务于一定社会政治、经济、文化目标所采取的政治行为或规定的行为准则,它是一系列谋略、法令、措施、办法、方法、条例等的总称。政策的内涵可以从四个方面加以把握:第一,政策主体。任何政策都有特定主体,即国家权威机构、政党及其他政治集团、团体。政策体现了主体的意志,它与个人、企业等所作出的决定不同,具有法定的权威性。第二,政策的目标取向。一定的政策总是要实现一定的目标,具有明确的方向性。同时,政策又在特定的历史时期内起作用,具有时效性。第三,政策主体服务于特定目标而采取的一系列活动,是与谋略、措施、办法、规定密切相关的一系列政策行为。第四,政策是一种行为准则或行为规范。它规定对象应做什么,不应做什么;规定哪些行为受鼓励,哪些行为被禁止。③

林德金等人在政策主体范围方面走得更远。他们认为,狭义的政策是

---

① 张金马:《政策科学导论》,北京:中国人民大学出版社1992年版,第9—10、17—20页。
② 陈庆云:《公共政策分析》,北京:中国经济出版社1996年版,第3、9页。
③ 陈振明:《政策科学》,北京:中国人民大学出版社1998年版,第59—60页。

指管理部门为了使社会或社会中的一个区域向正确方向发展而提出的法令、措施、条例、计划、方案、规划或项目。在这个定义中,管理部门包括联合国,各国政府,各省、州、市、县、区,公司,企业,甚至包括我国的生产大队、生产小队等一切具有管理职能的权力机构;政策的表现形式为法令、措施、条例、计划、方案、规划或项目;政策的下达形式主要有四类:法律、计划、文件和措施。①

综合以上对政策涵义的不同理解,至少可以在以下四个方面有助于我们对社区减灾政策的定义:

第一,政策是一种行为规范,它规定了行为的边界和范围;

第二,政策的效力具有一定的时空范围,它只能在一定的时间和空间范围内有效;

第三,政策是主体为国家法定主体的政策,而不是指最广泛意义上的政策,即"凡由一定的主体作出、同时对一定的客体产生了一定影响的要求、希望、规定、强制等等都可以被视为主体的某种政策"②;

第四,政策具有很强的目的性和生命周期,它总是为解决一定的问题而存在,并随着问题的解决而终结。

基于这样的认识及前文对社区、灾害和减灾的理解,我们可以将社区减灾政策定义为"国家法定主体为减轻灾害风险和减少灾害损失所制定的引导和规范社区减灾行为的准则"。对于这一概念,我们需要强调以下四点:

(1) 社区减灾政策的制定主体为国家法定的有决策权的主体。在我国主要包括中央、省、市、县和乡五个层级的党委、政府和跨部门的减灾机构。

(2) 社区减灾政策的直接目的是提高社区的减灾能力,最终目的是减轻社区的灾害风险和灾害损失。

(3) 社区减灾政策的对象,是由于政策决定而必须调整自己行为的目标群体。这个目标群体,首先是作为一个整体概念的社区,其次是构成社区系统的各组成要素。

(4) 社区减灾政策是为解决日益增长的社区减灾需求和社区减灾能力

---

① 林德金等:《政策研究方法论》,延边:延边大学出版社1989年版,第3页。
② 张国庆:《现代公共政策导论》,北京:北京大学出版社1997年版,第3页。

不足之间的矛盾而采取的政府管理活动。

二、社区减灾政策的分类

按照不同的分类标准,社区减灾政策可以划分为不同的类别。比如,以政策制定主体为标准,可以划分为党委、党委和政府、政府、政府职能部门及跨部门减灾协调机构制定的社区减灾政策。① 在这里,我们以减灾措施的性质为标准来划分社区减灾政策的类别。

减灾措施从性质上可分为工程性措施和非工程性措施,也就是我们通常所说的工程性减灾和非工程性减灾。工程性减灾主要应用各种基础性或专门性工程设施如水库、堤防等工程减少灾害;非工程性减灾则主要应用各种非工程性手段或途径如减灾管理、减灾宣传与教育、灾害预测预报、灾害研究等减轻灾害损失。按照这样的划分标准,社区减灾政策可以划分为工程性社区减灾政策和非工程性社区减灾政策两大类。

1. 工程性社区减灾政策

工程性社区减灾政策侧重于社区减灾的"硬件"建设,既包括河道疏通、公路灾害防治等间接性社区减灾工程建设方面的政策,也包括加固居民房屋等直接性社区减灾工程建设方面的政策。在这里,主要是指后一种政策,即由政府制定的与社区减灾直接相关的工程建设方面的政策。这类政策比较典型的有农村困难群众危房改造工程、中小学危房改造工程等等(见专栏1.3)。

专栏1.3

与社区减灾直接相关的部分工程性社区减灾政策

——农村困难群众危房改造工程。国家注重提高农村居民住房抗灾能力建设。在灾后倒房重建工作中加强房屋选址设计、施工验收等环节的技术指导和质量监督,结合扶贫开发工作推进减灾安居工程建设。自2005年

---

① 参见第三章第一节"社区减灾政策制定主体"。

以来,全国各地共投入资金175.35亿元人民币,完成改造、新建农村困难群众住房580.16万间,使180.51万户、649.65万人受益。

——中小学危房改造工程。从2001年开始,国家实施对全国中小学危房改造工程。截至2005年,中央财政安排专项资金90亿元人民币,全国纳入农村中小学危房改造规划的项目学校共4万多所。从2006年起,将全国农村义务教育阶段中小学校舍维修改造纳入农村义务教育经费保障机制。

——中小学校舍安全工程。从2009年起,国家用三年时间,在全国中小学开展抗震加固、提高综合防灾能力建设,使学校校舍达到重点设防类抗震设防标准,并符合对山体滑坡、岩崩、泥石流、热带气旋、火灾等灾害的防灾避险安全要求。

——全国农村民居地震安全工程。推进全国农村民居地震安全工程的实施,完成约245万户抗震安居房的建设和改造加固。

——加强社区减灾公共设施和器材装备建设。通过政府财政支持和社会积极参与,社区利用公园、绿地、广场、体育场、停车场、学校操场或其他空地建立应急避难场所,设置明显的安全应急标识或指示牌,建立减灾宣传教育场所(社区减灾教室、社区图书室、老年人活动室)及设施(宣传栏、宣传橱窗等),配备必需的消防、安全和应对灾害的器材或救生设施工具,使减灾公共设施和装备得到健全和完善。

材料来源:中华人民共和国国务院新闻办:《中国的减灾行动》,北京:外文出版社2009年版,第15—16页、27页。

---

2. 非工程性社区减灾政策

非工程性社区减灾政策侧重于社区减灾的"软件"建设,如社区灾害救助应急预案编制和演练、减灾宣传与教育、灾害预测预报等方面的政策措施。比较典型的就是建筑和工程设施的设防政策、社区减灾能力建设方面的系列政策(见专栏1.4)。相比较而言,非工程性社区减灾政策的强度往往弱于工程性社区减灾政策的强度,对于前者的效果评估的难度也常常大于后者。

专栏 1.4

部分非工程性社区减灾政策

——国家出台《市政公用设施抗灾设防管理规定》,发布《城市抗震防灾规划标准》《镇(乡)、村建筑抗震设计规程》。发布国家标准《中国地震动参数区划图》,完善重大建设工程地震安全性评价管理制度。四川汶川特大地震后,修订《建筑工程抗震设防分类标准》《建筑抗震设计规范》。

——推动社区建立减灾工作机制。在各级政府的推动下,全国社区逐步建立健全负责社区减灾工作的组织,制定规范的减灾工作制度,组织减灾志愿者队伍,制定突发灾害发生时保护儿童、老年人、病患者、残疾人等弱势群体的对策,建立起有效的减灾工作机制。

——指导社区制定灾害应急救助预案并定期演练。基层政府根据《国家突发公共事件总体应急预案》《国家自然灾害救助应急预案》以及地方政府制定的应急预案,结合社区所在区域环境、灾害发生规律和社区居民特点,指导社区制定社区灾害应急救助预案,明确应急工作程序、管理职责和协调联动机制。社区在政府有关部门的支持、配合下,经常组织社区居民开展形式多样的预案演练活动。

——组织社区开展减灾宣传教育活动。社区结合人文、地域等特点,定期开展形式多样的社区居民减灾教育活动,在社区宣传教育场所经常张贴减灾宣传材料,制订结合社区实际情况的减灾教育计划,社区居民的防灾减灾意识和社区综合减灾能力得到提高。

——开展减灾示范社区创建活动。2007年,国家开展了减灾示范社区创建活动。截至2008年,国家共授予284个社区为"全国综合减灾示范社区"称号。

材料来源:中华人民共和国国务院新闻办:《中国的减灾行动》,北京:外文出版社2009年版,第18—19页、26—27页。

第三节　社区减灾政策分析的内容和方法

关于政策分析存在着两种不同的观点。一种观点认为,政策分析仅仅是选择政策方案的过程。美国公共政策学者斯图亚特·尼古就把公共政策分析定义为"根据政策与目标之间的关系,在各种备选的公共政策中确定何种政策将最有效实现一套既定目标的过程"①。另外一种观点则认为,在实际的操作中,人们很难把政策分析仅限于政策方案的选择过程,而不考虑政策实施及其评价。因此,公共政策分析是对政府为解决各类公共政策问题所选择的政策的本质、产生原因及实施效果的研究。②

卡尔·帕顿和大卫·沙维奇综合了以上两方面的观点,他们认为,政策分析可以在政策执行之前或之后进行。政策执行之前的分析强调既定政策的可能性后果,称之为事前的(ex-ante)、预先的(pre hoc)、预见性的(anticipatory)或预期性的(prospective)政策分析。这种分析可分作预测性分析(predictive)和指示性分析(prescriptive)。预测性政策分析是指对采用特定方案而导致的未来后果的反映,指示性政策分析是指由于能产生特定结果而建议如何行动的分析。政策执行之后的政策分析是描述性政策分析,它是对以往政策的历史分析,或是对一项执行中的新政策的评价,称之为事后的(ex-post)、后期的(post hoc)或回溯性的(retrospective)政策分析。这种事后的分析可以进一步分为回溯性分析和评价性分析。前者指对以往政策的描述和阐释(发生了什么?),后者指规划评价(合乎政策的目的吗?)。③

事实上,作为一种分析工具,如何来理解和定义政策分析在很大程度上取决于研究者的现实需要。所以,最重要的问题不在于对政策分析作出精确的定义,而在于能够把握政策分析的精神实质和主要方法,为社区减灾政

---

① 〔美〕斯图亚特·尼古:《政策学:综合与评估》,周超等译,中国人事出版社1991年版,第1页。
② 陈庆云:《公共政策分析》,北京:中国经济出版社1996年版,第46页。
③ 〔美〕卡尔·帕顿、大卫·沙维奇:《政策分析和规划的初步方法》(第2版),孙兰芝等译,北京:华夏出版社2001年版,第23页。

策分析的实践提供行动的指南和可行的方法。本书所指的社区减灾政策分析,主要是一种事后的或回溯性分析,旨在通过对社区减灾政策的生命过程和构成要素的评估分析,来研究和探讨我国的社区减灾政策。

一、社区减灾政策分析的内容

政策分析的内容取决于政策分析的框架。以政策过程为分析框架,关注的必然是这样一些问题:政策是如何产生的?是如何被执行的?又是如何被终止的?这一过程之中哪些环节是需要改进和完善的?与此相应的是,政策制定、政策执行、政策评估等环节也就成为政策过程分析的主要内容。而以政策结构为分析框架,政策系统的构成要素即政策制定者、政策执行者、政策对象、政策问题、政策目标、政策资源、政策环境和政策效果等自然成为政策分析的主要内容。在实际的情形中,两种不同的分析框架在内容上很难完全分开。比如,在政策过程分析中,对政策制定过程的分析也必然会将政策制定者作为一个重要的分析内容;而在政策系统分析中,对政策制定者的分析同样也离不开对政策制定环节的分析。

和其他公共政策一样,社区减灾政策从最初的构想到最后的终结是一个完整的生命过程,它由认定政策问题、纳入政策议程等一系列环节构成。这些环节大致可以划分为政策制定、政策执行和政策评估三个大的阶段。这三个阶段具有内在的逻辑关系,并表现出逻辑的完整性,构成了相对独立的政策系统。在这一完整的生命过程中,政策环境像一只无形的手,自始至终影响着社区减灾政策的整个生命进程。所以,对社区减灾政策的分析可以从环境系统和政策系统两个方面进行。质言之,社区减灾政策分析的框架主要由环境系统和政策系统两部分构成。在对政策系统自身的分析中,我们借助于政策过程这一框架,并在这一分析框架下加入对政策构成要素的分析。基于这样的认识,社区减灾政策分析的内容主要包括政策环境、政策制定、政策执行和政策评估四个方面。

1. 社区减灾政策环境

从广泛意义上说,环境是系统以外的一切事物。这些事物在系统之外构成"环境超系统",并对系统产生大小不一、程度不同的影响。作为社会大系统的子系统,社区减灾政策总是在一定的环境中存在和发展,通过系统和环境之间既可分辨又可渗透的界限,与环境进行物质、能量和信息的交流,并随着环境的改变而不断调整。环境和社区减灾政策的这种交互作用,要求社区减灾政策具有高度的敏感性和相对灵活的弹性,以适应政策环境的发展变化。比如说,当经济社会发展所带来的农村社区大部分留守人员为老人和儿童这一社区人员结构的变化时,社区灾害救助应急预案等社区减灾政策也应进行及时的调整和修订。

一般而言,环境可以分为一般环境和特殊环境。一般环境是指对特定社会内一切组织和个人均发生影响的宏观社会因素之和,大致可以概括为政治—制度环境、经济—社会环境、历史—文化环境三个方面①,具有文化、技术、教育、政治、法制等九个方面的特征(见专栏1.5)。特殊环境则是指只对特定社区减灾政策产生影响的外部条件。与一般环境相比,特殊环境对社区减灾政策的影响更直接、频率更高、强度也更大。

专栏1.5

一般环境特征

文化特征:包括历史背景、意识形态、价值观和社会准则。对权威关系、领导方式、人与人之间的关系、理性主义、科学和技术的看法,确定着社会机构的性质。

技术特征:社会上科学与技术的发展水平,包括物质基础(工厂设备与设施)及技术知识基础。科学技术能够发展并应用新知识的程度。

教育特征:居民的普遍文化水平。教育制度的完善程度与专业化程度。受过高等专业及专业训练的人所占的比例。

政治特征:社会的一般政治气氛。政权集中的程度。政治组织的性质(分权的程度、职能的多样性,等等)。政党制度。

法制特征:对宪法的重视、法律的性质、各政府部门的司法权。关于组

---

① 张国庆:《现代公共政策导论》,北京:北京大学出版社1996年版,第39—41页。

织的组成、税收及控制的特殊法律。

自然资源特征:自然资源的性质、数量和可用性,包括气候与其他条件。

人口特征:可向社会提供的人力资源的性质;其数量、分布、年龄与性别。人口集中或城市化是工业社会的一个特征。

社会特征:阶级结构及其变动性。社会作用的明晰度。社会组织的性质及社会制度的发展。

经济特征:基本经济结构,包括经济组织的类型——私有与公有的对比;经济计划的分散和集中;银行体制;财政政策。对物质资源投资的水平及消费特征。

材料来源:〔美〕弗莱蒙特·E.卡斯特、詹姆斯·E.罗森茨韦克:《组织与管理——系统方法与权变方法》,李柱流等译,北京:中国社会科学出版社2000年版,第166页。

对社区减灾政策的环境分析,主要是分析与社区减灾政策密切相关的外部环境因素。这些紧密相连的外部环境首先是自然环境。对社区减灾政策而言,自然环境中最主要的因素是自然灾害。因为,没有自然灾害也就无所谓社区减灾,更不可能有社区减灾政策的制定。所以,作为社区减灾政策环境分析的重要内容,对自然环境因素的分析主要是分析自然灾害在哪些方面影响了作为政策对象的社区和社区居民,进而分析社区减灾政策在哪些方面进行了适应性的调整。其次是政治—制度环境。社区减灾政策的制定和执行不可能脱离现有的体制、机制和法制,它们对社区减灾政策运行效果的影响最为直接。在这方面,主要是分析体制、机制和法制等制度环境在哪些方面影响了社区减灾政策的制定与执行,社区减灾政策又该如何保持与制度环境的协调性。复次是经济—社会环境。经济—社会环境是社区减灾政策面临的最为复杂的外部环境。它的发展变化引发了社区人员结构、社区人际关系等诸多方面的改变。这些改变也同样会对社区减灾政策产生各种不同的影响。在这方面,主要是分析经过多年的改革开放,我国经济—社会的快速发展在哪些方面改变了社区,这些改变又是怎样影响和推动了社区减灾政策的发展。再次,是信息技术环境。信息技术既可以用于灾害

预警信息的传递、减灾理念和知识的传播,同样也可以使减灾成为公众关注的焦点和中心。这意味着,社区减灾政策比以往任何时候都要关注社会公众尤其是受灾群体的需求和反应。此外,由于"技术的价值负荷性表明任何技术在本质上都是积极性与消极性、建设性与破坏性双重属性的统一体"①,所以,信息技术同样也可以给社区减灾政策带来消极和负面的影响。例如,虚假的灾情或救助信息传播常常会造成政策对象的不安和混乱,进而影响社区减灾政策的制定和执行。在这方面,主要是分析信息技术的发展在哪些方面给社区减灾政策带来了机遇和挑战。最后是减灾文化环境。减灾文化最重要的作用就是在潜移默化之中使减灾成为一种社会的自觉行动。这样一种自觉行动一旦形成,无论是对完善社区减灾政策的制定,还是对促进社区减灾政策的执行,都是极为难得的外部环境。在这方面,主要是分析源远流长的中国减灾文化在社区减灾中发挥了怎样的作用,又如何在社区减灾的实践中进行培育和不断发展。

2. 社区减灾政策制定

按照詹姆斯·E.安德森的理解,"政策过程被视为某一有序的行动方式,它包括若干关于行动的功能范畴"②。在他和另外两位研究者撰写的《美国公共政策和政治》一书中,提出了政策过程的五个阶段(见表1.1)。这一政策过程与威廉·N.邓恩提出的政策过程几乎一致。在《公共政策分析导论》一书中,邓恩将政策过程划分为议程建立、政策形成、政策采纳、政策执行和政策评估五个独立的阶段,并对应这五个阶段提出了政策分析程序的五个环节,即构建政策问题、预测政策前景、建议政策行动、监测执行结果和评价政策绩效(见图1.3)。③

---

① 刘文海:《技术的政治价值》,北京:人民出版社1996年版,第223页。
② 〔美〕詹姆斯·E.安德森:《公共决策》,唐亮译,北京:华夏出版社1992年版,第31页。
③ 〔美〕威廉·N.邓恩:《公共政策分析导论》,谢明等译,北京:中国人民大学出版社2002年版,第13—14页。

表 1.1　政策过程

政策术语	第一阶段 政策日程	第二阶段 政策的形成	第三阶段 政策的通过	第四阶段 政策的实施	第五阶段 政策的评价
定义	在众多的问题中哪些问题得到了公共官员深深的关切	与解决公共问题有关的和可被接受的行动进程是如何提出来的	对某一具体建议的支持,这样能使政治合法化和权威化	通过政府的行政机器将政策运用于问题的解决	政府为确定政策的效果为什么能起到这些效果和为何起不到这些效果所做的努力
共同的意识	使政府考虑解决问题的行动	提出解决问题的措施	使政府接受某一特定的解决方案	将政府的政策用于问题的解决	政策发生作用

资料来源:詹姆斯·E.安德森、戴维·W.布雷迪(David W. Brady)和查尔斯·布洛克(Charles Bullock):《美国的公共政策和政治》(*Public Policy and Politics in the United States*),北锡楚埃特,马萨诸塞:达克斯伯里出版公司1978年版。转引詹姆斯·E.安德森:《公共决策》,唐亮译,北京:华夏出版社1992年版,第27页。

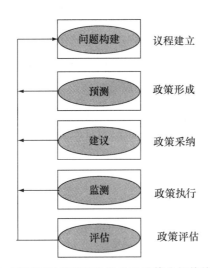

图 1.3　对不同政策制定阶段进行政策分析的特有程序

按照这样的政策过程,本书关于政策制定的过程主要包含了政策议程、政策形成和政策采纳三个阶段。在这三个阶段中,不同的机构和人员卷入其中,机构之间的互动也由此产生。作为一种回溯性政策分析,本书重点探讨的是如何来评估分析政策制定的过程。史蒂文·凯尔曼以政治活动为分析框架来分析政策制定过程如何进行,并提出了评价政策制定过程的两个标准,即政策制定过程是否趋于产生良好的公共政策和过程本身是否有助于我们的尊严获得承认并陶冶我们的品格。① 这一分析框架和评价标准至少在两方面有助于我们分析社区减灾政策的制定,即以机构为背景来分析政策的产生过程和以良好的公共政策来判断政策制定过程的优劣。在本书,我们不去过多地描述社区减灾政策是如何产生的,而着重分析与政策制定密切相关的三个方面,既社区减灾政策制定主体、政策对象和政策需求。

3. 社区减灾政策执行

政策执行是将政策内容转变为现实的过程。围绕政策执行这一过程的研究产生了两大不同的派别。行动学派强调政策执行的关键问题在于政策执行机关如何采取政策行动。政策行动坚强有力、行动方法切实可行,就可以较为顺利地实现政策目标,合理的政策执行甚至在一定程度上可以弥补政策决定的不足。组织理论学派则强调,既定的政策是否能够得到忠实的执行,关键在于政策执行机构在主观上是否能够充分理解政策的涵义,是否愿意毫无保留地支持政策决定,在客观上是否拥有足够的能力和资源——譬如权力、权威、人员、资金、设备等,以有效地执行政策。②

在政策执行的分析路径上,"自上而下"(top-down approach)的分析路径从政府(通常是中央政府)的政策决定(通常是既定政策)出发,考察政策目标是否实现,何时实现,以及怎样实现。这一分析路径以政府决策官员的政策决定为出发点或中心点,着重考察政府执行官员和目标群体的行动在多大程度上与政策决定的要求相一致;政策实施之后,政策目标在多大程度上得到了实现;影响政策输出及效果的主要因素是什么;政策是如何在实际经验的基础上被修正和调整的。"自下而上"(bottom-up approach)的分析路径则将政策执行的第一线官员或"街头官员"(street-level bureaucrats)作为分析的起点,强调政策制定与政策执行是一个没有截然区分的,充满了上下级之间、政府与社会之间往来互动的过程,并强调这个过程中多种行为者的多

---

① 参见〔美〕史蒂文·凯尔曼:《制定公共政策》,商正译,北京:商务印书馆1990年版。
② 参见张国庆:《现代公共政策导论》,北京:北京大学出版社1996年版,第167页。

重互动及其与政策效果的关系。①

具体到社区减灾政策,它的执行更多地要依靠法定社区的组织机构和社区干部。而这最为基层的执行主体在我国政治结构中的独特性,注定了它既要注重组织机构自身的建设也要采取适宜的行动,才能真正地将社区减灾政策"落到地上"。所以,对社区减灾政策执行的分析,更多的是一种"自下而上"的分析,分析的内容既包括执行主体的行动也包括执行机构自身的建设。

作为一种事后的分析,对于社区减灾政策的执行分析,更多地是要分析政策执行主体怎样影响了政策的执行,以及在这一执行过程中,又有哪些因素影响和制约了社区减灾政策的执行效果。

4. 社区减灾政策评估

政策评估是了解和判断政策效果是否为预期效果以及这些效果与政策成本是否符合的过程。② 这一过程是政策生命周期的最后阶段,它的结果决定了政策生命是延续还是终结。作为一种回溯性分析,本书对社区减灾政策评估的分析,是将其作为政策生命过程的环节所进行的分析。分析的内容主要是对现有的社区减灾政策评估方法进行描述和评价,以及从理论上探讨如何构建我国社区减灾政策评估的体系和方法。

对现有社区减灾政策效果评估方法的分析,旨在了解目前究竟有哪些社区减灾政策效果的评估方法,以及评估这些方法的科学性和合理性。而对究竟应该建立一种什么样的政策评估体系和方法的理论探讨,则在于提供良好的政策效果评估范式。

社区减灾政策的直接目的是提高社区的减灾能力,最终目的是减轻社区的灾害风险和减少社区的灾害损失。这实际蕴涵着这样一个假设,即良好的社区减灾政策的有效执行,将带来社区减灾能力的提高、社区灾害风险的减少和社区灾害损失的减轻。所以,我们可以以社区减灾政策的目的为

---

① 参见郭巍青、卢坤建:《现代公共政策分析》,广州:中山大学出版社2000年版,第104—108页。

② 〔美〕托马斯·R.戴伊:《自上而下的政策制定》,鞠方安等译,北京:中国人民大学出版社2002年版,第158页。

逻辑主线,从社区减灾能力、社区灾害风险和社区灾害损失三个层面来构建社区减灾政策效果的评估体系和方法。也就是说,对社区减灾政策效果的评价,可以转化为对社区减灾能力、社区灾害风险和社区灾害损失的综合评价。

需要指出的是,社区减灾政策是一个大政策概念,它是由一个个具体的减灾政策构成的相互关联的政策体系。这就像我们所说的改革开放政策,它并不是一个单独的政策,而是由一系列单个政策构成的政策体系。所以,我们对改革开放政策效果进行的评估,实际是对作为一个整体概念的改革开放政策所进行的评估,并通过转化为对经济、社会、文化等方面政策的综合评估来实现对其效果的评估。

二、社区减灾政策分析的方法

公共政策分析的方法是公共政策分析方法论的重要内容。研究者通常把公共政策分析的方法划分为定性分析方法、定量分析方法、系统分析方法和模型分析方法等几大类。每一大类分析方法又划分为各种不同的具体分析方法。这些分析方法,为我们分析社区减灾政策提供了十分便捷的工具。在这里,我们简要地介绍社区减灾政策分析主要使用的三种方法。

1. 利益相关性分析

利益是人们为了生存、享受和发展所需要的资源和条件。[①] 人们奋斗所争取的一切,都同他们的利益有关。[②] 基于这样的定义和认识,利益相关性是指人的行为与对其自身利益产生影响的行为呈正相关关系,一种行为与一个人的利益越直接相关,就越能促使这个人对这种行为的关注,也越能影响一个人的行为。按照利益相关性分析原理,我们可以很好地分析和理解与社区减灾政策相关的各种主体的行为选择。比如说,在社区举行的减灾活动中,社区居民参与的积极性和他们对灾害与自身利益相关性的感受或判断直接相关。

[①] 陈庆云:《论公共管理研究中的利益分析》,载《中国行政管理》2005 年第 5 期,第 35 页。
[②] 马克思:《第六届莱茵省议会的辩论(第一篇论文)》(1842 年 2 月),《马克思恩格斯全集》(第 1 卷),北京:人民出版社 1956 版,第 82 页。

利益相关性分析还基于"理性经济人"假设和"集体行动的困境"。理性经济人强调,在大多数情况下人们都是十分理性的,总会对自己的行为进行利弊权衡,按照趋利避害的原则进行行为的选择。集体行动的困境认为,"除非一个集团中人数很少,或者除非存在强制或其他某些特殊手段以使个人按照他们共同的利益行事,有理性的、寻求自身利益的个人不会采取行动以实现他们共同的或集团的利益"①。

利益相关性分析除可用于分析社区减灾政策相关主体的行为外,还可对如何采取符合社区减灾政策的措施进行分析。比如,可以将社区减灾纳入政策制定者的绩效考核来引导他们的行为方式;通过相关利益机制的建立,引导社区相关主体参与社区减灾的活动,等等。

2. 案例分析

"个案研究,……能为我们提供有关政治过程(某一局面)的全貌。"②社区减灾政策的案例分析也一样,它通过对一个具体的社区减灾政策的过程分析,全景式地展现社区减灾政策的源起、制定、执行和评估的完整过程。

如何进行案例分析或者说案例分析的途径是什么,是案例分析所关注的重要内容。史蒂文·凯尔曼在《制定公共政策》一书中,通过对与政治活动相关联的国会、总统职位、政府机构、最高法院以及政策实施的组织机构即文职机关的分析,展现了美国公共政策的制定和实施过程。另外一位美国学者托马斯·R.戴伊在《自上而下的政策制定》一书中,通过对基金会、智囊团、政治捐助者、特殊利益代表集团、院外活动者、律师事务所和公共媒体在美国公共政策制定过程中所扮演的不同角色和进行的各种活动的分析,从另一个角度展现了美国公共政策的制定、执行和评估的过程,并论证了即使在民主的政体下,公共政策的制定也是自上而下的,而不是自下而上的。但无论他们是从哪一个角度进行分析,都离不开这样的三条主线:一是沿着公共政策生命过程进行的时间序列分析;二是对参与政策过程的各种主体的分析;三是各种政策主体进行的各种活动。对社区减灾政策的案例分析,同样可以按照这样三条主线来开展。

---

① 〔美〕曼瑟尔·奥尔森:《集体行动的逻辑》,陈郁等译,上海人民出版社1995年版,第2页。
② 〔日〕大岳秀夫:《政策过程》,傅禄永译,北京:经济日报出版社1992年版,第1页。

案例的选择是案例分析的另一项重要内容。案例选择的主要标准就在于它的代表性和典型性。作为一种政策分析案例,综合性是社区减灾政策选择的主要标准。因为,综合性也意味着复杂性,意味着它能够把诸多的机构和多种力量卷入其中。通过对它的过程分析,至少能够让我们能够更好地理解我国社区减灾政策的过程、困境和发展。基于这样的一种考虑,在本书中我们主要选择了国家减灾委颁布的综合减灾示范社区创建政策和北京市政府颁布的《关于加强本市城乡社区综合防灾减灾工作的指导意见》等具体社区减灾政策作为分析的案例。

3. 比较分析

比较的目的在于更好地认识自己。在社区减灾已成为国际话题的情形下,任何一次大的灾难都会把一国的社区减灾能力和水平展现在世人面前。在近年全球发生的几次重特大地震灾害中,我国汶川特大地震发生后桑枣中学的紧急安全撤离让世人瞩目;智利和新西兰地震后良好的建筑状况,让世人看到了建筑设防标准的极端重要性;"3·21"日本地震发生后灾区民众从容不迫的自救和互救,同样也让世人为之惊叹。对于减灾机构和减灾研究者来说,更多的是在比较中发现自己的差距和不足,进而反思别国的社区减灾经验在哪些方面可以供自己学习和借鉴。

半个多世纪以前,公共行政大师罗伯特·达尔在《行政学的三个问题》中曾这样讲道:"从某一个国家的行政环境归纳出来的概论,不能够立刻予以普遍化,或被应用到另外一个不同环境的行政管理上去。一个理论是否适用于另一个不同的场合,必须先把那个特殊场合加以研究之后才可以判定。"[①]社区减灾政策也一样,别国的社区减灾政策经验或概括出来的社区减灾政策的理论也同样需要经过比较研究之后,才能有选择地加以吸收和利用。这正是社区减灾政策比较分析的价值所在。

---

① 转引自〔澳〕欧文·E.休斯:《公共管理导论》(第二版),彭和平等译,北京:中国人民大学出版社2001年版,第2页。

第二章
社区减灾政策环境

任何一项政策都嵌套在宏观的制度环境之中。我国经济财政、社会治理、教育文化科技等制度对社区减灾政策的实施和发展有着显著影响。作为一项全国性政策，全国综合减灾示范社区创建工作自上而下开展，由中央政府具体委托给地方政府和社区承担，任务转移了，但中央却不给予必要的经费和技术支持，难免会对基层政府和社区工作人员的工作积极性产生消极影响，也会进一步影响社区减灾政策的实施效果和持续开展。

当前，我国社会治理呈现出现代法治趋势和传统行政模式相混合的状态。一方面，随着社区自治和社会法治的逐渐成熟，社区减灾作为一项重要的公共事务将会受到越来越多的重视，社区居委会、社会组织、社区居民等配合参与政策实施的积极性和主动性更强，从而有利于社区减灾政策真正落到实处。另一方面，我国传统行政模式在现阶段的社区管理方面仍然发挥重要作用，在财政支持不充分的情况下，行政力量成为社区减灾政策实施的主要推力。社区在社区减灾政策实施过程中的被动融入，不可避免地出现了社区居委会、社会组织和居民积极性不高、参与度低的问题。

人们对待灾害防范的消极态度，必然会导致对社区减灾重要意义的忽视，不积极甚至不愿意支持和参与社区减灾行动。

本章将以全国综合减灾示范社区创建工作为案例来梳理社区减灾政策的制定和实施所面临的经济财政、社会治理、教育文化科技等制度环境,以问题为主线来分析各相关制度影响社区减灾政策的方式和路径,同时借鉴国外经验和专家建议,提出了解决当前存在的制度性障碍的一些初步思路。

第一节 经济财政制度影响

20世纪80年代以来,人们越来越关心基于社区的防灾减灾。1989年世界卫生组织举行的第一届事故与伤害预防大会提出了"安全社区"的概念。① 1999年召开的第二次世界减灾大会管理论坛强调关注大城市及都市的防灾减灾,尤其要将社区视为减灾的基本单元,即从社区层次关注灾害预防和应对。此后,国际上出现了多种形式的社区减灾实践。② 归结起来,社区减灾的核心是在社区层面形成灾害防范和应急处理机制,提高整合各类防灾减灾资源的能力,增加社区的安全水平,因为这充分体现了"安全社区"概念提出的最基层的社会结构单元要具备自救和自保的基本防灾能力的理念。③

一、全国综合减灾示范社区创建项目

在本世纪的第一个十年,我国社区减灾逐渐从理念发展到实践。2007年出台的《国家综合减灾"十一五"规划》作为社区减灾政策实施的起点,提出要实施"社区减灾能力建设示范工程",在全国开展综合减灾示范社区创建活动,建立城乡社区减灾工作机制,完善相关应急预案,组织社区减灾救灾演练,加强社区灾害监测预警能力建设,建立社区灾害信息员和志愿者队伍,建设1000个综合减灾示范社区。2008年,国家减灾委、民政部命名了第一批示范社区284个。以"全国综合减灾示范社区创建项目"(以下简称"示

---

① 世界卫生组织认为"安全社区"须满足六个条件:一是有一个负责安全促进的跨部门合作的组织机构;二是有长期、持续、能覆盖不同性别、年龄的人员的各种环境及状况的伤害预防计划;三是有针对高风险人员、高风险环境,以及提高脆弱群体的安全水平的预防项目;四是有记录伤害发生的频率及其原因的制度;五是有安全促进项目、工作过程、变化效果的评价方法;六是积极参与本地区及国际安全社区网络的有关活动。
② 宋艳琼、赵永、徐富海:《国家社区减灾三种模式比较》,载《中国减灾》2010年第19期。
③ 金磊:《中国安全社区建设模式与综合减灾规划研究》,载《城市规划》2006年第10期。

范社区项目")为主的社区减灾政策是基于各国巨灾应对中受灾社区成员第一时间开展的自救互救能最大限度挽救生命的实际经验提出的,也是在我国公众防灾减灾意识不强、避险自救技能不够、地方政府"重救灾、轻减灾"意识明显的情况下制定出台的。可以说,社区减灾政策的制定和实施,是对我国自然灾害频发、造成损失严重、灾害应对能力亟须提高等客观现实的一种积极应对。在政策实施之初,社区减灾政策中应有的从源头上减轻自然灾害损失的风险管理理念并不突出,重点是从提高灾害应对效果视角突出加强社区灾害能力建设的重要性,"社区提供最初的救援和急救,它的能力不可低估。只有那些与应急事件和灾难临近的社区,也就是社区成员,能够快速地作出反应"①。从这个维度,社区减灾政策的核心是基层能力建设,通过健全灾害应急预案、开展减灾宣传教育与培训、完善减灾基础设施,动员各种社会力量参与减灾活动,使居民减灾意识与技能得到提高,社区综合防御灾害的能力得到加强。

示范社区项目是我国社区减灾政策的一项重要内容,其主要目标是全面提升城乡社区减灾能力。具体来说,一是社区灾害预警预报和信息上报能力大幅提升,每个社区至少有1名灾害信息员;二是社区综合减灾预案编制率达100%,社区居民防灾避灾、自救互救知识普及率达80%以上;三是社区综合减灾设施、装备基本具备,社区避难场所布局合理,基本满足应急避险需要;四是社区自治组织、志愿者队伍和其他社区组织共同参与减灾工作的机制比较完善,能够第一时间组织应急避险救援、临时安置等行动。殊不知,实现"从抗御灾害向风险管理转变"以及"从灾后反应向灾害预防"的转变是在一次次的灾害应对和灾后重建中完成的,传统的防灾减灾理念及行为的"破"与现代防灾减灾理念及行为的"立"是辩证统一的,两者重叠在一个发展过程之中,社区减灾政策的发展和完善也必然要经历一个长期的过程。

二、创建结果的区域和城乡不平衡

截至2012年6月,各地共创建全国综合减灾示范社区2843个,其中东

---

① 张晓宁:《中国的社区减灾政策》,载《中国减灾》2010年第5期。

部地区1368个(占48.1%)、中部地区726个(占25.5%)、西部地区749个(占26.3%);城市社区2055个(占72.2%)、农村社区788个(占27.8%),全国示范社区创建结果的区域、城乡差距明显。尤其在城乡差距方面,一些省份的示范社区中农村社区比例不足10%,如天津(7.1%)、河北(6.9%)、辽宁(5.4%)、吉林(5.2%)、河南(8.3%)等。[①] 社区减灾政策呈现出区域和城乡不平衡问题。

区域和城乡经济资源禀赋差异是导致创建结果不平衡的主要原因。我国东部地区经济基础好,地方政府有相对多的资源投入减灾示范社区创建工作,中西部地区因人力、财力等因素制约,创建投入远不如东部地区。造成城乡间不平衡的首要因素是城市社区基础条件相对较好,农村社区基础薄弱;此外,不少省份农村外出务工人员多,留守人员主要是老人和儿童,创建工作在农村尤其是中西部地区的农村推动难度较大,也造成了创建工作的城乡发展不平衡。如果国家作为社区减灾政策的实施责任主体,依靠中央财政转移支付,在一定程度上可以弥补区域和城乡经济资源禀赋差距导致的不平衡问题,然而社区减灾政策的实施却又主要依赖地方财政,因此普遍面临工作经费不足的难题。

社区减灾政策是一项依赖人、财、物等资源投入的服务型政策,要想建成抗逆力强的社区,必须有持续的资源投入。以地方及社区资源投入为依托的示范社区项目在实施过程中必然会出现富裕社区减灾能力更强、贫困社区因缺乏资源而难以提升社区减灾能力的两极分化问题。中央和地方事权财权不匹配、中央财政对社区减灾支持的不到位是问题的根源。中央和地方出资责任的不明确,直接限制了基层政府和社区的工作开展。中央财政坚持社区减灾工作的责任主体为地方政府,工作经费应由地方政府承担,地方财政则坚持没有出资依据。一些使用福利彩票公益金支持示范社区创建工作的省份,也囿于缺乏明确的支持政策,投入的公益金数量非常有限;同时,一些地方政府仍然存在"重救灾,轻减灾"思想,财政资金对社区减灾工作支持相对较少。基层社区干部普遍反映,工作任务越来越多,人手愈加

---

① 来红州:《全国综合减灾示范社区调研报告》(内部报告),2012年。

不足,工作经费更是捉襟见肘,严重影响了示范社区创建工作的顺利开展。在中央层面,目前无专项财政资金支持。在地方层面,一些省份主要依靠民政部门调剂的福利彩票公益金开展示范社区创建工作,但是可用的金额较小。在社区层面,没有专项创建工作经费,创建工作举步维艰。

社区减灾政策对地方经济财政的依赖,直接影响了政策的公平性。如果将不同区域公民面临的灾害风险大小视为一种起点的不公平,那么社区减灾政策应该是一种缩小灾害风险差距、营造公平结果的弥补性制度安排。可惜的是,因为政策实施主要依赖地方资源,政策结果并没有缩小区域和城乡灾害风险的差距,没有体现我国社区减灾政策的公平价值导向。学者吕芳从公共服务的视角指出,社区减灾是我国社区公共服务的重要内容之一,它为社区居民提供公共安全服务。通过比较社区减灾服务中的"吸纳式供给"与"合作式供给"两种模式,她认为政府对社会的总体性支配已经向政府、社会公私合作治理转变,不过,不同模式的多元主体供给公共服务中,都存在社会被动参与的情况,而且政府与社会平等合作的程度取决于行政考核形成的压力环境以及事权与财权的匹配度。[①] 作为一项全国性政策,示范社区创建工作的实施自上而下地由中央政府委托给地方政府和社区承担,任务转移了,但中央却不给予必要的经费和技术支持,难免会对基层政府和社区工作人员的工作积极性产生消极影响,也会进一步影响社区减灾政策的实施效果和持续开展。

从社区减灾政策实施的国际经验来看,中央或联邦政府都会承担必要的出资责任。澳大利亚的社区减灾政策可作为一个样板。澳大利亚联邦宪法规定,"各州或领地对其公民的生命和财产负有主要责任,而联邦政府则有责任支持和帮助各州发展它们的灾害应急管理能力",支持和帮助的手段就是加大联邦对社区防灾减灾能力的投入。澳大利亚政府高层抗灾规划者和管理者都把社区看成国家抗灾的基本力量,相信"充分准备的社区"是实施灾害管理的有效途径,并坚持在社区防灾减灾能力建设上下工夫。澳大利亚社区减灾政策的核心是培养和发展有实战能力的社区志愿者。志愿者

---

① 吕芳:《社区公共服务中的"吸纳式供给"和"合作式供给":以社区减灾为例》,载《中国行政管理》2011年第8期。

积极参与减灾救灾并发挥作用是需要以平时的培训和演练为前提的,需要的经费支持就是由联邦和地方政府共同承担。澳大利亚的减灾救灾志愿者不是一般的志愿者,都需要经过培训且达到一定标准,比如,必须能熟练操作各种复杂的抗灾设备,能在困难的环境中提供志愿服务等。

专栏 2.1

澳大利亚社区应急服务站介绍

州应急服务中心(State Emergency Service,简称 SES)是澳大利亚众多抗灾志愿者组织中较为突出的一类,这是一个通过发展和培训志愿者来帮助社区百姓在遭遇自然灾害等突发事件时开展自救和互救的组织,其工作主要是编制社区洪灾规划,帮助社区做好灾害应急准备,开展防灾减灾宣传教育,帮助气象局发布官方的洪灾和暴雨警报,在紧急情况下开展救援、搜救、救护、保护等活动,协助开展紧急应对工作以及做好灾后恢复事宜。

应急服务站(Emergency Service)广泛分布于基层社区,负责制定社区应急方案,组织志愿者开展灾害自救互救,进行灾害知识普及。在昆士兰州,有 230 个 SES 站,分布于各社区,志愿者有 10000 人,常规工作人员有 60 人,负责维持 SES 的日常运作和组织开展应急服务。

紧急情况管理部(EMQ)负责 SES 的管理,同时提供发展有关的服务,如提供指导 SES 高效履行职责的相关运行教材(Operations Doctrine)。这些服务是由州总部和地区办公室(Regional and Area Office)人员组成的团体来提供。

材料来源: 郭跃:《澳大利亚灾害管理的特征及其启示》,载《重庆师范大学学报(自然科学版)》2005 年第 4 期。

第二节 社会治理制度影响

以全国综合减灾示范社区创建项目为代表的社区减灾政策,采取自上而下、层层落实的执行方式。① 除了一级级政府的努力,社区层面上居委会、社会组织、驻区单位以及居民的投入和参与,影响着政策的实施效果和未来发展。当前,我国社会治理呈现出现代法治和传统行政相混合的状态。一方面,随着社区自治和社会法治的逐渐成熟,社区减灾作为一项重要的公共事务得到社区和社会越来越多的重视,社区居委会、社会组织、社区居民等配合参与政策实施的积极性和主动性更强,从而有利于社区减灾政策真正落到实处。另一方面,我国传统行政模式在现阶段的社区管理方面仍然发挥重要作用,在财政支持不充足的情况下,行政力量成为社区减灾政策实施的主要推力。社区在减灾政策实施过程中的被动融入,不可避免地出现了社区居委会、社会组织和居民积极性不高、参与度低的问题。

一、政策中的社区参与

在法律制度中,涉及社区权利和义务的内容,主要是对居委会的赋权和约束。防灾减灾相关法律内容在涉及社区时,突出的是社区的组织属性和资源属性,而不是自治属性。例如,《消防法》规定,村民委员会、居民委员会应当协助人民政府以及公安机关等部门,加强消防宣传教育(第六条),应当确定消防安全管理人,组织制定防火安全公约,进行防火安全检查(第三十二条);《突发事件应对法》规定,村民委员会、居民委员会、企业事业单位应当根据所在地人民政府的要求,结合各自的实际情况,开展有关突发事件应急知识的宣传普及活动和必要的应急演练(第二十九条);《自然灾害救助条例》提出,村民委员会、居民委员会、企业事业单位应当根据所在地人民政府的要求,结合各自的实际情况,开展防灾减灾应急知识的宣传普及活动(第六条)。《防震减灾法》规定,各级人民政府应当组织开展防震减灾知识的宣传教育,增强公民的防震减灾意识,提高全社会的防震减灾能力,任何单位和个人都有依法参加防震减灾活动的义务(第七、八条);县级人民政府及其有关部门和乡镇人民政府、城市街道办事处等基层组织,应当组织开展地震

---

① 如《国家综合防灾减灾规划(2011—2015年)》确定了"十二五"时期全国综合减灾示范社区创建目标和任务,国家减灾委办公室负责将创建任务逐年分到地方,地方再根据实际情况逐级分配指标。

应急知识的宣传普及活动和必要的地震应急救援演练,提高公民在地震灾害中自救互救的能力(第四十四条)。

　　围绕社区制定的减灾、养老、矫正、服务等公共政策,突出的是社区的地域(集中生活)属性和组织属性。这些政策的基本特点是,强调利用社区内居民生活集中的地域优势,社区中成立的居委会、社会组织等组织力量,以及相关组织掌握一定资源的优势,通过公共财政投入、机制建设、人才支持来发挥社区在管理和服务中的积极作用。例如,《社区服务体系建设规划(2011—2015年)》对社区的强调,重点是要充分利用社区(居委会、商业组织、互助及志愿服务组织)离百姓更近、覆盖范围更全、服务更为便利的地域和组织优势来提供面向社区公众的各方面服务。《中国老龄事业发展"十二五"规划》中提出,大力发展社区照料服务,把日间照料中心、托老所、星光老年之家、互助式社区养老服务中心等社区养老设施纳入小区配套建设规划,为社区地域范围内的老人提供便利的养老服务。《国家减灾委员会关于加强城乡社区综合减灾工作的指导意见》对社区的强调,虽然出发点仍然是看中社区(居委会、社会组织、企事业单位等)所具有的社会化提供公共服务的地域优势,提出在社区层面开展各类综合减灾活动,但其实质是强调对社区建设的投入(在社区设置灾害信息员工作岗位;定期安排有关专家、专业人员,对社区管理人员和居民进行避灾自救技能培训,传授逃生技巧;支持社区储备、配备必要的应急物资),对社区力量的再组织(如建设以社区工作人员、灾害信息员、安保人员为主体的社区综合减灾工作队伍,鼓励成立社区减灾志愿者队伍),以及对社区资源的为我所用(如对社区的学校、体育场、公园绿地等场所进行必要的设施设备配置,设为应急避难场所;利用社区的图书馆、文化站、宣传栏等场所和设施,进行防灾减灾宣传)。再如,《国务院关于加强和改进消防工作的意见》强调社区的组织属性,要求居(村)委会和物业服务企业每年至少组织居民开展一次灭火应急疏散演练。

专栏2.2

《中共中央办公厅国务院办公厅关于加强和改进城市社区居民委员会建设工作的意见》对"城市社区居民委员会的主要职责"的界定

依法组织居民开展自治活动,教育居民遵守社会公德和居民公约、依法履行应尽义务,开展多种形式的精神文明建设活动;召集社区居民会议,办理本社区居民的公共事务和公益事业;开展便民利民的社区服务活动,兴办有关服务事业,推动社区互助服务和志愿服务活动;组织居民积极参与社会治安综合治理、开展群防群治,调解民间纠纷,及时化解社区居民群众间矛盾,促进家庭和睦、邻里和谐;管理本社区居民委员会的财产,推行居务公开;及时向人民政府或者它的派出机关反映社区居民群众的意见、要求和提出建议。

依法协助城市基层人民政府或者它的派出机关开展工作,主要做好与居民利益相关的社会治安、社区矫正、公共卫生、计划生育、优抚救济、社区教育、劳动就业、社会保障、社会救助、住房保障、文化体育、消费维权以及老年人、残疾人、未成年人、流动人口权益保障工作,推动政府社会管理和公共服务覆盖到全社区。

社区居民委员会的工作经费、人员报酬以及服务设施和社区信息化建设等项经费纳入财政预算。街道办事处要将社区居民委员会工作经费纳入街道办事处银行账户管理,实行专款专用,分账核算,不得挪用、挤占、截留,定期向社区居民委员会及居民公开使用情况,接受居民监督。

然而,我国社区在组织建设、公共资源获取等方面整体能力的不高,严重阻碍了自身作用的发挥。社区与具有明确的使命目标、管理规则和组织文化的一般组织不同,它是基于地缘因素由不同经济背景和文化习惯的家庭及成员组成的地域性组织,又是自我管理和自我服务的自治性组织,在当前我国社会的发展阶段,社区尤其是城市社区呈现出组织松散化的特点,不

利于社区防灾减灾能力的提升。为保证面对突发性自然灾害的应对效率，必须加强社区的再组织化建设。有学者提出，从完善社区防灾减灾工作机制入手，在组织领导机构上可尝试设立街道防灾减灾办公室，负责社区防灾减灾的领导工作。根据灾害管理的不同阶段，在防灾减灾办公室下设置社区灾害预防组、应急救援组和灾后恢复组；在防灾减灾人员队伍建设上，按自愿原则组建志愿者队伍，建立良好的培养和激励机制，确保服务人员的长期化；在防灾减灾宣传教育方面，扩大基层防减灾宣传教育的广度，特别是基层领导干部和青少年的宣教，将宣教和防灾演练结合，使得防灾演练制度化。①

此外，我国现有的自然灾害救助政策主要针对个人和家庭，缺乏社区维度，造成了社区减灾政策和灾害救助政策之间的人为割裂，阻碍了政策合力的形成，限制了政策效果的最大化。在遭遇重大灾害冲击后，社区层面防灾减灾场所设施和组织协调体系发挥应有作用需要一个恢复、整合和再组织过程，尤其是社区居委会、村委会和其他社区组织恢复正常运转更需要紧急的资金、物资、精神和智力支持，这样才能促使依靠社区减灾投入而"储备"的社区防御和复原能力得以彰显。在汶川地震抗震救灾中，党中央、灾区党委组织部门就曾以配发党旗、党徽的方式对社区基层党组织的恢复运转和发挥作用提供精神支持，从而激发了广大基层党员干部忘我投入抗震救灾和灾后恢复重建②。然而，在我国当前的灾害救助政策体系中却没有与平时的社区减灾政策相衔接的社区紧急救助政策，难以有效保障社区居委会、村委会等社区组织在受到灾害冲击后尽快恢复功能，其调动社区受灾群众积极行动起来开展自救互救、维持灾后社会秩序、保障社区居民安全等作用的发挥也受到限制。

---

① 关贤军、陈海艺、尤建新：《城市社区防灾减灾工作机制研究》，载《中国安全科学学报》2008年第11期。

② "中共中央组织部为地震灾区基层党组织配发党旗"，http://news.xinhuanet.com/newscenter/2008-06/05/content_8317502.htm；"地震灾区高扬的党旗：绵阳市恢复灾后重建工作纪实"，http://dangjian.people.com.cn/GB/117103/9294317.html；任硌、苑坚、党文伯：《党旗见证铮铮誓言：记汶川地震灾后重建中的基层党组织和共产党员》，载《农村工作通讯》2011年第12期。

二、政策的本土化

政策本土化是指对国外相关制度经验不采取"拿来主义",而是先分析自身已有经验的内在逻辑,弄清楚哪些必需条件促成了经验的成功,如果现有情况支持经验所需的条件,则欣然采用;如果现有的情况不具备经验所需的条件,则根据现有实际对经验进行改良后再予采用,或在直接采用后的实践中依据所积累的新的经验对原有的经验进行逐步完善。本土化在我国社区减灾政策研究中被经常提及,正是因为我国社区概念的内涵和外延以及推动社区减灾政策落地的专业力量、居民参与等主要要素与西方的成功经验所需的条件存在显著差异。

国家减灾战略的实施关键在基层,尤其是依托自治性社区的减灾行动。社区减灾政策制定和实施需要有本地化思维,根据社区不同的经济社会基础、地理自然环境、灾害风险规律、安全文化传统等,采取切合实际、行之有效的措施和行动来提升居民的防灾减灾意识和能力。社区减灾政策的本地化对于少数民族地区尤为重要,正如有的学者建议,民族地区的社区防灾减灾要群策群力,整合政府、非政府以及社区多方面资源,将"社区灾害管理"进行本土化调试,纳入区域发展框架,充分调动社区主体参与,并与民族地区减灾文化相结合,从而切实提高民族地区社区防灾减灾的综合能力。[①]

示范社区项目不是我国的原创,而是对国外社区减灾政策的学习借鉴,也是最近几年才在国内逐渐被公众知晓和了解。由于这一政策的实施缺少本土化过程,错失了带动一批专于社区减灾研究和实践的专家培养的机会,导致国内尤其是基层在此领域的专家甚少。虽然,逐渐发展起来的社会工作者队伍对示范社区创建有一定帮助,但由于专业限制,社会工作者对创建工作往往缺乏整体考虑和专业支持,指导的针对性不强。这直接导致了示范社区创建工作缺乏专业指导。目前,在城市社区,示范社区创建工作主要由聘用的社区工作人员负责(农村社区主要由村委会成员承担)。限于人手和精力,社区工作人员需要依靠社区志愿者和物业人员完成大部分工作。

---

① 叶宏、王健、张建:《社区灾害管理的本土化策略:以西部民族地区为例》,载《西南民族大学学报(人文社科版)》2012年第6期。

在示范社区创建过程中,无论是社区主任、社区工作者,还是志愿者、物业人员,均未受过专门培训,他们基本凭借自身对示范社区创建有关文件的理解来开展工作,遇到问题时也没有专业人员予以指导,一定程度上制约了创建工作质量的提高。

《全国综合减灾示范社区标准》(以下简称《标准》)虽然提出了示范社区需具备的十大要素①,但是对这些要素的要求只是一些原则性的描述,对于具体细节和技术标准缺乏详细界定,地方在示范社区创建工作中面临细化标准及实施细则缺乏、标准尺度把握不一的问题。在实际创建过程中,因为《标准》的不完善以及相关培训和专家指导的缺乏,地方在对创建要素的把握上存在一致性偏差。以应急避难场所建设为例,《标准》要求通过新建、加固或确认等方式,建立社区灾害应急避难场所;避难场所标有明确的救助、安置、医疗等功能分区。在实际创建工作中,一些老旧社区将高楼之间的狭小空间指定为应急避难场所。这些空间既存在安全隐患,又缺乏必要的功能划分,作为应急避难场所显然不合适。但是,为追求示范社区创建数量,一些因现有条件和资源投入所限的市县在创建标准和要素审核上往往存在把关不严的情况。示范社区创建工作中出现的操作标准不一致问题直接影响了社区减灾政策的效果和政策的可持续性。低于标准要求的示范社区一旦遇到自然灾害的侵袭,其应对灾害的效果将会严重打折,甚至会因为不合格的应急场所(如前文提到的利用高楼之间的狭长空间设立的避难场所)而造成次生灾害。减灾示范社区起不到应有的减灾效果,必然会降低地方和社区对创建工作的积极性。

国外社区政策取得成功的一条重要经验就是坚持自下而上的社区主导,调动社区成员参与积极性。例如,美国的社区应急反应队(CERT)是各国社区减灾能力建设的典范,其成功的关键就在于通过宣传和培训有效地调动了社区成员参与减灾救灾的责任心和积极性。日本在社区防灾减灾综合能力建设中,特别注重依托社区自治组织——町内会、自治会组建自主防

---

① 这十个要素分别为:减灾组织与管理机制、灾害风险评估、社区应急预案制定及开展演练、减灾宣传教育与培训、减灾基础设施、居民减灾意识与技能、社区减灾动员与参与、管理考核、档案管理等。

灾组织,因为这些基层自主防灾组织的积极性和组织化程度高,一般设有本部、信息组、消防组、救护组、避难指导组和饮食供应组,通过小组的活动,可保证高效地开展日常防灾减灾训练以及灾时紧急应对活动。再如,美国实施的社区主导型恢复重建政策就是让社区主导重建的计划、实施、管理、控制各环节,政府和社会各界资源只是配合,从而构成一个自下而上的组织体系和工作机制。[①] 灾区重建涉及每个受灾群众的切身利益,每个人都有极高的参与热情,社区主导型恢复重建政策为居民参与重建提供了渠道。美国灾后社区恢复重建的经验显示,一个分散的、自下而上的重建策略将最大限度地符合受灾社区群众的利益并激发出群众的建设热情,驱动重建任务更有效率地完成。从另一个角度来讲,社区主导、群众参与的重建也是受灾群众生活重建、精神重建的过程。重建成效的评价最终取决于受灾群众,他们的感受直接来源于自身参与的社区环境的改善过程。

第三节　教育文化与科技影响

除了上述经济财政、社会治理等因素的影响外,我国的防灾减灾教育、减灾文化、防灾减灾科技运用等也对社区减灾政策的实施产生着直接或间接、明显或潜在的影响。

一、个人态度与灾害教育

风险虽然随时存在,但灾害并非时刻发生。这种对待灾害的侥幸心理,在我国百姓中普遍存在。反映在日常生活中,这种侥幸心理就会导致人们对灾害风险的麻痹与视而不见,比如不清楚在自己生存的环境里可能发生哪些灾害,不知道身边隐藏何种风险及如何预防灾害,不了解自己周边的应急避险场所、医疗资源点,不学习掌握基本的灾害风险识别和应急逃生技能,等等。侥幸心理与依赖心理又如影随形,对灾害存在侥幸心理的人往往希望灾害发生时能获得他人的及时救助,这种依赖心理会进一步抑制个人

---

① 杨新红:《美国减灾的应急及社会联动机制研究:以卡特里娜飓风为例》,载《中国安全生产科学技术》2012年第1期。

尝试提升防灾减灾能力的努力。对每个人来说，身边潜在的灾害风险及灾害发生的具体情境都是不同的，需要个人对自己生活工作环境的密切关注，而不能由别人代劳。人们对待灾害防范的消极态度，必然会导致对社区减灾重要意义的忽视，不积极甚至不愿意支持和参与社区减灾行动。

人们对灾害的态度与我国防灾减灾的教育密切相关。国内学者较早就提出发展灾害教育、提高全民族的灾害意识和有关科技知识水平是时代的大势所趋，政府和社会必须予以重视。[①] 也有学者指出，在我国整个防灾减灾工作的链条中，有关灾害教育的环节十分薄弱，缺口很大，由此导致了公众的灾害意识还相当薄弱，这对于我国防灾减灾工作非常不利，因此要加强对公众的灾害教育，充分发挥灾害教育在我国防灾减灾中的重要作用。[②] 但是，据2012年《人民日报》联合人民网共同组织的一次问卷调查发现，受访者中完全不知道应对灾害的自我保护措施和逃生技能的占到9%，非常了解各类灾害的自我保护措施和逃生技能的仅占6%；37%的受访者从未接受过防灾减灾教育；被问及家中是否会常备灭火器、救生包等急救用品时，74%的人表示不会准备，虽然有些被访者在家中配备了灭火器，但多数人并不知道如何使用灭火器。[③] 这一结果显示我国防灾减灾教育亟待改善。加强防灾减灾教育，有赖于专业的科普人员、丰富的教育内容、多样的教育形式，现实情况却是专业人员极度缺乏、教育内容陈旧空洞、教育方式单调乏味，我国防灾减灾教育还有很长的路要走。

除了常规的防灾减灾教育，传统减灾知识的传承和运用也发挥着积极的作用（见专栏2.3）。传统减灾知识具有生动零散（如谚语形式）、口口相传、内化于社会、非制度化等特征。在我国社会转型的大背景下，这些传统知识的传承也面临很多困难，其中突出的一点是人们对区域性历史灾害的低认知率。[④] 对区域性历史灾害的忽视，必然会抑制人们对社区减灾政策的

[①] 宗文：《时代呼唤灾害教育》，载《投资北京》1996年第9期；汪泓宏：《时代的趋势——发展灾害教育》，载《中国减灾》1996年第2期。
[②] 陈霞、朱晓华：《试论灾害教育在防灾减灾中的作用》，载《灾害学》2001年第3期。
[③] http://politics.people.com.cn/n/2012/0903/c1026-18897981.html。
[④] 伍国春、赵延东：《灾害文化功能和培育》，载罗平飞主编：《全国减灾救灾政策理论研讨优秀论文集》，中国社会出版社2011年版，第90—99页。

认可和参与。

> **专栏 2.3**
>
> ## 传统减灾知识传承和运用所发挥的作用
>
> 在拒马河畔的涞水县三坡镇刘家河村,分布着大大小小的旅馆、饭店百余家,百里峡客栈就是其中之一。在一次洪灾中,客栈主人王玉平、刘庆花夫妇运用传统减灾知识,第一时间发现洪水,成功挽救了500多名游客的生命。
>
> 刘庆花50多岁,从小在拒马河畔长大,曾听父亲说过,如果看到山上流水了,那就是河水要上涨了。自2012年7月21日上午接到防汛通知,直到夜里24时村民和游客都已安然入睡,刘庆花一直在家门口的河边看着远处的群山,观察着河水的涨势。快到22日凌晨1时了,刘庆花突然看到山上有水流下来,又听到远处有呜呜的水声,"不会是洪水真的来了吧!"刘庆花没有多想,赶忙回屋叫丈夫王玉平一起出来。当夫妇二人一起出屋的时候,院子里已经进了洪水。他们本能地想回屋带走一万多元现金,但是又不约而同地转身向周围的旅馆跑去。"洪水来了!快走!快走!""来水了!大家都往山上跑!"平静的黑夜,一瞬间被夫妇二人的喊声打破。
>
> 此时此刻,附近500多名游客正在熟睡,叫醒他们谈何容易。王玉平和刘庆花二人就挨家挨户敲门、敲窗、大喊。就在这时,洪水已经没过了他们的脚踝。不一会儿,游客们都在王玉平和刘庆花的催促下,慌乱地往楼下跑。这时,王玉平往返十余次引导着大家往后面地势高的山坡上跑,刘庆花指挥着几名司机将十多辆汽车开出去。就当最后一位司机去开车时,刘庆花看到后面的洪水涨势越来越快,便一把将司机拽到高处。等他们再回头时,汽车已被洪水冲走了。就是这一拽,刘庆花救了一命。
>
> **来源**:栗凤瑶、冯硕:《洪水夜袭 舍命喊醒500游客》,载《燕赵都市报》2012年7月27日。

二、媒体宣传与减灾文化

媒体是一个公共载体。有效地运用媒体，能够调动更多的力量支持和参与减灾救灾。汶川地震、玉树地震、芦山地震等重大自然灾害发生后，媒体宣传所营造的良好舆论氛围，激发了社会的捐赠和志愿热情，有力地支援了应急救助和灾后恢复重建，媒体成为政府减灾救灾与社会参与之间的润滑剂。

笔者通过对 2011 年我国主要媒体对减灾救灾宣传报道内容进行梳理，总结发现了以下三个特点：一是减灾救灾宣传侧重于灾害预警响应、应急响应、物资调运、资金下拨等工作介绍。这种只注重工作过程或工作信息的宣传，难以反映减灾救灾的全面性、复杂性和系统性。2011 年的减灾救灾宣传聚焦于政府尤其是中央政府，对灾区政府和受灾群众的宣传不到位。例如，在报道救灾物资调运数量和资金下拨金额的同时，缺乏对物资分配、资金下拨过程和效果的报道；在报道转移安置和救助人数的同时，缺乏对灾区紧急转移安置过程、灾民生活的详细关注以及对灾后恢复重建情况的报道。二是对反映减灾救灾工作失误和问题的报道缺乏后续处理情况的反馈。暴露了问题却没有相应的行动或者采取了应对措施却没有后续报道，这种有头无尾的报道容易引起人们对减灾救灾工作更多的质疑，不及时应对可能引起更多的猜测和谣言。减灾救灾宣传中出现的缺乏后续性反馈报道的问题，一定程度上反映了减灾救灾部门只注重单向的工作宣传，而不重视利用媒体主动与社会和公众实现良性互动。三是反思性信息较少。减灾救灾宣传不外乎四个方面：工作信息、成绩、问题和评论。我国减灾救灾宣传传递了丰富的工作信息，肯定了工作取得的成绩，也披露了工作中存在的问题，但是，其中能够启发人们思考和行动的评论性信息仍然较少。对减灾救灾的宣传不能限于政府工作，面对灾害的平常百姓也有很多的闪光点，他们的故事也许让人感动，也可能令人气愤，还可能充满争议，但恰恰是这些却能令人们思考和反省。减灾救灾宣传中对基层政府、社区和百姓的失焦，显然不利于社区减灾政策的实施和发展。

如实报道减灾救灾工作中的问题应是我国减灾文化建设的组成部分。减灾救灾宣传应起到让工作者、读者反思和改变不良行为的效果。如果信息报道一味地宣扬工作成绩、避免谈论问题和过错,则难以起到引人注意、思考和行动的效果。当然,反思性的宣传要把握好度,不能造成杞人忧天、草木皆兵,让人感觉世界末日就要来临,而是要让百姓看到后会对宣传中披露的落后、错误的思想和行为引以为戒,达到有则改之、无则加勉的效果。

我国减灾文化的完整体系应该包括减灾文化产品创作、公益性减灾文化事业普及、减灾文化产业发展(如减灾用品制造、减灾影视制作、减灾技能培训等)、减灾文化体制机制改革和减灾文化人才队伍建设。当前我国减灾文化发展的现状是,减灾文化作品形式较少、种类匮乏,缺少像《日本沉没》《后天》《2012》那样有影响力的减灾文艺作品;减灾文化事业发展缓慢,公共服务功能较弱;减灾文化产业不成规模,相关扶持政策尚未提上政府议程;减灾文化体制机制改革滞后,文化创作和经营主体缺乏活力和竞争力;减灾文化人才缺乏,培养的重点片面地集中在防灾减灾宣传教育方面。减灾文化建设的落后,限制了防灾减灾教育水平的提升,影响了公众对社区防灾减灾重要性的认识和社区减灾活动的参与。

国外的研究表明,即使国家重视并不断加强减灾工作,基层政府、社区、家庭和个人对减灾的热情和行动也不会自动水涨船高。因此,建立上层主导和基层响应的衔接机制,将减灾实践落实到个人、家庭和社区的实际行动上,是我国减灾文化建设发展的重点,也是推进社区减灾政策落地的关键。为此,一方面要加强对基层防灾减灾设施和活动的投入,带动个人灾害风险意识的提高。减灾文化宣传和行动要落到基层,通过实施社区灾害风险排查、紧急避难场所建设、应急救灾演练、救灾志愿者队伍建设等来影响居民的灾害意识。建立和完善以家庭减灾为中心的各项激励政策,如支持家庭购买灾害保险、小学生参加减灾课堂学习必须有父母陪同、以家庭为单位组织灾害应对技能竞赛等,提高家庭的灾害应对能力。另一方面,要为社会和个人参与减灾救灾创造条件,提高政府、社会和个人在减灾救灾行动上的一致和协同。进一步明确政府在减灾救灾中的职能和任务,拓展志愿服务和捐赠资金参与减灾救灾和恢复重建的渠道和方式,充分发挥社会和个人在减灾救灾中的积极作用。加强政府减灾救灾信息的公开透明,强化减灾救灾行动中政府和社会之间的沟通互动,促进社会力量更好地服务于国家目的。

三、科技应用与普及

通信技术的更新换代、互联网接入的不断普及、网络应用的持续创新、移动终端用户数量的快速攀升等科技发展新景象，对社区减灾政策的实施产生了诸多影响，表现为机遇与挑战并存。尤其是依托手机上网、即时通信应用，以即时性、交互性、共享性、社群化为突出特征的新媒体发展带来的影响最为明显。

根据《中国互联网络发展状况统计报告》，截至2013年6月底，我国网民规模达到5.91亿，互联网普及率为44.1%。在2013年上半年的互联网发展中，3G的普及、无线网络的发展和手机应用的创新促成了我国手机网民数量的快速提升，手机网民规模达4.64亿，占网民总数的78.5%。手机上网不仅成为新增网民的重要来源，在即时通信、电子商务等网络应用中也均有良好表现。截至2013年6月底，我国即时通信网民规模达4.97亿，使用率为84.2%，继续保持第一且持续攀升，尤其以手机端的发展更为迅速。手机即时通信网民规模为3.97亿，使用率为85.7%。此外，手机还成为各娱乐类应用规模增长的重要突破点，2013年手机网络音乐、手机网络视频、手机网络游戏和手机网络文学的用户规模同比增长超过12%。电子商务类应用在手机端应用中发展迅速，其中手机在线支付网民规模增幅较大，比2012年增长了43.0%。①

互联网的即时通信、网络交流平台等应用的普及，为社区减灾政策真正落到实处创造了有利条件。一方面，它们为防灾减灾宣传提供了更大的平台，也为宣传方式的创新提供了更广阔的空间。尤其是社交网络的兴起，促使信息、知识和经历实现即时、自动、广泛共享，使得以前受"冷落"的防灾减灾信息和知识也得以快速传播。另一方面，科技发展和应用为居民参与社区公共事务拓展了渠道、创新了方式，有助于提升居民参与社区减灾活动的积极性。此外，依托科技进步研发的适合社区、家庭和个人的防灾减灾新产品、新工具，如借助有线电视网络的灾害呼救警报系统、社区应急广播系统、

---

① 中国互联网信息中心：《中国互联网络发展状况统计报告（2013年7月）》，http://www.cnnic.net.cn。

适合家庭的应急救援和防护装备等,为社区减灾政策的实施提供了更加扎实的载体和手段。

专栏 2.4

北京市综合防灾减灾社区紧急广播系统

北京市民政局 2011 年启动实施的"北京市综合防灾减灾社区紧急广播系统"科技项目,就是科技助推社区减灾能力提升的典型。应急广播系统包括通讯指挥和终端广播两个部分,通讯指挥系统设置在社区、街道、区县和市级应急指挥部门,终端广播是安装在居民家中的应急广播接收机。一旦灾难来临,接收机会在第一时间强制打开,接收来自指挥中心的警报信息并指导居民按照指挥有序疏散。接收机还可发出包括避难所位置、分层次逃离、救灾物资发放等信息。截至 2012 年 11 月底,北京市已在 5 个社区安装 5 台紧急广播发射机和 9225 台紧急广播接收机。成功安装后,各社区的紧急广播系统正常有效运行,为最终实现紧急广播系统的推广普及,起到了积极的示范作用。

资料来源:北京市民政信息网,http://www.bjmzj.gov.cn/news/root/yjgl/2013-05/106769.shtml?NODE_ID = root。

从传媒学视角,我国社会发展所处的矛盾凸显期与科技成果应用普及期的重叠,使得舆论生态环境出现从未有过的新情况和新局面,尤其是互联网与舆论的结合,可以使一个很小的事情在短时间内成为全国瞩目乃至全球关注的大事件。2013 年浙江余姚水灾应对过程中暴露出的问题引发了网络热议,有媒体发出"余姚被淹 网上网下都要救灾"的评论,认为在新媒体时代,突发灾害事件会迅速突破地域的局限,很快变成全国关注的事件。为此,政府部门不应固守过去救灾的老一套,要善于运用新媒体防灾救灾,彻底打通网上和网下两个救灾通道,进行同步救灾。网络舆论对减灾和救灾的关注程度泾渭分明,虽然网络环境为社区减灾宣传和实施提供了机遇,但是如何抓住机遇,调动公众的参与热情,还有待进一步研究。

第三章
社区减灾政策制定

所有构成社区系统的要素均会受到社区减灾政策的影响,并根据影响的大小产生相应的调整和改变。系统的相关性特征决定了,这些要素的任何调整和改变都会影响社区减灾政策的制定和执行,进而影响社区减灾政策目标的实现。

在社区减灾政策的制定中,社区类别的划分标准是最值得分析和考虑的因素。如果仅仅将政策对象看成同一的抽象的社区,那么,政策必然会失去其针对性而难以取得应有效果。

如果当地利益相关者没有参与到减灾政策和机制的设计、实施和管理中来,那么由此制定的政策、战略和计划就可能不太适应当地的具体条件。所以,针对社区居民的政策设计最核心的是要考虑他们的政策认同和政策参与。

社区减灾政策是由一系列具体政策构成的政策体系。这意味着,它的制定主体同样也是一个由诸多单个主体构成的多元结构体系。在社区减灾政策的制定过程中,对政策对象的具体特征和发展变化进行详尽的分析,对政策需求给予足够的考虑,无论是对政策的有效执行,还是对政策预期效果的实现都十分有益。按照这样一种分析思路,本章从政策制定主体、政策对象和政策需求三个方面,来分析社区减灾政策的制定。

第一节 社区减灾政策的制定主体

政策制定主体是指那些拥有决策权的政策制定者,并可以划分为官方和非官方两大类。官方的政策制定者是那些具有合法权威去制定公共政策的人们,包括立法者、行政官员、行政管理人员和司法人员;非官方的政策制定者或组织,包括利益集团、政党和作为个人的公民等。① 按照本书对社区减灾政策的定义和理解,社区减灾政策的制定主体是国家法定的具有决策权的主体,在我国主要包括中央、省、市、县和乡五个层级的党委、政府和跨部门的减灾机构。基于我国公共政策决策与执行的实际结构是党政结构与宪政结构的混合结构这一现实②,以及我国政权机构上下基本对应的设置特点,我们以中央一级的政策制定主体为例,对我国社区减灾政策的制定主体进行分析。

一、党委和党的部门

与我国的宪政结构和决策体制相适应,作为执政党的中国共产党拥有对国家大政方针的决策权,自然也包括对社区减灾政策的制定权。党委制定的社区减灾政策更多地体现为一种政策要求,通常在党委的文件和会议决议中将有关社区减灾的要求作为一部分内容提出来。例如 2005 年 10 月 11 日,中共十六届五中全会通过的《中共中央关于制定国民经济和社会发展第十一个五年计划的建议》,将解决农村安全问题列为"大力发展农村公共事业"的建设内容之一,并提出"加强各种自然灾害预测预报,提高防灾减灾能力,以保障人民群众生命财产安全"的政策要求。2008 年 10 月 12 日,中共十七届三中全会通过的《中共中央关于推进农村改革发展若干重大问题

---

① 参见〔美〕詹姆斯·E.安德森:《公共决策》,唐亮译,北京:华夏出版社 1992 年版,第 44—48 页。
② 参见徐颂陶、徐理明:《走向卓越的中国公共行政》,北京:中国人事出版社 1996 年版,第 81—121 页。

的决定》认为,"中国农村自然灾害多、受灾地域广、防灾抗灾力量弱,必须切实加强农村防灾减灾工作",并提出"加强农村防灾减灾能力建设"的具体要求(见专栏3.1)。

专栏 3.1

中共十七届三中全会关于农村防灾减灾能力建设的具体要求

　　加强灾害性天气、地质灾害、地震监测预警,提高监测水平,完善处置预案,加强专业力量建设,提高应急救援能力,宣传普及防灾减灾知识,提高灾害处置能力和农民避灾自救能力。

　　加强防洪排涝抗旱设施和监测预警能力建设,加快农村危房改造,提高农村道路、供电、供水、通信设施抗灾保障能力,提高农村学校、医院等公共设施建筑质量,落实安全标准和责任。

　　全力做好汶川地震灾区农村恢复重建工作,加大投入,对口支援,发动群众,加快受灾农户住房重建,搞好农业生产设施重建,尽早恢复农业生产和农村经济。采取综合措施,促进灾区生态环境尽快修复并不断改善。

资料来源:2008年10月12日中共十七届三中全会通过的《中共中央关于推进农村改革发展若干重大问题的决定》。

　　党委的组成部门同样也具有社区减灾政策的制定权。比如,作为国家减灾委成员单位的中共中央宣传部(见图3-1),在自然灾害应急救助中,承担的主要职责和任务就是组织开展抗灾救灾宣传,把握正确的舆论导向(见表3-1)。在中共中央宣传部与中国地震局联合下发的《关于进一步做好防震减灾宣传工作的意见》(中震防发〔2012〕49号)中,明确要求将防震减灾知识纳入全民素质教育体系,推进防震减灾知识进机关、进学校、进企业、进社区、进农村、进家庭,推进防震减灾科普教育基地建设、科普示范学校建设和科普示范社区建设。

二、党委和政府

党委和政府共同作为社区减灾政策的制定主体通常是通过联合发文的形式体现出来。这一类政策同样也是在党和政府的某一重大政策决议中将社区减灾的内容作为政策要求提出来。如 2005 年 12 月 31 日,中共中央、国务院《关于推进社会主义新农村建设的若干意见》提出了"注重村庄安全建设,防止山洪、泥石流等灾害对村庄的危害,加强农村消防工作"的政策要求。

三、政府和政府部门

作为公共行政机关,政府依法执掌着国家公共行政权力,是社区减灾政策最多也最经常的政策制定主体。这一类主体通常是以国务院、国务院办公厅、国务院某一个职能部门(或几个职能部门联合)发文的形式体现出来。

以国务院或国务院办公厅名义发布的政策文件,既有原则性的政策要求,也有具体的政策措施。如 2006 年 4 月 9 日,国务院下发的《国务院关于加强和改进社区服务工作的意见》(国发〔2006〕14 号),要求建立灾害事故的应急反应机制,不断提高社区应对突发事件的能力。2006 年 6 月 15 日,国务院下发的《国务院关于全面加强应急管理工作的意见》(国发〔2006〕24 号)提出:"社区要针对群众生活中可能遇到的突发公共事件,制定操作性强的应急预案,经常性地开展应急知识宣传,做到家喻户晓;乡村要结合社会主义新农村建设,因地制宜加强应急基础设施建设,努力提高群众自救、互救能力,并充分发挥城镇应急救援力量的辐射作用。" 2007 年 8 月 5 日,国务院办公厅颁布的《国家综合减灾"十一五"规划》,把"加强城乡社区减灾能力建设"和"社区减灾能力建设示范工程"作为八大任务和八大工程之一(见专栏 3.2)。2009 年 10 月 18 日,国务院办公厅发布《关于加强基层应急队伍建设的意见》(国办发〔2009〕59 号),就基层应急队伍建设的基本原则和建设目标、加强基层综合性应急救援队伍建设、完善基层专业应急救援队伍体系、完善基层应急队伍管理体制机制和保障制度等做出规定。2010 年 6 月 9 日,国务院下发《关于进一步加强防震减灾工作的意见》(国发〔2010〕18

号),要求全面加强农村防震保安工作,着力加强学校、医院等人员密集场所建设工程抗震设防。

专栏3.2

《国家综合减灾"十一五"规划》关于社区能力建设和示范工程的具体内容

加强城乡社区减灾能力建设。推进基层减灾工作,开展综合减灾示范社区创建活动。完善城乡社区灾害应急预案,组织社区居民积极参与减灾活动和预案演练。不断完善城乡社区减灾基础设施,全面开展城乡民居减灾安居工程建设。强化减灾避难功能,在多灾易灾的城乡社区建设避难场所。建立灾害信息员队伍。加强城乡社区居民家庭防灾减灾准备,建立应急状态下社区弱势群体保护机制。全面提高城乡社区综合防御灾害的能力。

社区减灾能力建设示范工程。在全国开展综合减灾示范社区创建活动,建立城乡社区减灾工作机制,完善相关应急预案,组织社区减灾救灾演练,加强社区灾害监测预警能力建设,建立社区灾害信息员和志愿者队伍,建设1000个综合减灾示范社区。在台风、风暴潮、洪涝、地震、滑坡、泥石流和沙尘暴等灾害高风险区和大中城市,建设社区避难场所示范工程。制定和完善城乡民房设防标准,加强统筹规划和指导,开展创建减灾安居工程模范市(县)活动,全面提高城乡社区综合防御灾害能力。

以政府职能部门单独或联合发布的社区减灾政策,问题指向性更为明确,政策内容更为具体,政策的操作性也更强。如2007年8月31日,教育部、中国气象局发布的《关于做好2007年秋季中小学和幼儿园气象灾害防御工作的通知》(教基〔2007〕13号),要求各地加强气象及地质灾害的信息发布和传达工作,努力提高中小学生和幼儿对气象灾害的防范意识,做好预防暴雨、洪涝等气象灾害工作,并制定和落实相关应急预案。2007年9月18日,民政部下发《民政部关于印发"减灾示范社区"标准的通知》(民函

〔2007〕270号），对减灾示范社区创建工作进行规范。2008年12月19日，民政部下发《关于加强自然灾害救助应急预案体系建设的指导意见》（民发〔2008〕191号），要求重点推进城乡基层预案建设，2009年之内完成基层乡镇（街道）和行政村（社区居委会）的预案制定工作，并发布了《行政村（社区居委会）制定和修订自然灾害救助应急预案框架指南》。2011年12月12日，民政部正式批准发布《全国综合减灾示范社区创建规范》，以行业标准来规范全国综合减灾示范社区创建工作。2012年6月15日，民政部下发《关于印发〈全国综合减灾示范社区创建管理暂行办法〉的通知》（民函〔2012〕191号），进一步规范全国综合减灾示范社区创建管理工作。

四、跨部门的减灾机构

跨部门的减灾机构是由多个部门组成的应对自然灾害的议事协调机构。在我国当前的议事协调机构中，国家减灾委员会（以下简称"国家减灾委"）、国家防汛抗旱总指挥部和国务院抗震救灾指挥部是与自然灾害最直接相关的跨部门减灾机构。[①] 在这三个机构中，国家减灾委及其办公室是最主要的社区减灾政策制定主体。

作为国务院领导下的部际议事协调机构，国家减灾委负责制定我国减灾规划、方针政策和行动计划，组织协调开展全国重大减灾活动和指导地方减灾工作，推进减灾国际交流与合作。国家减灾委的前身，是我国政府响应联合国倡议于1989年4月成立的中国国际减灾十年委员会，2000年10月更名为中国国际减灾委员会，2004年12月更名为国家减灾委员会，其成员由国务院有关部委局、军队、科研部门和非政府组织等34个单位组成（见图3-1）。[②] 国家减灾委主任由国务院领导担任，办公室设在民政部。

---

① 参见《国务院关于议事协调机构设置的通知》（国发〔2008〕13号）。
② 2013年5月8日，国务院办公厅下发通知对国家减灾委组成部门进行了调整，组成部门总数不变，铁道部因机构改革被撤销不再是组成部门，卫生部改为卫生计生委，国家广电总局改为国家新闻出版广电总局，增加国有资产管理委员会为组成部门。见《国务院关于调整国家减灾委员会组成人员的通知》（国办发〔2013〕32号）。图3-1是调整之前的成员组成结构图。

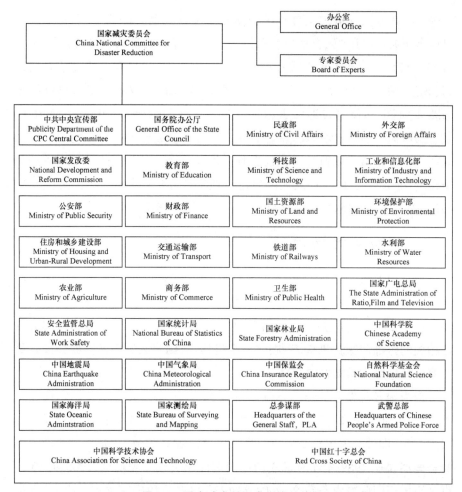

图 3-1　国家减灾委员会组成结构图

资料来源:国家减灾网。

根据《自然灾害救助条例》①和《国家自然灾害救助应急预案》②的条文规定,国家减灾委是国家自然灾害救助应急综合协调机构,负责组织、领导全国的自然灾害救助工作,协调开展重大自然灾害救助活动。各成员单位依据各自的职能特点,承担不同的职责任务(见表 3-1)。

---

① 2010 年 7 月 8 日,以中华人民共和国国务院令(第 577 号)颁布。
② 指 2011 年 10 月 16 日修订的版本。参见中国政府网,http://www.gov.cn/xxgk/pub/govpublic/mrlm/201111/t20111102_64556.html。

表 3-1　国家减灾委成员单位在自然灾害救助中的主要职责任务[①]

部门	主要职责任务
民政部	拟定救灾工作政策,负责组织、协调救灾工作,组织自然灾害救助应急体系建设,负责组织核查并统一发布灾情,管理、分配中央救灾款物并监督使用,组织、指导救灾捐赠,承担国家减灾委员会、全国抗灾救灾综合协调办公室的具体工作。
中宣部	组织开展抗灾救灾宣传,把握正确的舆论导向。
外交部	协助做好抗灾救灾的涉外工作。
发展改革委	协调动用其管理的国家储备商品和物资,负责组织相关应急物资的紧急调度和交通运输协调,加强价格监督管理,必要时实施价格干预措施或者紧急措施,开展价格监督检查,打击价格违法行为,保持价格稳定。
教育部	指导灾区恢复正常教学秩序,指导做好校舍的恢复重建。
科技部	安排重大抗灾救灾科研项目。
工业和信息化部	负责组织协调各地基础电信运营企业抢通灾区受损通信设施并开展应急通信保障工作,负责组织协调救援装备、防护和消杀用品、医药等生产供应工作。
公安部	负责灾区的社会治安工作,协调组织灾区群众的紧急转移工作,参与配合有关抗灾救灾工作。
财政部	负责抗灾救灾资金安排、拨付和监督检查。
国土资源部	负责组织协调地质灾害监测、预警,协助抢险救灾,协调重大地质灾害防治的监督管理。
环境保护部	负责指导灾区的环境监测,以及次生环境灾害的应急处置。
住房和城乡建设部	协助制定灾后恢复重建规划以及帮助、指导灾后房屋和市政公用基础设施的抗震鉴定、修复、重建等工作。
交通运输部	负责抗灾救灾人员、物资的公路、水路、航空运输,组织协调和抢修被损公路。
铁道部	负责抗灾救灾人员、物资的铁路运输,抢修被毁铁路。
水利部	掌握、发布汛情、旱情,组织协调、指导全国防汛、抗旱、抢险工作,对主要河流、水库实施调度,负责灾后水利设施的修复。

---

① 本表根据相关资料整理而成,所列部门为 2013 年 5 月 8 日调整之前国家减灾委组成部门。

（续表）

部门	主要职责任务
农业部	负责组织重大农作物病虫草鼠害、动物防疫、草原火灾防治工作，开展死亡畜禽无害化处理，组织、协调农业重大自然灾害抗灾工作，帮助、指导灾后农业生产恢复。
商务部	负责与联合国和国际组织救灾联络，并协调落实救灾及灾后重建的国际多、双边合作项目。组织跨省区生活必需品（除粮食、食用油外）市场供应。
卫生部	负责组织、协调开展伤病员救治、灾后卫生防疫、灾区群众和救援人员的心理援助，指导灾区卫生部门做好医疗卫生服务秩序恢复和医疗卫生机构重建。
广电总局	负责灾区广播、电视、电影系统设施的恢复工作，并在中宣部领导下，为减灾委提供灾情预警预报和抗灾救灾信息发布技术支撑。
安全监督总局	负责因自然灾害引发的生产安全事故应急管理和重特大生产安全事故应急救援协调、指挥工作。
统计局	协助分析、汇总灾情统计数据。
林业局	负责沙尘暴、重大林业有害生物、野生动物疫源疫病以及森林火灾的监测和防治工作。
中科院	协助或承担重大抗灾救灾科研项目。
地震局	组织地震现场地震监视、监测和震情分析会商。
气象局	负责气象灾害的实时监测、预警和预报，做好救灾气象保障服务。
保监会	指导与灾害相关的保险工作。
自然科学基金会	安排重大抗灾救灾基础研究项目。
海洋局	负责海洋灾害的实时监测、预警和预报，做好救灾海洋环境保障服务。
测绘局	负责为减灾救灾工作提供测绘服务和保障。
总参谋部	根据国家有关部门和地方政府请求，组织协调军队、武警、民兵、预备役部队参加抢险救灾。必要时，协助地方政府进行灾后恢复重建工作。
武警总部	负责组织武警部队实施救灾抗灾，协助当地公安部门维护救灾秩序和灾区社会治安，协助当地政府转移危险地区的群众。
中国科协	协调各类学会的抗灾救灾科学研究、学术交流和科学普及工作。
中国红十字会	参加灾区救灾和伤员救治工作。

国家减灾委作为社区减灾政策的制定主体,一般是以国家减灾委或国家减灾委办公室发文的形式体现出来。这一类政策通常以作为整体概念的社区为政策对象,着眼于社区综合减灾的目标。如2010年5月5日,国家减灾委办公室下发的《国家减灾委办公室关于下发〈全国综合减灾示范社区标准〉的通知》(国减办发〔2010〕6号),对原《"减灾示范社区"标准》(民函〔2007〕270号)进行了修订完善。2010年4月12日,国家减灾委下发的《国家减灾委员会关于做好今年防灾减灾日有关工作的通知》(国减电〔2010〕1号),确定2010年防灾减灾日的主题是"减灾从社区做起",对如何做好社区减灾工作提出具体要求(见专栏3.3)。2011年6月6日,国家减灾委颁布《国家防灾减灾人才发展中长期规划(2010—2020年)》,要求建立稳定的基层防灾减灾人才队伍,组织实施与社区防灾减灾人才培养相关的基层防灾减灾队伍建设工程、社区防灾减灾培训者培训工程和培训演练基地建设工程。[①] 2011年6月15日,国家减灾委下发的《关于加强城乡社区综合减灾工作的指导意见》(国减发〔2011〕3号),明确提出城乡社区综合减灾的总体要求、主要目标、主要任务和保障措施。2013年9月6日,国家减灾委办公室下发《国家减灾委员会办公室关于印发全国综合减灾示范社区标准的通知》(国减灾办发〔2013〕2号),对2010年5月5日制定的《全国综合减灾示范社区标准》进行了修订和完善。

专栏3.3

国家减灾委关于做好2010年防灾减灾日工作的通知要求

通知指出,城乡社区作为社会的基本构成单元,是广大人民群众工作、生活的重要场所,是防灾减灾的前沿阵地。减灾从社区做起,是以社区为平台开展防灾减灾工作,有效整合各类基层减灾资源,落实各项减灾措施,增强社区的综合减灾能力,最大程度减轻灾害损失;提倡减灾从身边做起,动员每个社区的每个家庭、每位成员积极参与防灾减灾和应急管理工作,关注

---

① 参见《国家减灾委员会关于印发〈国家防灾减灾人才发展中长期规划(2010—2020年)〉的通知》(国减发〔2011〕2号)。

身边的各类灾害风险,增强防范和应对灾害风险的意识和技能。加强社区减灾工作,全面提高基层综合防灾减灾应急管理能力、防范各类灾害风险,是保障人民群众生命财产安全的现实需要,对于维护社会稳定、构建社会主义和谐社会具有重要意义。

通知要求各地区、各有关部门紧紧围绕今年主题,广泛动员各方力量,组织开展内容丰富的防灾减灾宣传培训教育活动。要加大防灾减灾宣传力度,充分发挥各类媒体的作用,通过开设专题专栏、刊发评论文章、播放公益广告、举办专题展览、组织街头咨询、张贴海报标语、印发科普读物等方式,大力宣传党和政府以人为本的防灾减灾工作理念,介绍国家加强防灾减灾应急管理体系建设的重大政策措施和进展成效。要针对监测预警、抢险救援、转移安置、应急保障、医疗防疫等重点环节,组织开展形式多样的防灾减灾应急演练活动。要通过组织座谈研讨、培训讲座、观看科普影视作品、开展知识竞赛等方式,广泛宣传普及防灾减灾科学知识和基本常识。要注重做好针对在校学生、外来务工人员等群体防灾减灾宣传教育工作,切实增强广大群众对各类突发事件的防范意识和自我保护能力。

通知要求各地区、各有关部门以"防灾减灾日"为契机,大力促进基层社区各项防灾减灾工作的全面落实。要组织开展社区灾害风险隐患的排查治理,加强基层灾害应急管理体系建设,完善社区应急预案,明确灾害来临时社区居民的自救互救措施和应急避险场所。要针对社区防灾减灾工作需要,加大资金支持力度,为社区配备必要的紧急救援避险物资和装备,进一步完善社区综合减灾基础设施。要鼓励和支持社区家庭做好日常防灾准备,提升社区居民的减灾意识与避灾自救能力。各地区、各有关部门要继续大力推动"全国综合减灾示范社区"创建工作,为不断提高全社会防灾减灾水平打下良好基础。

此外,国家减灾委还会与国务院职能部门通过联合发文的形式共同成为社区减灾政策的制定主体。这一类政策通常是以构成社区的一个要素为政策对象,着眼于某一个要素的减灾。如2006年10月10日,国家减灾委、教育部、民政部联合发布了《关于加强学校减灾工作的若干意见》(国减发〔2006〕4号),提出统一思想认识,高度重视学校减灾工作,切实加强领导,进一步提高学校减灾能力,树立先进典型,开展"减灾示范学校"评比活动的工作要求。

第二节 政策对象分析与社区减灾政策制定[①]

政策对象是由于特定政策决定而必须调整自己行为的目标群体。按照系统论的观点,它是可控、可调的处于某一层次的"元",即在人的意志指导下,能对之施加影响且具有明确边界的系统。作为一项特定的公共政策,社区减灾政策的对象首先是作为一个整体概念的社区;其次是构成社区系统的各个要素。在社区系统内,所有构成系统的要素均会受到社区减灾政策的影响,并根据影响的大小产生相应的调整和改变。系统的相关性特征,决定了这些要素的任何调整和改变都会影响社区减灾政策的制定和执行,进而影响社区减灾政策目标的实现。

因此,对社区减灾政策制定者来说,在设计和规划政策方案时,将政策对象进行抽丝剥茧的分析,对提高政策的针对性和有效性无疑十分有益。在这里,主要分析对社区减灾政策效果影响比较大的两个对象——作为整体概念的社区和作为社区元素的居民。

一、社区分析与政策制定

正如第一章所述,社区是以一定规范和制度,将一定地域范围内的个人、群体和组织结合在一起的社会生活共同体。从政策制定的角度来分析和讨论社区,就是要讨论在政策制定过程中,究竟要从哪些方面来分析作为整体概念的社区。对这一问题的回答,涉及社区的分类、社区的不同特征,以及这些特征对社区减灾政策的影响。

实际上,我们在第一章对社区定义的分析中已经把社区划分为常态情形下的社区和非常态情形下的社区两大类型。与社会学研究主要关注社群关系和社区历史变迁不同,从减灾和社区减灾政策对象的角度来讨论社区

---

① 本节是在笔者2006年撰写的《政策对象分析与社区减灾政策制定》基础上修改而成。原文载《中国减灾》2006年第1期,第41页。

的分类和特征,更多地是从实现社区减灾政策目标这一角度来考虑。所以,在同一大类社区的前提下,社区灾害的风险性、社区的易损性、社区减灾能力等元素或元素的叠加,应当成为社区减灾政策制定者优先考虑的重点内容。此外,随着社区减灾政策环境的不断变化,作为政策对象的社区也会随之而变,进而导致社区减灾政策的调整和改变。

1. 常态情形下的社区

常态情形下的社区是指在正常运行状态下的城乡社区,也就是我们在第一章提到的农村的行政村或自然村辖区、城市的街道辖区或居委会辖区,以及城市发展新划分的社区委员会辖区。随着我国经济社会改革的深入发展和当代中国社会的重大转型,社会机体的各个方面也不可避免地发生深刻变革,其中就包括我国城市和农村社区的变革与发展。与此同时,由社会转型引发的制度、市场和社会等多方面的变革因素,导致了那些传统形成的行政社区发展模式的逐渐改变乃至最终消失;导致了过去那种单一、均质、稳定的状态逐步转为多元、异质、快速变化的状态。

作为我国城市居民居住空间形态单元的社区,自改革开放以来呈现出多元化发展态势,多类型城市社区并存成为当代城市社区的主要特征。[①] 按照一些研究者的分类,我国的城市社区主要有以下六种类型[②]:

(1)传统街坊社区。是以城市旧街和老街区为主,具有某种"城市中的乡村的特点"。居民住宅与商业、工业用地混杂,社区内居民的职业构成较为复杂,居民之间形成了复杂的社会纽带,邻里间人际关系互动较强。

(2)单一式单位社区。这类社区由一个或几个单位筹建,自设各类服务设施。居民职业构成比较单一,居民生活用地与生产用地有明显的界线和隔离带,生活环境质量较好,社区互动与单位互动合二为一,单位的级别关系也表现在社区活动之中。

(3)混合式综合社区。这是20世纪70年代末以来在独立的地段和城市边缘兴建的居住功能较为单一的大型居住区。这里居住环境较好,生活

[①] 闫凤英、赵黎明:《我国当代城市居民的居住行为变迁及特点》,载《天津大学学报》(社会科学版)2008年第1期,第61页。

[②] 参见赵民等:《社区发展规划:理论与实践》,北京:中国建筑工业出版社2003年版。

设施齐全,往往具有多功能的小型商业中心,但是由于建设历史较短,且缺乏半公共空间,因此居民的互动性并不强。

(4)演替式边缘社区。以城市扩张和乡村向城市渗透为特点。城市边缘地带是属于农村向城市演替的社区,由于受城市功能辐射,农用地渐渐转化为建成区。这里社区功能混乱,居民职业结构复杂,各种服务设施匮乏。社区内生活和生产功能紧密交织,体现了初级的"前市后坊"的空间特点,是当今最为活跃也最为混乱的社区。

(5)新型房地产物业管理型社区。以房地产开发为主体的新型房地产物业管理型社区可以进一步细分。第一类是封闭性社区,如人口具有某种同质性的高级住宅区或别墅区,居住者都是高收入群体。第二类是封闭性混合生活社区。第三类是中低档的经济开发型的物业管理社区。

(6)移民区。城市社会变迁中形成的"自生区"或移民区,如全国各地的"温州村"等。

这六种不同类型城市社区的灾害风险、管理模式、减灾能力,以及社区居民的行为模式等各种影响社区减灾政策的因素不尽相同,对政策的诉求也不可能一样。所以,为使政策取得实际效果,社区减灾政策制定者需要结合不同社区的特点来制定有针对性的减灾政策。"应急事件准备和管理不是存在于真空。为了成功,应急事件准备计划必须符合具体情况。这种情况,在国与国、社区与社区之间不同。"[1]

在农村社区方面,自2006年中共十六届六中全会提出"积极开展农村社区建设"这一重大战略决策后[2],2007年3月29日,民政部下发了《民政部〈关于全国农村社区建设实验县(市、区)工作实施方案〉的通知》(民函〔2007〕9号),推动各地开展新型农村社区建设。各实验县(市、区)从实际出发,在城郊结合型、集镇中心型、传统村庄型、经济发达型、经济欠发达型、文化特色型、生态特色型等不同类型农村开展了社区建设实验工作,按照地

---

[1] 世界卫生组织:《社区应急准备——管理政策制定者手册》,北京:人民军医出版社2002年版,第11页。
[2] 参见2006年10月11日中国共产党第十六届中央委员会第六次全体会议通过的《中共中央关于构建社会主义和谐社会若干重大问题的决定》。

域相近、规模适度、群众自愿、便于管理服务、优化资源配置的原则,各地探索制定农村社区布局和建设规划,形成了"多村一社区""一村一社区""一村多社区"等社区建设模式。由此可见,随着国家农村社区建设政策的调整和发展,农村社区的内涵和外延已经突破了行政村或自然村辖区的地域概念,社区的管理模式也发生了较大的改变。按照系统论的观点,当作为政策对象的社区发生了变化时,作为系统构成要素的社区减灾政策也必然要随之进行相应的调整。也就是说,这些新的社区建设模式不可能不影响社区减灾政策的制定。

此外,随着我国经济社会的快速发展,在子女数减少、居住安排变化、住房市场化和人口流动等因素的共同作用下,空巢和独居老年人显著增加,也成为我国城乡社区变化的一个重要特征。根据全国老龄工作委员会办公室2011年7月11日发布的《2011年度中国老龄事业发展统计公报》统计,2010年,城乡空巢老年人占49.3%(其中独居9.7%,仅夫妻同住39.6%),较2006年增加8个百分点,较2000年的增幅达到10.4个百分点。10年来,城镇空巢老年人的比例由42.0%上升到54.0%,农村相对应地由37.9%上升到45.6%,增幅都相当明显。其中,城镇独居老年人比例由7.4%上升到8.6%,农村从8.3%上升到10.6%;城镇仅夫妻同住老年人的比例由34.6%上升到45.4%,农村从29.6%上升到35.0%。空巢和独居老年人的显著增加,同样也增加了社区减灾的难度并对社区减灾政策提出新的诉求。

一个比较典型的事例是,2012年8月10日浙江省岱山县长涂沈家坑水库垮坝,导致8位当地村民遇难。8位罹难村民中,除一人不到50岁外,其余都是留守老人,年纪最轻的74岁,最大的87岁。[①] 这一事件在令人扼腕的同时也提出了"空巢农村谁来抢险救灾,又如何抗灾"等新的课题。所以,在社区减灾政策的制定中,对空巢和独居老年人的格外关注理应成为政策制定者在政策设计时考虑的重要内容。

从我国社区减灾政策的实践看,社区类别划分在一些地方的社区减灾政策制定中已有所体现,并取得了一定的成效。比如,上海市在社区综合减

---

① 资料来源:http://www.people.com.cn/h/2012/0811/c25408-3919076891.html。

灾模式的探索中,充分考虑社区的不同类型、规模和创建工作基础等具体情况,坚持因地制宜开展综合减灾示范创建活动。有的以居民小区为单位,有的以居委会、村委会为单位,条件成熟地区则以街道办、乡镇人民政府为单位,一切从实际出发,不求统一的规模,而是以开放的标准鼓励基层大胆探索。[①] 在社区综合风险评估这一政策的形成中,更是以社区划分为基础,以综合风险为对象,并充分考虑了多种因素的叠加(参见背景资料)。

> **背景资料**

2009年,上海市民政局、上海市民政减灾中心与复旦大学城市公共安全研究中心共同成立专项课题组,以社区为单位,以综合风险为对象,以承载体脆弱性评估和致灾因子致险程度评估为内容,探索建立上海市社区综合风险评估模型。研究课题将社区分为新建社区、老式社区(包括棚户区和石库门等)、新旧混合社区、特殊功能社区(包括化工区等)和农村社区等5类,并在每类社区中挑选典型开展实地考察,分析不同社区风险特征,在此基础上总结出上海社区的致灾因子和社区脆弱承载体的不同类型,建立了一套社区风险评估指标体系,并挑选部分社区进行应用检验,形成"上海市社区综合风险评估模型"。2011年底,课题组根据专家评审意见,修正评估模型,最终形成了以"街镇"为单位的社区风险评估模型,并于2012在徐汇、杨浦河、松江三个区40个街镇社区开展评估试点。

为便于评估模型的推广,课题组进一步探索并形成了规范的评估流程,对每一个环节都制定了规范的实施细则,确保每一项内容都能够按流程和细则顺利开展并达到预期效果。根据流程要求,每个社区都必须在专业人员指导下完成包含街镇各相关部门协调会、基础知识培训、致灾因子评估、风险集计、社区风险实地勘察与确认、风险地图绘制、总结等七项内容的风险评估工作。

资料来源: 摘自上海市民政减灾中心主任谢建余于2013年3月28日在第三届全国减灾中心业务交流会上的发言材料。

---

① 陈跃斌:《上海市社区综合减灾模式探索》,载中华人民共和国民政部和联合国驻华机构灾害管理小组编:《社区减灾政策与实践》(2009年12月),第31页。

当然，作为一项与灾害紧密相关的特殊公共政策，社区减灾政策对象类别的划分同样也要充分考虑对社区产生主要影响的自然灾害的种类。所以，在划分各类社区的基础上，还需要叠加灾害的类别来进行更为细致的划分。比如说，以主要灾害种类为标准，同一类社区可以划分为泥石流和山体滑坡等地质灾害比较严重的社区、台风灾害严重的社区、暴雨洪涝灾害严重的社区等等。但不管怎样划分，在同一类社区的前提下，抗灾能力的强弱和主要受某一种或几种灾害的影响将构成这类社区的两个主要特征。

综上所述，我们可以看到，在社区减灾政策的制定中，社区类别的划分标准是最值得分析和考虑的因素。如果仅仅将政策对象看成同一的抽象的社区，政策必然会失去其针对性而难以取得应有效果。因为，试图以一种药来治多种病无异于以一把钥匙开多把锁。尽管如此，现实中不少社区减灾政策还是呈现出大而泛的特点。尤其是一些地方和基层的政策制定者并没有将上级的政策结合本地或本社区的实际情形进行创造性地再制定，而是照搬照抄照转，"上下一般粗"，这样的政策当然不会取得应有的政策效果。

另一方面，在社区减灾政策的顶层设计中，政策制定者还缺少对具体的政策执行标准的设计。直到现在，在国家层面还没有一项在科学划分各种不同类别社区基础上，针对不同社区而设计的相应减灾标准的政策。比如说，不同的社区究竟应该配置什么类型和多少数量的减灾器材，究竟需要举行多少次避灾自救演练才能够达到减灾的标准等，还缺乏深入细致的研究，也没有形成统一权威的规定。国家层面的社区减灾政策缺乏明晰的标准，地方层面对减灾政策的执行必然陷入模糊的困境。

2. 非常态情形下的社区

非常态情形下的社区主要是指基于某种特定的事态而临时建立的社区。与常态情形社区相比，非常态情形社区最大的一个特点是具有一定的时限性，一旦特定的事态结束，它也就不复存在。在这样的临时社区中，社区居民面临着完全不同于以往的社区环境。无论是社区的组织和管理系统，还是社区的社群关系；也无论是社区的物理环境，还是社区的人文环境，都发生了根本性地改变。

非常态情形社区的类型主要有两种。一种是由于工程建设需要,人们离开原有的社区而一段时间居住在工程建设所在地建立起来的临时社区。另一种是由于重特大自然灾害导致原有社区组织和管理系统、社群关系和社区物理环境发生根本改变,人们不得不离开原有社区而居住在临时建立起来的灾民安置区。

(1) 工程建设临时社区。

在由于工程建设需要而建立起来的临时社区,社区居民通常面临着比常态社区更为单一的组织和管理系统,社区居民之间所构成的社群关系也相对简单,社区居民所依托的物理环境(比如说工棚、工棚食堂、工棚小商店等)也相对简陋。作为一个相对独立的社区小系统,它与外界的运行系统联动较少,有的甚至仅仅是通过工程建设的管理方保持与外界运行系统的联系与交流。这样一类社区如何减灾是一个值得政策制定者关注并在政策制定中研究和探讨的问题。

这一问题至少体现在以下四个方面:第一,临时社区位置的选择是否符合减灾的要求,或者说社区所在的地点是否避开了灾害的高风险区?第二,应该制定一种怎样的社区减灾政策,以及应该由谁来执行这一政策?第三,在灾害即将来临或者发生的时候,社区如何与外界尤其是外界的社会运行系统保持一种良好的联动机制?第四,减灾的属地管理原则是否应该在社区减灾政策中加以考虑?

2012年7月发生在白鹤滩水电站施工区伤亡惨重的山洪泥石流灾害,就很好地说明了这一问题。这一灾害事件的深层次原因,恰恰就是政策制定者在制定社区减灾政策时需要分析和考量的重要因素(参见附录2:相关典型案例)。

(2) 灾民安置临时社区。

顾名思义,灾民安置临时社区是为安置受灾人群而建立的过渡性居住区。尽管如此,它同样具有常态情形下社区管理的基本功能,社区居民能够获得户政、气象、文化、教育、医疗卫生和食品安全等基本服务。这一类临时社区,以2008年5月12日汶川特大地震灾害发生后建立的帐篷安置点和板房安置点最为典型。

2008年四川汶川特大地震发生后,1510万人需要紧急转移安置①,并在不同阶段实行了应急安置、帐篷集中安置和板房集中安置。后两种安置按照社区管理的模式,形成了受灾人员安置的临时社区。

帐篷安置临时社区实行属地管理和单位自行管理两种体制。属地管理安置点由所在地政府负责,在受灾人员集中居住、打破原有建制的大规模过渡安置点,按原社区相对集中原则,成立过渡安置点社区管委会。临时社区管委会设主任一人,一般由乡镇、街道指派,全面负责安置点日常管理工作。管委会组成人员也由乡镇、街道、对口联系单位工作人员担任,或由原村(居)组干部、受灾群众代表、政府联系干部、治安民警等多方人员组成,按照分工,管理安置点的各项工作。管委会主任及其组成人员均专职从事管理工作。临时社区管委会设有人员登记处、咨询处、宣传广播处、物品收集发放处、民警执勤处、医疗服务处等,负责过渡安置点供水,统一配置和管理供水设施与水源,负责防疫和食品安全保障,协调实施心理援助,安排文体活动。同时,协调各类资源,组建志愿服务队,围绕方便灾区群众生活,开展便民服务。单位自行管理安置点由指定单位负责,全权负责安置点的各种管理。如绵阳市北川羌族自治县擂鼓镇集中安置点主要由市级部门搭建帐篷并牵头管理,县抗震救灾指挥部统一抽调工作人员协助管理。其中,擂鼓镇第一安置点由绵阳市建工委管理,擂鼓镇第二安置点由绵阳市司法局管理,擂鼓镇第三安置点由省军区管理;永安镇第一安置点由绵阳市检察院管理,永安镇第二安置点由绵阳市科技局管理,永安镇第三安置点由绵阳市委党校管理;安昌镇安置点由绵阳市中级人民法院管理;黄土镇安置点由绵阳市劳动社会保障局管理。②

板房安置临时社区实行目标管理、民主管理和物业管理三种管理模式。目标管理适用于原地搭建的小型活动板房群众过渡安置点,管理以严格执行各项管理制度为前提,分解安置点各项任务指标,落实到具体执行单位,

---

① 参见胡锦涛于2008年10月8日在全国抗震救灾总结表彰大会上的讲话。新华网,http://news.xinhuanet.com news center/2008-10/08/content_10166536.htm。
② 笔者根据四川省民政厅提供的《汶川特大地震抗震救灾志(卷六)·灾区生活志》资料长编整理而成。

保证目标任务的完成。如四川省成都市民政局制定的《受灾群众过渡安置点规范管理意见》，从加强组织领导、健全管理机构、规范职能事务、完善服务功能、健全管理制度、及时报送信息六个方面规范活动板房安置点管理。同时，中共成都市委目标管理督察办公室、成都市人民政府目标管理督察办公室、成都市民政局联合下发《关于下达全市受灾群众过渡安置点管理服务工作专项目标的通知》，将2008年安置点管理服务工作专项目标，分解为基层组织建设、基础设施建设及维护社区服务、监督保障四大类25项，下发到22个市级部门、8个受灾县（市、区），明确任务，落实责任，保证目标任务的完成。民主管理适用于多方人员组成、人员流动较大、居住规模较大的群众过渡安置点，在区（县）人民政府的指导下，发挥群众自治组织社区居委会功能，实现民主选举居委会成员，民主制定管理规章，民主管理本社区乃至整个安置点的各项事务。如四川省成都市都江堰市"勤俭人家""幸福家园"活动板房群众安置点，彭州市丽春镇"福泉苑"群众安置点，都实行了这种管理模式。在民主管理的模式下，各安置点群众民主制定《居民公约》《社区文明公约》，利用召开栋长、户长会议等形式，开展栋、户及社区间的先进评比，宣传卫生、治安、消防知识，推进安置点入住群众的自我管理和自我服务。"勤俭人家"安置点在上海市社工的帮助下，群众开展"和谐巷"评比，社区居民定期召开"居民管理巷巷会"，灾区群众为社区管理建设出主意、想办法，提高自我管理、自我服务的能力。彭州市龙门山镇建立村民议事制度，以村为单位成立村民议事小组，组长由村党支部书记担任，成员由村民按"一户一票"的方式民主推荐产生。村民议事小组监督村委会工作，提高村民参事议事的能力。绵阳市群众集中安置点推行社区管理，在灾区群众中推选产生临时社区成员代表大会和临时居委会，也是民主管理的一种形式。临时居委会在安置点设立平面示意图，房屋门牌号、床铺位号，建立《入住须知》《生活作息制度》等制度，设立宣传、卫生、治安、互助队等机构，实行民主管理、民主监督。物业管理模式是由社区物业管理移植而来，主要用于单位管理群众安置点和超大型安置点，这种模式的前提是要拥有比较完善的服务设施。如地处四川地震灾区的中国水电十局的4个活动板房小区竣工后，水电十局在各小区设立小区管理处，按照"住宅物业管理的标准"实行规范化、综合物业管理,配置相应管理人员,成立家委会、离退休党支部,设立超市、食堂、娱乐室、医务室、警务工作站等设施。职工安置小区日常管理委托物业管理公司负责,费用由单位承担,水费、电费、物业管理费、伙食成本费由被安置职工自行承担。中国华能太平驿公司安置点开通闭路电视,安装电话和宽带网线,食堂、路灯、厨房、浴室、卫生间设施齐整,聘用11名保安、13名保洁人员,实行安置点的物业管理。①

  由于是在刚刚经历惨烈的特大地震灾害之后,避免受灾人员再次遭受灾害,减轻临时安置社区的灾害风险成为强烈的减灾政策诉求,并在灾后救助和恢复重建的相关政策中得以体现。如2008年5月30日民政部、住房和城乡建设部联合下发的《关于四川汶川大地震灾民临时住所安排工作指导意见》(民电〔2008〕97号),要求搭建临时住所要科学合理选址,避开地震活动断层和可能发生水灾、山体滑坡、泥石流、地面塌陷等灾害的区域。2008年6月2日住房和城乡建设部下发的《关于地震灾区过渡安置房(活动板房)建设有关问题的补充通知》(建办电〔2008〕56号),强调过渡安置房建设在地址选择上要符合安全、防火、防震、防雷击、防泥石流、防洪涝等要求,防止地址灾害的发生。2008年6月8日国务院颁布《汶川地震灾区恢复重建条例》,要求"避开地震活动断层和可能发生洪灾、山体滑坡和崩塌、泥石流、地面塌陷、雷击等灾害的区域以及生产、储存易燃易爆危险品的工厂、仓库"。不仅如此,这一减灾政策在灾区各省(市)安置点建设中也得以落实。如四川省针对救援部队、对口支援各省(市)救灾力量大量介入等实际情况,要求帐篷安置点选址首先由援建单位完成现场勘察,然后征求当地人民政府和抗震救灾指挥部的意见,获得批准后,再按照"防落石、防洪水、防塌方"的要求及"就近就便、整洁美观"的原则进行建设。甘肃省安置点选址,由灾区市(县)抗震救灾指挥部派出工作组,与灾区各乡(镇)抗震救灾工作队进入灾区实地勘察,选择开阔平坦、无塌方、无滑坡危险的地段设立安置点。重庆市安置点建设由县(区)人民政府负责,组成公安、民政、城建、工商、卫生等部门参与的领导小组,按照"方便生活、便于迅速撤离、安全稳定"的原

---

① 笔者根据四川省民政厅提供的《汶川特大地震抗震救灾志(卷六)·灾区生活志》资料长编整理而成。

则,选择就近条件较好的厂房、村委会、幼儿园、学校、礼堂作为安置点,并按照一顶帐篷、两床席子配置,在公园、广场、学校操场、农村晒坝等开阔地搭建帐篷安置点。①

由此可见,在汶川特大地震后建立起来的灾民安置临时社区,其减灾政策至少涵盖了以下两方面的内容:首先是临时社区建设地点的灾害风险评估。无论是帐篷安置点建设还是板房安置点建设,在社区建设地点的选择上都要求避开灾害风险区。其次是临时社区秩序的建立。根据临时社区的不同特点,采取不同的管理模式维持社区的管理和正常运行,并按照这样一种秩序开展行之有效的灾害救助和恢复重建工作。可以说,这次地震灾害所形成的社区减灾政策的框架和内容,构成了灾民安置临时社区减灾政策的基本范式,并在之后的4·14玉树地震等重特大灾害中为政策制定者所借鉴。

然而,除了上述两方面内容,在这样的临时社区,减灾的内容和方式同样还需要进一步的研究和探讨。比如说,临时安置区的居民需要掌握哪些减灾的知识和技巧,这些知识和技巧应该通过怎样的活动和方式让居民来学习和掌握,举行这样的活动是否会触动他们业已受到灾害影响的心理而带来二次伤害等等,所有这些因素都应是社区减灾政策制定时所考虑的重要因素。

事实上,从应急安置到帐篷集中安置,再到板房集中安置是一个由非常态社区逐步恢复到常态社区的时间序列过程。这一过程的重点在于灾后早期的恢复与重建。它不仅仅是房屋、道路等物化因素或者硬环境的重建,它还包括社区关系、灾民心理抚慰等非物化因素或者说软环境的重建。因为灾害不仅打破了人与自然关系的和谐,也撕裂了人际关系网络,改变了人们熟悉的社区格局和社区生活秩序。灾后社会关系的恢复与重建,有助于帮助受灾人群重建社会关系、调适社会心理和恢复社会功能。"灾害发生后,在安排好受灾群众生产生活的同时,及时、恰当地开展社会心理援助,可以帮助灾区受灾群众调整心理,积极应对灾难,顺利渡过难关,恢复正常社会

---

① 笔者根据四川省、甘肃省民政厅和重庆市民政局提供的《汶川特大地震抗震救灾志(卷六)·灾区生活志》资料长编整理而成。

生活。"①然而,一个不容忽视的事实是,物化因素的重建通常能够得到政策制定者的重视和关注,而非物化因素的重建却常常容易被忽略。

尽管如此,我们依然可以乐观地看到二者并重的发展趋势。因为,随着经济社会的发展和人类文明的进步,受灾人群不再满足于衣食住行的基本救助,他们更渴望在物质救助的基础上得到精神层面的救助。此外,在现有的宪政和决策体制下,执政党的执政理念理所当然地要为公共政策所遵循并奉为政策制定的指导思想。所以,在临时社区减灾政策的制定中,把社区关系、心理抚慰等非物化因素纳入临时社区减灾的重要内容,不仅仅是让灾害救助增添了充满温情的人文关怀,而且还在政策的制定中体现了以人为本的政策指导思想。

二、居民分析与政策制定

说到底,社区减灾政策真正影响的对象是作为社区构成要素的居民。作为社区减灾政策的目标群体,社区居民对政策的接受与否,直接关系到政策执行的成败。"政策能否达到目的,不是政策制定者一厢情愿的事情,也不是政策执行者能够完全决定的事情,它与目标群体有直接关系。目标群体顺从、接受政策,政策执行就会成功,目标群体不顺从、不接受政策,政策执行就会失败。"②此外,作为社区减灾利益的直接相关者,社区居民的政策参与能够使社区减灾政策更好地体现他们的利益和诉求,也更加符合他们所在社区的实际。"如果当地利益相关者没有参与到减灾政策和机制的设计、实施和管理中来,那么由此制定的政策、战略和计划就可能不太适应当地的具体条件。"③所以,针对社区居民的政策设计,最核心的是要考虑他们的政策认同和政策参与。

社区居民对社区减灾政策的认同与否以及他们对社区减灾的参与程度,在很大程度上源于他们对自身利益的判断。"目标群体之所以顺从和接

---

① 引自《国家减灾委员会关于加强自然灾害社会心理援助工作的指导意见》(国减发〔2012〕2号)。
② 张金马:《政策科学导论》,北京:中国人民大学出版社 1992 年版,第 215 页。
③ 引自民政部国家减灾中心翻译和汇编的《ISDR(2009)减轻灾害风险全球评估报告——气候变化中的风险和贫困》,联合国,日内瓦,瑞士,2009 年 11 月,第 228 页。

受某一项政策,有时是根据自己的价值判断,衡量接受政策所能得到的利益、不接受政策可能受到的损失之后才做出决定的。"①作为一项特殊的公共政策,社区减灾政策必然具有利益的导向和调控功能。这种利益导向和调控功能的实现,同样来自于政策设计的针对性。如果在设计和规划社区减灾政策时仅仅把居民作为一个同一的抽象的概念,那么政策必然会失去其针对性,政策对社区居民的利益相关度也不会很高,这同样会导致政策的失效乃至失败。在这里,我们以城市社区居民为例对此加以分析。

对城市社区而言,社区的居民大致可以划分为以下几类:一是具有工作单位的居民,这类居民工作日通常都在单位,只有晚上和假期活动在居住的社区中;二是老人和尚未入学的小孩,这类居民大部分时间都在居住的社区内活动;三是中小学和职业学校的学生,这部分人员平时也主要在学校中,只有假期和晚上才在家中(也有一部分住宿在学校的学生,一般假期在家中);四是其他人员,如社区内从事服务行业的一些人员,这些人员大部分时间活动在社区中。由于我国目前的社区主要是通过政府的推动建立起来的,社区的管理也主要依托由原居委会演化而来的社区管理委员会,社区自治文化匮乏②,社区居民缺乏社区管理的"主人意识"和"自主意识"。同时,也由于集体行动的困境,在涉及社区共同利益的社区公共事务管理上,社区居民通常存在着"搭便车"的思想。所以,他们往往是"躲进小家成一统",很少会积极主动参与社区层面的公共事务管理。作为社区管理的一项重要内容,社区减灾也面临相同的处境。比如,在社区开展的自救互救演练等减灾活动,通常是以退休在家的部分老人为主,其他几类居民则很少自发地参与。

由此可见,着眼于影响社区居民行为的因素,并将这种因素转化为现实的政策引导和约束力量,是实现社区减灾政策目标的关键。从组织行为学的角度来看,具有约束力的组织对个人行为的影响最大。因此,社区减灾政策的设计应充分考虑利用各类组织或单位的力量。

---

① 张金马:《政策科学导论》,北京:中国人民大学出版社1992年版,第216页。
② 参见陆小成:《公共政策执行中的社区自治探究》,载《湖南工程学院学报》2004年第2期,第20页。

在我国现阶段,居民工作或学习的单位对居民行为的影响远比居民住地的社区管理委员会或业主委员会大得多。所以,社区减灾政策首先指向的应该是居民工作或者学习的单位。比如,针对学生的社区减灾教育和自救技能培训可以通过学校组织实施,针对机关工作人员的社区减灾教育和自救技能培训可以通过机关单位组织实施等等。而对于第二和第四类人员,则主要依托于社区居委会或者物业管理公司来组织实施。通过这样的政策设计和制度安排,我们就可以避免社区减灾政策笼统、宽泛的缺陷,让政策更容易影响到具体的个人。[①] 所以,社区综合减灾作为国家的一项重要政策,也应细化为减灾进机关、减灾进企业、减灾进学校等更为具体的政策,并把每一项具体政策内容(如减灾进学校)再细化为针对更为具体的政策对象(如针对中学生的政策、针对小学生的政策等)。唯有如此,制定出的社区减灾政策也才具有针对性和可操作性。

▶ 背景资料

日本中小学防灾减灾教育

为了让地震的灾害减低到最低限度,日本各地中小学都非常重视防灾组织的建立、教师防灾研修、学生防灾知识的学习和防灾演习等防灾教育工作。以兵库县为例,该县所有的小学(828所)、初中(361所)、高中(186所)和特殊学校(40所)都设置了常设的防灾教育委员会,负责平时的防灾教育规划和灾时避难救灾的领导工作;有77%的小学、69%的初中、60%的高中和43%的特殊学校开展了定期的有关防灾对策、学生的防灾指导和心理辅导为主要内容的教师防灾研修会;几乎所有的学校每年都实施1—2次防灾演习,30%左右的小学每一学年的防灾演习更高达四五次之多(兵库县教育委员会:《克服震灾》)。

特别值得一提的是,日本中小学一般都把防灾教育列入学校年度教育计划中,编制符合学生年龄特点的防灾教育课程。如在理科、社会等课程中

[①] 具体案例还可参考第四章《社区减灾政策执行》第二节的"背景材料"。

指导学生学习地震发生的机理、所在地区的自然环境以及过去所遭受的自然灾害的特征等,在道德课、综合学习课、课外活动等课程中培养学生的防灾意识、讲解日常生活中防灾的注意事项、灾害发生时应采取什么样的行动,以提高学生防灾的实际技能。防灾演习是把学生平时习得的知识和技能运用于实践的一项综合活动,日本各校分别针对地震发生在课上、课间、放学回家途中等不同情形进行各种实战训练,并请防灾教育专家或当地消防员来校指导,总结每次演习的经验和不足之处,以便下次改进(日本文部科学省:《如何建立完善的学校防灾体制(第一次报告)》)。由于日本各地学校防灾教育都能做到持之以恒,每个学生从幼儿园到高中都要接受几十次防灾演习,所以当自然灾害来临时,几乎所有的师生都能迅速作出规范的避难行为,从而避免了无辜伤亡。

资料来源:胡学亮:《"地震大国"日本中小学防震减灾的对策及措施》,引自《联合早报》,http://www.zaobao.com/forum/pages2/forum_jp100507.shtml。

实际上,作为政策对象的社区居民远比上述分类要复杂得多。比如,居住在别墅区的居民和居住在普通小区的居民,居住在以本地人为主的社区的居民和居住在以流动人口为主的社区的居民等等,他们的思想观念和行为方式肯定有很大的不同,他们对社区减灾政策的影响也不可能一样。所有这些,都需要社区减灾政策制定者在制定政策时依据不同的政策对象作出不同的政策设计。

第三节 政策需求分析与社区减灾政策制定

按照现代汉语词典的解释,需求是"由需要而产生的要求"①。根据这一解释,公共政策需求可以理解为由解决利益问题的需要而产生的制定或修改公共政策的要求。这一定义可作如下理解:首先,提出制定或修改公共政

---

① 中国社会科学院语言研究所词典编辑室编:《现代汉语词典》,北京:商务印书馆2005年版,第1537页。

策要求的主体是那些自身利益受到了影响的人；其次，人们之所以产生公共政策需求，是因为他们的利益，也就是他们为了生存、享受和发展所需要的资源和条件受到了影响[①]；最后，人们之所以提出制定或修改公共政策的要求而不是其他要求，在于公共政策的本质是政府对社会实行权威性的利益分配，是政府依据特定时期的目标，在对社会公共利益进行选择、综合、分配和落实过程中所制订的行为准则。[②]

由于利益主体不同，公共政策需求的类型也各异，"不同的社会群体在同一问题上的政策诉求常常存在差异，甚至截然不同"[③]。此外，由于利益的多样性或对立性，即使在同一社会群体中，具体的政策需求也不可能完全一样。正是各种不同的政策需求，使公共政策的生命过程成为利益相关方的博弈过程。公共政策也正是在利益相关方或支持或反对或中立所形成的"力场"中，在各方力量均衡妥协的状态下产生、发展和终结。对公共政策制定者而言，政策支持的力度越大，政策执行越容易，政策发挥的功效也就越大。所以，在保持自身高政策需求的前提下，最大化地满足利益相关方的政策需求是公共政策制定者在政策设计时的现实选择。

作为一项特殊的公共政策，社区减灾政策也一样。它越能满足社区居民的需求，社区居民参与社区减灾的积极性也越高。在这里，我们从社区减灾政策制定者和社区居民两个维度，对社区减灾政策需求的情形进行分析。

一、社区减灾政策需求的四种情形

在社区减灾政策制定者和社区居民两个维度下，我们可以用数轴图的方式构建如图3-2所示的社区减灾政策需求二维关系图。在这一关系图中，横轴表示社区居民对社区减灾政策的需求，纵轴表示政策制定者对社区减灾政策的需求。数轴图的四个象限，分别构成了社区减灾政策需求的四种情形。

象限Ⅰ表示的是政策制定者对社区减灾政策的需求高而社区居民对社

[①] 陈庆云：《论公共管理研究中的利益分析》，载《中国行政管理》2005年第5期，第26页。
[②] 陈庆云：《公共政策分析》，北京：中国经济出版社1996年版，第5、9页。
[③] 张国庆：《公共政策导论》，北京：北京大学出版社1997年版，第26页。

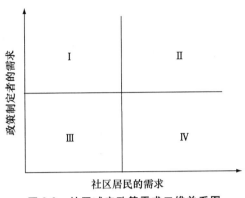

图 3-2 社区减灾政策需求二维关系图

区减灾政策的需求低这样一种情形。在这一情形中,政策制定者推动社区减灾政策的愿望十分强烈。他们常常会利用手中所掌握的资源优势和强势话语权,不遗余力地推动政策的制定和执行。另一方面,社会居民却并不认为政策制定者推动的政策是他们所需要的,甚至认为是政策制定者没事找事,多此一举。

产生这样情形的一种原因是,政策制定者对潜在的政策问题有了比较透彻的了解,而社区居民对政策问题的严重性认识不足。比如说,某一个历史上从未发生过滑坡、泥石流灾害的社区,由于各种自然和人为因素的综合作用,滑坡、泥石流灾害风险等级已经很高,随时都有可能在一场大雨中发生滑坡、泥石流的可能。为避免人员伤亡,政策制定者制定了监测预警和应急转移等政策方案,并通过开展演练等具体措施积极推动政策的实施。但由于灾害尚未发生,尤其是社区从未有过滑坡、泥石流的历史,社区居民对灾害的危害还没有切身体会,他们通常会对监测预警和应急转移的政策措施不以为然,也不会积极参加监测预警和应急演练活动。

产生这样情形的另一种原因是社区减灾政策与社区居民的利益相冲突。在冲突的情况下,作为一个理性经济人,社区居民往往会权衡利弊。一旦他们认为社区减灾政策带来的利益小于预期,他们便不会认为这样的政策是他们所需要的。一个比较典型的事例是2002年云南省新平"8·14"特大滑坡泥石流灾害后实施的村民搬迁政策。2002年8月14日清晨4时起,云南省玉溪市新平县戛洒、水塘、者竜等乡镇共计10个村连续出现大面积山体滑坡及泥石流，共造成40人死亡、23人失踪、13人重伤、20人轻伤。在汲取"8·14"滑坡泥石流灾害的教训后，自2003年开始，水塘镇开始着手对存在安全隐患的9个村41个村民小组2252户村民进行地质灾害搬迁，将村民搬迁到哀牢山前地势平稳、开阔、安全的山包上，比如拉博、上海新村等地的搬迁点。但在政府对存在安全隐患的村组实施搬迁的过程中，由于山区民众对土地存在强烈的依赖性，不少村民因为搬迁地离耕地太远而不愿意搬迁，在政府选好的相对安全的地质结构点上，通常都为另一个村组世代的耕地。在新的搬迁户住进新址后，除了家里盖房子的土地外，没有一块地是属于他们的，他们必须回到原居住地进行耕种，甚至有的人从居住地到耕地的单程距离为20公里。在水塘镇几乎每一个村组都存在这样既有安全隐患又因耕地与居住地分离太远而不愿搬迁的小组，尽管镇政府对这些小组实施动员搬迁，并停止对这些村落基础设施建设的支持，但这些小组的搬迁工作依然任重而道远。①

产生这样一种情形的第三种原因与自然灾害自身的两个特点有关。首先，自然灾害具有一定的地域性，在一个地域发生的自然灾害并不会对另一个地域的社区居民产生像疫病传染那样的影响。比如说，南方某地发生的洪涝灾害对于北方的居民来说是一个对自身不会产生直接影响和危害的事件，但南方某地发生的传染病（如"非典"）则会是一个对整个北方地区的居民产生直接影响和危害的事件。其次，自然灾害发生的非常态化。就全球而言，自然灾害每天都在发生，但对某一个地方来说却不会经常发生或者说它只是一个小概率的事件。所以，人们并不会像担忧自身的身体健康一样，担心自然灾害对他们的影响和危害。换句话说，人们并不会时时刻刻把自然灾害看成是与自己息息相关的事情。按照利益相关性原理，对社区居民来说，既然自然灾害在多数时间是一个与自身利益相关度不高的事件，社区减灾政策自然也不会被他们认为是优先利益或需要优先考虑的事情。北京师范大学研究人员对2003年7月21日和10月16日分别发生6.2级和6.1级地震的云南省大姚县居民的调查结果（见表3-2）就表明，"在是否打算搬

---

① 参见2012年8月17日玉溪新闻网新闻报道《新平"8·14"特大滑坡泥石流灾害十年纪》，http://www.yxdaily.com/xw/sdbd/1292514.shtml。

迁的问题上……选择不搬迁的主要原因是故土,此外,地震发生概率不多也是主要原因之一"①。

表 3-2 居民的风险意识

地点	愿意购买保险		愿意多花钱盖抗震性能较好的住房		愿意搬迁	
	N	%	N	%	N	%
金碧镇	42	70	31	51	0	0
昙华乡	16	68	9	39	1	2
六苴镇	20	73	12	44	1	4
其他	26	58	12	27	0	0

产生这样一种情形的第四种原因是,政策制定者制定或修改社区减灾政策仅仅是出于个人利益的需要,而不是为实实在在地解决社区的灾害问题。比如说,一些地方为应付上级对灾害应急救助预案是否纵向到底的检查,仅仅将上级或其他社区的灾害救助应急预案进行改头换面,而不是在对本社区灾害基本特征进行深入研究,对本社区灾害风险源和各种资源充分调查了解的基础上编制而成。这样一些"应付式政策",只能是"写在纸上,挂在墙上,停留在文件上"的政策,显然也不是社区居民所需要的政策。

象限Ⅱ表示的是政策制定者和社会居民对社区减灾政策的需求都很高这样一种情形。在这一情形下,政策制定者和社会居民无论是在思想上还是在行动上都形成了高度的一致。政策制定者提出的政策措施通常会得到社区居民的积极响应。社会居民甚至会出让一些自身的权利,比如因临时的管制、一定时期的隔离而导致的对人身自由的限制,以支持政策的制定和执行。这样一种情形是社区减灾政策制定最为理想的状态,无论是政策的制定还是政策的执行,都很少遭遇前一种情形下那种积极反对或消极应对的阻力。之所以出现这样一种政策需求双高的情形,其主要原因在于,灾害问题已经严重危及政策制定者和社区居民的共同利益,双方对灾害问题的

---

① 王瑛、史培军等:《地震灾害对中国居民的影响研究——以云南省大姚县为例》,载《自然灾害学报》2005 年第 12 期,第 113 页。

情形和危害也有了比较充分的了解,并形成了比较一致的共识。这样一种情形通常出现在自然灾害比较严重和频繁的社区。一般来说,在这样的社区,无论是政策制定者还是社区居民,他们对灾害的感知,他们对灾害的切肤之痛都要远远高于灾害较少地区的政策制定者和社区居民,他们对社区减灾政策的需求呈现出一种双高的状态也就不难理解。

象限Ⅲ表示的是政策制定者对社区减灾政策的需求低而社区居民对社区减灾政策的需求高这样一种情形。在这一情形下,尽管社区减灾问题已经引起了社区居民的广泛关注,社区居民也通过各种途径反映了自身的诉求,但政策制定者却对社区减灾政策问题置若罔闻或不甚重视。出现这种情形的一种原因是,社区减灾政策与政策制定者自身的利益并不直接相关。社区减灾政策,尤其是一些非工程性政策(如防灾减灾教育),由于缺乏显示度,往往不能作为官员的政绩,对他们的政绩考核和职务升迁并不产生直接和重要的影响。所以,他们缺乏社区减灾政策制定的直接动力,在他们的公共决策排序中,社区减灾政策往往被放在次要乃至不要的位置。一个比较典型的事例是,一位地方领导在安排任内的财政预算时,看到有一笔钱用来修建避难所,大手一挥:"我看,这笔钱还是先用到别处,避难所在我任期之后再修吧!"[①]出现这种情形的另一原因是,由于信息传递渠道不畅,存在着瞒报或漏报灾情的行为,政策制定者难以获得与社区减灾问题相关的足够信息,从而影响他们对社区减灾政策问题严重程度的判断。比如说,一次局部性的暴雨给一个地处偏僻的村庄带来了重大的人员伤亡和严重的财产损失,但由于害怕被追究责任,一些基层官员往往会把重灾变成轻灾上报给政策制定者。在这样的情形下,社区居民认为需要立即解决的问题,政策制定者却不认为是一个严重的问题,因而也不会启动政策的制定程序。

象限Ⅳ表示的是政策制定者和社区居民对社区减灾政策的需求都低这样一种情形。在这样的情形下,双方对社区减灾政策的制定缺乏热情,通常不会没事找事地去启动政策制定的程序。出现这样一种情形的原因与前文提到的自然灾害的两个特点有关。由于这样的原因,无论是政策制定者还

---

① 参见 2010 年 9 月 9 日新华网新闻稿:《历史灾难中实现历史进步——2010 年中国自然灾害警示录》,http://news.xinhuanet.com/politics/2010-09/09/c_12536801.htm。

是社区居民都不认为社区减灾政策是他们当前需要优先考虑的事情。所以,他们对政策的需求也呈现出一种双低的状态。

二、社区减灾政策需求分析的意义

通过以上分析,我们可以看到,对自身利益的判断是引发社区减灾政策需求变化的关键因素。利用社区减灾政策制定者和社区居民构建的二维关系来分析社区减灾政策需求的四种情形,对分析和判断社区减灾政策是否体现社区居民的利益,对判断社区减灾政策和政策问题的相关度,对完善社区政策制定系统无疑是十分有益的。

首先,通过社区减灾政策需求分析,我们可以很好地判断社区减灾政策是否体现了社区居民的利益。由于社区减灾政策需求是由解决利益问题的需要而产生的制定或修改社区减灾政策的要求,也由于政策制定者同样也是具有自身利益的理性经济人,所以,当一项社区减灾政策处于政策制定者需求高而社会公众需求低的状态时,就要分析和判断这一减灾政策是出于政策制定者的个人利益的需要,还是由于社区居民对政策问题缺乏深刻的认识抑或政策本身与社区居民的利益相冲突,并据此在政策设计时对政策内容和政策约束进行相应的调整。

其次,通过社区减灾政策需求的二维分析,我们可以很好地判断社区减灾政策和政策问题之间的相关度。社区减灾政策和政策问题的相关度,也就是社区减灾政策的功效性[①],它反映的是社区减灾政策和政策问题的对应程度。这种对应程度通常体现为以下三种情形:一是社区减灾政策仅仅是解决表面的政策问题,而解决不了实质性问题,这种状况表明二者之间的相关度低;二是社区减灾政策直接针对政策问题,就是为解决政策问题而"贴身打造"的,能有效解决政策的实质问题,这种状况表明二者之间的相关度高;三是社区减灾政策与政策问题没有关系,对解决社区减灾政策问题毫无用处,甚至还有副作用,这种状况表明二者之间的相关度为零。一般来说,与社区减灾政策问题相关度低的政策通常也是社会公众需求低的政策。在

[①] 功效性是指政策方案是否直接针对所要解决的问题。参见〔美〕卡尔·帕顿、大卫·沙维奇:《政策分析和规划的初步方法》,孙兰芝译,北京:华夏出版社2000年版,第230页。

社区减灾政策制定者对政策需求高而社会公众对政策需求低的情形中,社区减灾政策制定者出台的"应付式政策",就是一些与社区减灾政策问题相关度低的政策。

最后,通过社区减灾政策需求的二维分析,可以很好地诊断社区减灾政策制定系统是否处于一种良好的状态。如前所述,在社区减灾政策需求的四种情形中,政策制定者和社区居民对社区减灾政策需求都高的情形,是社区减灾政策制定最为理想的状态。当社区减灾政策需求处于"一高一低"或"双低"的情形,则需要反思如何改进社区减灾政策制定系统存在着的缺陷或不足。比如,通过改善社区减灾政策宣传机制,使社区减灾政策制定者和社区居民对政策问题的危害有着更为透彻的理解,从而提高对社区减灾政策的需求程度;通过完善社区减灾政策制定的参与机制,使社区减灾政策尽可能地体现社区居民的诉求;通过完善社区减灾政策制定的监督制约机制,尽可能地限制和约束政策制定者自身利益的膨胀,更多地考虑社区居民的政策需求;通过完善政策制定的信息处理机制,使政策制定者获得完整全面的与社区减灾政策问题相关的信息,从而对社区居民的政策需求给予更多的关切和高度的重视,等等。

第四章
社区减灾政策执行

政策保障条件的设立,并不意味着它具有必然的刚性约束。政策保障条件的刚性约束与政策自身的属性密切相关。如果一项政策仅仅是一种规范性和指导性的政策,那么政策保障条件的刚性约束则更多地取决于政策执行主体自身的意愿和其所能调控的政策资源。

政策保障条件的设立也并不等于政策保障条件的自动实现。政策保障条件能否实现以及在多大程度上能够实现还取决于政策资源获取的制度安排。在政策制定阶段,政策制定者通过适当的制度安排可以为政策资源的获取提供有效的制度保障。

社区减灾政策的执行更多地要依靠社区法定的机构和社区干部,并通过他们创造性地执行政策,才能最大限度地结合社区的特定条件,在社会的最基层实现人、地域和时间三个重要元素的有机结合,真正将社区减灾政策落到实处。所以,提升社区一级政策执行者的执行能力,无论是对增强社区减灾政策的执行强度,还是对提高社区减灾政策的执行效果都是一种必然的现实选择。

公共政策执行是解决公共政策问题的根本性环节,它决定了公共政策方案能否实现以及实现的程度和范围。"在实现政策目标的过程中,方案确定的功能只占 10%,而其余的 90% 取决于有效的执行。"①有效的政策执行条件,除了理想的政策制定本身需要科学化、民主化并具备高质量的政策方案之外,它还包括必要的政策资源、顺从的目标群体、正确的执行策略、合格的政策执行者、有效的沟通、正确的协调、适宜的环境和有效的监督。② 社区减灾政策作为一项特殊的公共政策,它的有效执行同样也需要满足上述诸多条件。作为一种回溯性政策分析,本章主要从社区减灾政策执行主体、政策强度和政策执行困境三个方面,对社区减灾政策执行进行分析。

第一节　社区减灾政策执行主体

所谓的政策执行主体,也就是我们所说的政策执行者,它是"通过行政过程的手段负责将一项政策付诸行动的正式行动人员,既包括官方的也包括非官方的"③。在我国现行政治体制下,政策执行者包括政策执行的组织和政策执行的人员。前者包括政党组织、政府组织、立法组织、国有企业、中介组织等,后者则是指在政策执行组织的人员。④

政策执行主体通常是相对于政策制定主体而言。一般来说,政策制定者所在组织的下级组织系统和人员或政策制定者权力覆盖范围内的其他组织系统和人员常常成为政策的执行者。所以,从政策制定者所属的组织系统、政策发布的通知对象和政策效力覆盖范围三个要素综合考察,可以很好地识别和区分政策执行者。按照这样一种分析脉络,我们可以对应前一章所述的社区减灾政策制定主体的类型对社区减灾政策的主要执行主体进行划分。

---

① 转引自丁煌:《政策执行》,载《中国行政管理》1992 年第 11 期,第 38 页。
② 参见张金马:《政策科学导论》,北京:中国人民大学出版社 1992 年版,第 213—239 页。
③ 〔美〕E. R. 克鲁斯克、B. M. 杰克逊:《公共政策词典》,唐理斌等译,上海:上海远东出版社 1992 年版,第 86 页。
④ 参见刘斌、王春福等:《政策科学研究(第一卷)—政策科学理论》,北京:人民出版社 2000 年版,第 230—232 页。

一、执政党的组织和部门

按照中国共产党党章,中国共产党全国代表大会和它产生的中央委员会是中国共产党的最高领导机关,全党的各个组织都要服从党的最高领导机关;它作出的决策,各级党组织也都必须贯彻落实。所以,党的全国代表大会和中央委员会作出的任何有关社区减灾的决策,各级党组织都要不折不扣地贯彻执行。从这个角度来说,中国共产党的各级组织都可以成为社区减灾政策的执行主体。尤其是在基层社区,基层党组织和社区法定的自治组织共同构成了社区减灾政策的主要执行主体。比如,浙江省宁波市北仑区金家村社区的避灾防御队伍就由村党支部书记金海定担任指导员,村主任金炎丰任组长,成员由村民代表和党员组成。① 重庆市永川区在社区建立了"1+4+1"的组织机构工作体系,即成立1个以社区书记为组长的社区减灾工作领导小组,下设信息统计组、抢险救灾组、监测巡逻组、转移安置组4个工作小组,另再成立1个以党团员为中坚力量的减灾应急救援志愿者队伍。② 在已经创建的全国综合减灾示范社区中,绝大部分社区也都是由社区党组织和社区居委会共同组成防灾减灾或应急管理机构,负责社区各项减灾政策的贯彻落实。③

由于党委的组成部门同样具有社区减灾政策的制定权,所以,下级党(工)委对应的部门也就成为该项社区减灾政策的执行主体。如2012年7月27日中国地震局和中共中央宣传部联合下发《关于进一步做好防震减灾宣传工作的意见》(中震防发〔2012〕49号),通知下发的对象就有各"省、自治区、直辖市党委宣传部,新疆生产建设兵团宣传部以及中央直属机关工委宣传部门和中央国家机关工委宣传部"。不仅如此,由于此项政策的效力范围覆盖全国,所以,相对于中央宣传部而言,这些执行主体及下属各级对应机构都是该项政策的执行主体。

---

① 徐琳:《浙江省宁波市北仑区金家村社区减灾经验》,载中华人民共和国民政部和联合国驻华机构灾害管理小组编:《社区减灾政策与实践》(2009年12月),第132页。
② 重庆市永川区民政局:《探索新路径,构建农村社区防灾减灾安全屏障》,载《中国减灾》2013年第19期,第36页。
③ 从历年申报的全国综合减灾示范社区材料数据可得出这一结论。

二、政府和政府部门

在我国行政组织系统中,国务院是行政组织系统的最高机构,统一领导全国地方各级国家行政机关的工作,它制定的效力覆盖全国的政策,地方各级行政机关都需要贯彻执行。所以,无论是国务院与中共中央联合制定的有关社区减灾的政策,还是其单独制定的有关社区减灾的政策,地方各级政府都是该项政策的执行主体。地方政府作为社区减灾政策执行主体的另一种情形是,国家层面综合减灾机构制定的一些有关社区减灾的政策,地方政府同样也要执行。如国家减灾委发布的《国家防灾减灾人才发展中长期规划(2010—2020年)》,通知的对象就有"各省、自治区、直辖市人民政府",并在通知中明确要求它们结合工作实际,认真贯彻执行。

政府部门作为社区减灾政策执行主体主要有以下三种情形:一种情形是国务院职能部门无论是单独抑或联合制定的效力覆盖全国的社区减灾政策,地方各级政府相对应的职能部门都是该项政策的执行主体。比如说,民政部2007年9月制定的关于"减灾示范社区"标准的政策,地方各级民政部门就是执行主体;2006年,国家减灾委、教育部、民政部联合发布的《关于加强学校减灾工作的若干意见》(国减发〔2006〕4号),尽管发文的文号是国家减灾委的文号,但由于民政部、教育部是该项政策的制定者之一,地方各级民政和教育部门同样也是该政策的执行主体之一。另一种情况是,政府制定的有关社区减灾的政策,政府职能部门都是政策的执行主体。比如,国务院办公厅《关于印发国家防灾减灾规划(2011—2015)的通知》,通知的对象就有"国务院各部委、直属机构"。政府职能部门作为执行主体的第三种情况是,它作为跨部门减灾机构的成员单位执行该机构制定的社区减灾政策。如前面提到的国家减灾委发布的《国家防灾减灾人才发展中长期规划(2010—2020年)》,其通知对象除了各省、自治区、直辖市人民政府,就是"国家减灾委各成员单位"。

三、社区自治组织

按照《中华人民共和国城市居民委员会组织法》和《中华人民共和国村

民委员会组织法》，居民委员会和村民委员会作为群众自治组织，分别承担着各自辖区内的管理和服务工作。前者协助不设区的市、市辖区的人民政府或者它的派出机关开展工作，后者协助乡、民族乡、镇的人民政府开展工作。可见，尽管居委会和村委会并不在行政组织系统的序列中，但在现实的公共政策执行中，居委会和村委会协助上级行政机关承担了大量的政策落实工作，成为事实上的一线执行者。作为以社区为政策对象的一种公共政策，社区减灾政策同样也需要通过居委会和村委会的协助来贯彻落实。所以，居委会和村委会也被我们视为社区减灾政策的主要执行主体。

第二节　政策强度与社区减灾政策执行

政策强度(Intensity)是指政策本身规定的烈度以及政策运行中的力度，用来描述一项政策即使遭遇政策困境也能够及时有效地实现预期政策目标的能力。它是区分硬政策和软政策的重要指标，反映了政策作用力的大小，与政策执行的难易呈正相关关系。一般来说，政策强度越大，政策执行也越容易。

按照不同的划分标准，政策强度可以划分为主观强度和客观强度、政策自身强度和政策执行强度、预期强度和实际强度等不同类型。在这里，我们从政策自身强度和政策执行强度两个方面，对社区减灾政策执行进行分析。

一、政策自身强度与社区减灾政策执行

政策自身强度是政策制定者在制定政策时为政策设定的烈度，它体现了参与政策制定的各方力量的综合。我们可以从政策目标、政策资源和政策强制三个主要方面来对它加以分析。

1. 政策目标

政策目标是政策预期取得的结果或希望完成的任务。"它不仅是政策设计和政策择优的基础，同时也是政策执行的指导方针，并为政策评估提供

了标准。"①政策目标的刚性程度直接影响着政策自身的强度,在其他变量不变的条件下,政策目标越刚性,政策的强度也越大。

刚性的政策目标通常是可量化的目标。一般而言,社区减灾政策目标的可量化程度越高,对其考核越容易,政策的强度也就越大。反之,含糊的政策目标,如笼统地将某一项社区减灾政策的目标设定为"全面提高社区的减灾能力",这样的政策目标基本是一种"无法实证考量的政策口号,充其量是一种政策目标的原则性表述",也难以实现,因为"含糊或模糊的、不可解析的、不可衡量的、不能达到的政策目标实际上是无效的"②。所以,在设定社区减灾政策目标时,抽象的政策目标只有转化为可量化的具体目标,才能提高政策的强度,进而增强政策的执行力。比如,"加强农村社区减灾能力建设"这一政策目标,就可以转化为"农村社区防灾减灾基础建设""农村社区居民自身的防灾减灾能力建设"和"农村社区防灾减灾管理"三个二级目标,并根据农村社区的具体情况,再细化为更为具体的三级目标(参见图4-1)。③ 根据这些三级目标制定而成的一项项更为具体的社区减灾政策,由于目标的单一性和可量化,政策强度相对也大,政策的执行也更容易。

在现实的社区减灾政策中,可量化和不可量化的政策目标有时会在同一个政策中出现。如2011年6月15日国家减灾委发布的《关于加强城乡社区综合减灾工作的指导意见》(国发〔2011〕3号),将"经过5年左右时间的努力,使我国城乡社区综合减灾能力得到全面提升"这一政策目标细化为以下五个具体目标:(1)社区灾害预警预报和信息上报能力大幅提升,每个社区至少有1名灾害信息员;(2)社区综合减灾预案编制率达100%,社区居民防灾避灾、自救互救知识普及率达80%以上;(3)社区综合减灾设施、装备基本具备,社区避难场所布局合理,基本满足应急避险需要;(4)社区自治组织、志愿者队伍和其他社区组织共同参与减灾工作的机制比较完善,能够在第一时间组织应急避险救援、临时安置等行动;(5)全国范围内建成5000

---

① 张金马:《政策科学导论》,北京:中国人民大学出版社1992年版,第165页。
② 张国庆:《现代公共政策导论》,北京:北京大学出版社1997年版,第176页。
③ 民政部国家减灾中心:《农村社区减灾能力研究报告》,联合国开发计划署(UNDP)资助项目《早期恢复和灾难风险管理项目》的子项目报告,2009年2月。

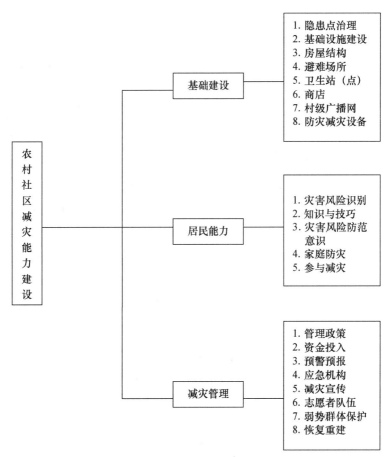

图 4-1 农村社区减灾能力建设调研的框架体系

个以上的"综合减灾示范社区",其中农村社区不少于 1500 个。在这五个具体目标中,预案编制率、减灾知识普及率、灾害信息员设置量、综合减灾示范社区建设量这几个目标十分量化,而其他几个目标则是一种定性的、较为抽象的目标,需要在政策的再制定中进一步量化。

刚性的政策目标同时还是具有明确时间限度的政策目标。政策目标的时间限度与政策执行强度紧密相联。一般而言,在其他因素不变的前提下,一项社区减灾政策要求完成的时间越紧,政策的强度也就越大,尤其是在政策任务十分繁重的情况下,政策的强度就更为明显。比如,要求在一年内完成一个多灾易灾县所有农村社区的危房改造,否则就在年终的政府绩效考核工作中给予一票否决。在短短一年的时间要完成该县所有农村社区危房改造,任务显然十分繁重。在这种时间紧、任务重的情况下,政策执行者所能选择的就是加大农村社区危房改造政策的执行力度。

2. 政策资源

政策资源是"政策执行主体执行既定的政策决定所必须具备的那些客观和主观的条件"[①]。在其他要素不变的前提下,政策资源越有保障,政策强度越大,政策执行也越容易。从政策强度的角度来分析政策资源,更多地是从政策自身对政策资源的规定和政策资源获取的制度安排来分析。

一般来说,一项良好的公共政策通常会在政策自身的规定中为政策执行设置各种保障条件。这些条件规定了政策执行的组织体系和工作机制、执行政策所需的经费以及政策执行的监督等主要内容。从我国社区减灾政策的实践来看,政策资源的保障一般会在政策文件的保障措施部分加以设定。比如,在国家减灾委颁布的《关于加强城乡社区综合减灾工作的指导意见》的第三部分,提出了保障政策落实的四条措施(见专栏4.1)。在这四条措施中,"健全组织体系和工作机制"规定了谁来执行以及按照什么机制来执行;"加大社区综合减灾经费投入"规定了经费的来源和使用方向;"科学规划社区综合减灾建设"强调了政策执行资源的组合和政策执行的协调;"加强对社区综合减灾工作的考评"强调了对政策执行的监督和政策效果的评估。

专栏4.1

社区减灾政策关于政策资源保障的规定

(十一)健全组织体系和工作机制。地方各级人民政府要加强对社区综合减灾工作的组织领导,将其作为履行社会管理和公共服务职能的重要内容,健全工作体系,强化责任落实。要建立健全政府统一领导、民政部门牵头,发展改革、教育、公安、司法行政、财政、人力资源社会保障、国土、环

---

① 张国庆:《现代公共政策导论》,北京:北京大学出版社1997年版,第177页。

保、住房城乡建设、水利、文化、卫生、安全监管、地震、气象、海洋、消防、民防、红十字会等部门和单位参与的联席会议等协调机制,及时解决社区综合减灾工作面临的困难和问题。

(十二)加大社区综合减灾经费投入。地方各级人民政府要建立健全社区综合减灾投入机制,将社区综合减灾经费纳入本级财政预算,对社区综合减灾基础设施、装备和基层应急救援队伍建设等给予必要的经费支持和政策扶持,重点加大对多灾贫困地区的支持力度。

(十三)科学规划社区综合减灾建设。地方各级人民政府要组织编制加强城乡社区综合减灾工作发展规划,将社区综合减灾建设纳入地方经济社会发展"十二五"规划和城乡基本服务体系,纳入城乡社区建设内容。突出抓好社区综合减灾设施的规划建设,按照全面覆盖、安全便捷、整合资源、强化功能的要求,统筹规划社区灾害应急避难场所、社区应急救灾装备停放地、社区救灾物资储备点。新建和改扩建社区,要配套建设社区综合减灾设施。

(十四)加强对社区综合减灾工作的考评。各地区要把社区综合减灾工作作为政府防灾减灾绩效考核的重要内容,建立健全工作评价和考核体系。积极争取把社区综合减灾工作纳入创建文明城市、社会治安综合治理、和谐社区等考评范围,严格考核督查。对社区综合减灾中作出突出贡献的组织和个人给予表彰奖励。

资料来源:《关于加强城乡社区减灾工作的指导意见》(国发〔2011〕3号)。

然而,政策保障条件的设立并不意味着它具有必然的刚性约束。政策保障条件的刚性约束还与政策自身的属性密切相关。如果一项政策仅仅是一种规范性和指导性的政策,那么政策保障条件的刚性约束则更多地取决于政策执行主体自身的意愿和其所能调控的政策资源。上述提到的《关于加强城乡社区综合减灾工作的指导意见》就属于一种指导性政策,它对政策执行者是否必须严格执行政策并没有强制规定。所以,尽管政策文件自身对政策资源的保障条件规定得很明确,但这些保障条件并不具有普遍的强

制力和约束力,政策的强度也不会很大。这也从政策的角度,解释了我国城乡社区综合减灾工作发展的不平衡。①

同样是意见性政策文件,北京市政府 2012 年 10 月颁布的《关于实施新一轮山区地质灾害易发区及生存条件恶劣地区农民搬迁工程的意见》(见专栏 4.2)就比国家减灾委颁布的《关于加强城乡社区综合减灾的指导意见》刚性得多。尽管"意见"和"指导意见"相差只有两个字,但它决定了两者的根本性差别。前者要求所有的政策执行者都必须执行,属于强制性政策规定;后者对政策执行者并没有这样的强制要求,属于可选的指导性政策规定。所以,同样是对政策保障条件的规定,后者保障条件的刚性约束要大得多,政策的强度也相应更大。

专栏 4.2

(一)北京五年内将搬迁 7 万余地质灾害隐患点农民

本报讯(记者张楠) 从明年起的 5 年时间内,北京市将启动新一轮山区地质灾害易发区及生存条件恶劣地区农民搬迁,共有 74458 名居住在地质灾害隐患点的山区农民将搬离。今天上午,北京市政府在最新一期的政府公报中发布《关于实施新一轮山区地质灾害易发区及生存条件恶劣地区农民搬迁工程的意见》。

意见指出,经初步统计,新一轮山区农民搬迁共涉及 7 个山区县、60 个乡镇、399 个行政村、35089 户、74458 人。其中,地质灾害易发区 10838 户、25681 人,受洪水威胁地区 14460 户、29008 人,生存条件恶劣地区 9791 户、19769 人。搬迁时限为期 5 年,也就是从 2013 年到 2017 年。

在补贴方面,采取政府补贴一部分、部门集成一部分、社会捐助一部分、农民自筹一部分的方式,多渠道、多层次筹措资金。市级财政按搬迁农民每

---

① 以综合减灾示范社区创建政策为例,截至 2011 年底,我国综合减灾示范社区数量较多的县(市、区)主要分布在中国东南沿海和长江沿线,包括首都圈(北京、天津和河北)、长江三角洲(上海、江苏和浙江)和珠江三角洲(广东)等地的中心城区,共有综合减灾示范社区 1034 个,占总数量的 36%;河北中南部、内蒙古东南部、河南大部等人口分布相对集中地区,综合减灾示范社区分布相对较少。参见周洪建等:《中国综合减灾示范社区的时空格局》,载《地理研究》2013 年第 6 期,第 1079 页。

人1.8万元的标准,对农民建房给予直接补助;按搬迁农户每户4万元的标准,对集中建设新村的基础设施给予补助,补助资金由区县政府统筹安排。

资料来源:《北京五年内将搬迁7万余地质灾害隐患点农民》,载《北京晚报》2012年10月15日。

(二) 今年1.48万人搬离地质灾害风险村

京华时报讯(记者文静) 昨天,记者从北京市农委获悉,今年,本市启动新一轮山区险村搬迁工程,年内将有1.48万居住在地质灾害易发区的农民搬迁下山。截至6月底,33个新村已开工建设,其中密云县古石峪、阳坡地等6个村已完成主体工程,预计入冬前可入住。

资料来源:《今年1.48万人搬离地质灾害风险村》,载《京华时报》2013年7月23日。

另一方面,政策保障条件的设立并不等于政策保障条件的自动实现。政策保障条件能否实现以及在多大程度上能够实现,还取决于政策资源获取的制度安排。在政策制定阶段,政策制定者通过适当的制度安排可以为政策资源的获取提供有效的制度保障。在所有的政策资源中,组织和资金资源是保障政策执行最为重要的两大资源。所以,在政策制定过程中为政策执行建立相应的组织工作机制和资金配套制度尤为重要。在这方面,比较典型的案例是《国家自然灾害救助应急预案》的执行。这一政策能够得到有效执行,在很大程度上得益于抗灾救灾综合协调机制和救灾应急资金拨付机制的建立和有效运行。前者以国家减灾委办公室和全国抗灾救灾综合协调办公室为依托,确保了在应急状态下民政部与国家发改委、财政部、交通部、民航总局、军队等相关机构和部门的有效沟通与协调,进而在组织层面保证了《国家自然灾害救助应急预案》的有效执行。后者则取决于两个不容忽视的关键环节:一个是《国家自然灾害救助应急预案》在形成的过程中,广泛征求了包括财政部在内的相关部门的意见和建议,并得到了他们的支持;另一个是民政部和财政部共同形成了《关于规范特大自然灾害救济补助费分配管理有关问题的通知》(俗称民财两部的"127号文"),在制度上保证了救灾应急资金的及时拨付,从资金方面保障了预案的有效执行。①

之所以在这里将《国家自然灾害救助应急预案》的执行作为社区减灾政策资源获取能力分析的案例,就在于它能够给包括社区灾害救助应急预案在内的所有社区减灾政策的执行带来有益的启示,即"没有相应的工作机制和资源配套,就不可能有应急预案的有效执行。灾害救助应急预案建设并不仅仅是制定预案,而是要在制定预案的同时,为预案的有效执行建立起相应的工作机制和配套措施。这一点,恰恰就是各地在灾害救助应急预案体系建设中所忽视的。忽视的结果就是灾害救助应急预案很少启动或根本就不启动"②。

经过多年的发展,我国城乡社区自然灾害救助应急预案建设也由"制定预案"转变到"应用预案"的新阶段。在这一新的历史时期,社区自然灾害救助应急预案操作性不强和应用性不够依然是不少社区面临的难题和困境。如何走出这一困境,使社区自然灾害救助应急预案真正有效地执行起来,是预案修订中急需解决的迫切问题。

其他社区减灾政策也一样。它们要得到有效执行同样也需要政策制定者通过适当的制度安排,在政策制定过程中为政策执行建立起相应的工作机制和配套制度。唯有如此,才能有效破解一些社区减灾政策制定了却执行不了的政策困境。

3. 政策强制

无论在字面上还是在实质上,政策强制与政策强度最具有直接的正相关性。和政策目标、政策资源正向增加政策的强度不同,政策强制更多地是从反向来强化政策的强度。这意味着,如果不按政策的约束来行事,就必须为此承担相应的责任和后果。

政策强制与政策属性密切相关。不同性质的社区减灾政策,它们的强制程度也不一样。一般来说,指导性或引导性的社区减灾政策,政策的强制力相对要弱,对政策对象也不具有必然的约束力。政策对象即使不按政策

---

① 参见俸锡金、张红侠:《影响灾害救助应急预案有效执行的要素分析》,载《中国减灾》2008年第4期,第32—33页。
② 同上,第33页。

所期待的行为来行事,也不会受到一定的惩罚或制约。比如说,社区举行的灾害救助应急预案演练、举办的减灾宣传和教育活动等,社区居民参与与否更多地取决于他们的自觉而不是政策的强制。强制性或规制性的社区减灾政策则不然,它具有相应的制约手段来规范和调整政策对象的行为,政策对象也必须按照政策所期待的行为来行事。比如,为执行地质灾害风险区不得建房的减灾政策,可以对社区居民在灾害风险区的建房申请不予审批。可见,强制性社区减灾政策的执行效果往往要比引导性社区减灾政策的执行效果好得多。

从我国社区减灾工作的实践来看,强制性社区减灾政策往往与工程性社区减灾、审批制度和强制性标准紧密相连。这可以从以下几个方面加以说明:

首先,一些与社区减灾相关的工程性减灾政策,由于其特定的政策背景或政策制定者的高度关注,它们的政策强制性往往都比较强。比如,我们在第一章中提到的"农村困难群众危房改造工程""中小学危房改造工程""中小学校舍安全工程"和"全国农村民居地震安全工程",无论是对政策执行者还是政策对象,它们都具有很强的政策强制性。

其次,在涉及社区的各种规划中,要求将社区减灾纳入规划的重要内容并作为规划审批的前提条件,从制度和程序上确保社区减灾政策的强制性。比如,城市新住宅小区的建设规划或新农村建设规划,要求必须经过灾害管理部门的灾害风险评估,并在建设规划中同步规划社区减灾的配套设施才予以审批。这样的制度安排,不仅增加了政策的强制性,还体现了减灾先行的政策理念。"对社区减灾政策产生重要影响的还应包括诸如社区的设计和规划者、房地产的开发商、农村住房和学校驻地的规划者等等。当社区减灾政策将这些政策对象也囊括进去时,意味着社区减灾从社区规划时就开始了。"①

再次,在一些事关社区建筑和工程设施的重要领域,制定强制性的政策和标准。如第一章提到的"国家出台《市政公用设施抗灾设防管理规定》,发

---

① 俸锡金:《政策对象分析与社区减灾政策制定》,载《中国减灾》2006 年第 1 期,第 43 页。

布《城市抗震防灾规划标准》《镇(乡)、村建筑抗震设计规程》。发布国家标准《中国地震动参数区划图》,完善重大建设工程地震安全性评价管理制度。四川汶川特大地震后,修订《建筑工程抗震设防分类标准》《建筑抗震设计规范》"。

此外,一些指导性的社区减灾政策,通过适当的制度安排可以转化为强制性的社区减灾政策。比如,在第三章提到的将社区减灾政策所指向的抽象的政策对象转化为构成社区元素的具体的政策对象,通过政策制定的顶层设计将减灾进社区具体化为减灾进机关、减灾进企业、减灾进学校等,利用组织对个人的制约力和影响力来增强社区减灾政策的强制力。

▶背景资料

专家认为防灾减灾教育要纳入岗前培训

目前形势下,防灾减灾教育的形式主要为政府组织宣传、参与演练等,往往会不定期,流于形式,覆盖人群也非常有限。金辉认为,要扩大教育的覆盖人群,必须让企业和单位成为教育的主体,让防灾减灾教育成为一项制度,而不仅仅是运动。

香港特区的劳动法规定,企业开业之前,必须要对员工进行防灾减灾等方面的安全教育,只有接受教育的人员达到一定比例,方能准许开业。而且,在所有机构注册之前,也都有相应的要求,确保对人员进行充分的安全教育。而在一些国家,防灾减灾等安全教育是国民教育的基本内容,国民受过教育的比例在德国为 80%。

金辉建议,要让防灾减灾等安全知识和技能成为人人要学、必学的基本技能,与工作挂钩,作为最基本的教育内容,纳入各类企业的上岗前培训。唯有如此,防灾减灾意识与技能才能成为最基本的国民素质,并与世界同步。

资料来源: 刘畅、潘跃:《近四成公众从未受过防灾教育(政策聚焦·关注防灾减灾教育①)》,http://politics.people.com.cn/n/2012/0903/c1026-18897981.html。

二、政策执行强度与社区减灾政策执行

政策执行强度是政策执行者执行政策的力度。它是判断政策执行力大小的重要指标,体现了政策执行者的执行意愿和执行能力。它和政策执行效果呈正相关关系。在其他因素不变的条件下,政策执行强度越大,政策执行效果越好。

政策执行强度通常可以通过一些显现的指标体现出来。透过这些显现的指标,人们能够感受到政策执行者执行政策的决心和意愿,以及政策执行力度的大小。我们通常听到的"看来政府这次是动真格的了",就是人们对政策执行强度的一种较为直接的反映。显现的政策执行强度指标可以通过三个方面体现出来。一个方面是政策的宣传和动员。一般来说,政策宣传和动员的级别越高、规模越大,政策执行的强度也会越大。比如说,某一个县为落实一项社区减灾政策,县委和县政府主要领导都亲自进行动员,动员的对象覆盖全县所有的党政机关、企事业单位和相关社会团体的主要负责人,并通过该县所有的宣传机构进行广泛地宣传,甚至派出各种宣传队深入社区进行广泛地宣传和动员。这种规模的政策宣传和动员,显然能够让人感受到强烈的政策执行强度。体现政策执行强度的另一个方面是执行资源的动用。政策执行资源最主要包括执行的组织资源、人力资源和执行经费。在其他因素不变的条件下,执行一项社区减灾政策可动用的人力、物力和财力资源越多,政策执行的强度也会越大。一项对经济发展水平不同的11个农村社区减灾能力建设情况的调查结果就表明,同样是农村社区避难场所的建设,经济发达地区的政策执行强度就大于经济欠发达地区的政策执行强度。[①] 体现政策执行强度的第三个方面则是执行责任的刚性程度。执行责任是专为政策执行者所设定的约束条件。它通常要解决的问题是,如果社区减灾政策的执行者不按政策执行的要求来执行政策,那么他就要受到相应的责任追究。在其他因素不变的条件下,政策执行责任越刚性,政策执行的强度也越大。从我国社区减灾政策的实践来看,执行责任的刚性程度

---

① 参见民政部国家减灾中心:《农村社区减灾能力建设研究报告》,联合国开发计划署(UNDP)资助项目《早期恢复和灾难风险管理项目》的子项目报告,2009年2月。

与自然灾害的紧急程度和社区减灾政策的属性密切相关。一般来说,应急状态下社区减灾政策的执行责任和强制性社区减灾政策的执行责任,通常要比常态情形下社区减灾政策的执行责任和非强制性社区减灾政策的执行责任刚性得多。

政策执行强度的显性指标只是政策执行强度大小的外在表现。从政策执行强度的定义来看,真正决定政策执行强度大小的则是政策执行者的执行意愿和执行能力两个内在因素。

执行意愿是政策执行者的主观愿望,反映了他们在多大程度上愿意执行政策。执行意愿受多种因素的影响,并且这些因素影响的大小决定了执行意愿的高低。就社区减灾政策的执行而言,政策执行者的执行意愿主要受以下三个因素的影响。一个因素是政策执行者对社区灾害风险的认识。一般来说,政策执行者对社区灾害风险的认识越清,他们执行政策的意愿也会越强。然而,在现实的社区减灾政策实践中,尽管自然灾害的风险日益严峻[1],但由于它自身存在的两个特点[2],在客观上会导致一些社区减灾政策的执行者并不认为自然灾害的风险有多高,也不会认为社区减灾政策是值得优先考虑的事情,从而不积极地执行政策。影响执行意愿的另一个因素是政策执行者对执行政策利弊的权衡。和政策制定者一样,政策执行者也是一个"理性经济人",同样也会考虑他们在政策执行中的利益。所以,当他们面临一项社区减灾政策的执行时,他们通常都会对执行政策的各种利弊进行权衡比较,并根据比较的结果来决定是否执行以及在多大程度上执行政策。在一般情况下,当执行一项社区减灾政策能满足政策执行者的利益(如政策执行的好坏与他们的业绩考核直接相关)时,他们就会十分愿意去执行此项政策,进而加大对社区减灾政策的执行力度;反之,他们就会采取消极乃至抵制的态度。"一旦执行主体的主观愿望和政策目标的客观倾向发生冲突,那么政策执行过程就难以保证规范性和有效性。"[3]这种情形在社区一

---

[1] 中华人民共和国国务院新闻办公室:《中国的减灾行动》,北京:外文出版社2009年版,第36页。

[2] 即自然灾害发生的地域性和非常态性。详见本书第三章第三节"政策需求与社区减灾政策制定"相关内容。

[3] 李成言、谷雪、俸锡金:《廉政政策分析》,北京:北京大学出版社2002年版,第122页。

级的政策执行中较为明显,尤其是在各种政策都需要他们来落实的情况下,社区减灾政策的执行往往会让位于其他政策的执行。第三个因素是政策执行者的责任意识。通常而言,责任意识不强的政策执行者不会有强烈的政策执行意愿。不仅如此,责任意识的淡漠常常还会酿成悲惨的灾害事件。2013 年 8 月在辽宁抚顺清原县南口前镇发生的洪水灾难和 2007 年发生在云南腾冲的"7·19"泥石流灾难就是两个比较典型的案例(见背景资料)。

▶ 背景资料

洪灾预警不落实就会要人命

昨天,辽宁抚顺举行仪式哀悼"8·16"洪灾遇难同胞。此次洪灾,已造成 76 人死亡,88 人失踪。面对逝去的生命,亲人悲痛,同胞戚戚。同时更应深思,为什么这一场并非奇险突发一类的灾难,而且头一天已经预知并发布预警,竟然还会夺去这么多生命?

记者调查了该市清原县南口前镇两个相邻的村子,发现一个对比异常突兀的现实:一个零死亡,一个伤亡惨重。截至 21 日,南口前村死亡 30 人、失踪 58 人,而一桥之隔的北口前村则是零死亡。

如此差别,因为什么?不过是一村把预警及时落实,一村则将之落空。据南口前镇一位领导说,已下发通知,要求包村干部组织群众转移,但"村干部人手有限,难以挨家挨户通知到"。而北口前村村支书姜贵利则说,16 日下午 3 点多接到乡里通知,9 名村干部随即挨家挨户通知,组织村民转移。"有几户不愿意走,被我们硬拽了出来。"

"人手有限"岂是借口?邻村的行动已作出了否定的回答。发个通知是否就算落实?太多血的教训早已对此发出了生命的警示。然而,又有多少地方、多少人在落实上把文章做实在、做充分了?

想起 2007 年发生在云南腾冲的"7·19"泥石流灾害。据称此前有预警,但却仅限于纸上、会议中,各种"文件、会议记录、领导讲话、领导批示、监督检查记录等"竟多达 120 余项。然而,这些"空炮"再多也挽救不了 29 人的生命。

令人悲愤的是,类似以文件落实文件、以会议落实会议的"空对空"预警,换汤不换药地出现在抚顺。据报道,8月15日,辽宁省防指即发出了《关于做好强降雨防范工作的紧急通知》,明确预报抚顺局部有大暴雨,明确要求"及时转移受威胁群众"。显然,在落实问题上,有的地方不折不扣地完成了,有的地方却偷奸耍滑了。

各级干部需要警醒的是,发个文件、通知,打个电话,都还是形式。一级一级这么干,最终仍然是形式主义、官僚主义。原因就在于,仅发个通知,对于有责任心的干部适用,但对于其他干部却根本不适用。要真落实,就必须有真行动、实办法。

南口前镇一位领导说,16日上午镇里就下发通知,要求包村干部下到各个村屯,组织群众转移。到了镇一级,居然还在发通知!为什么连镇一级的领导都不能一竿子插到底,直接下到基层一线去落实?如果有责任到人的机制、一级抓一级的办法、危险时刻领导靠前指挥的举措,又怎会有南口前村式的悲剧?

形式主义、官僚主义害死人。抚顺洪灾用血的教训再次印证了这个道理。我们还要用多少生命才能唤醒抓落实、真落实的人呢?

资料来源:华池阁:《洪灾预警不落实就会要人命》,载《京华时报》2013年8月25日。

执行能力指的是"政策执行主体实现的政策目标与欲实现的政策目标之间的可能性和限度"[①],它是政策执行者顺利完成政策执行活动所必需的主观条件,通常与政策执行者的知识水平、工作经验、创新能力、管理能力、思维能力等要素密切相关,反映了政策执行者在多大程度上能够完成政策执行的任务。从我国社区减灾政策的执行体系来看,执行能力往往与执行层级呈正相关关系。在一般情况下,执行主体的层级越高,其执行政策的能力也就越强。然而,正如我们在第一章所提及的,社区减灾政策的执行更多地要依靠社区法定的机构和社区干部,并通过他们创造性地执行政策,才能最大限度地结合社区的特定条件,在社会的最基层实现人、地域和时间三个

[①] 李成言、谷雪、俸锡金:《廉政政策分析》,北京:北京大学出版社2002年版,第122页。

重要元素的有机结合,真正将社区减灾政策落到实处。所以,提升社区一级政策执行者的执行能力,无论是对增强社区减灾政策的执行强度,还是对提高社区减灾政策的执行效果都是一种必然的现实选择。

社区一级政策执行者执行能力的提升同样受诸多因素的影响。单从社区减灾政策执行这一角度来看,提升社区一级政策执行者执行能力最直接的途径就是对社区干部开展防灾减灾知识和能力的培训,以加强社区自身的能力建设。但从系统的角度来看,社区减灾政策不可能脱离整个环境大系统而独立运行。它总是在与其他环境子系统的相互作用下共同维持环境大系统的动态平衡。所以,从更为广泛的视角来看,社区一级政策执行者执行能力的提升还有赖于其他环境子系统制定的与社区和社区干部能力提升相关的政策,如《中共中央组织部关于加强农村基层干部队伍建设的意见》①、《民政部关于在全国推进城市社区建设的意见》②、《全国农村社区建设实验县(市、区)工作实施方案》③,等等。这些政策的有效执行都会对社区减灾政策的执行强度产生直接而重要的影响。

第三节 政策执行困境与社区减灾政策执行

按照《辞海》的释义,困境是指困难的处境。④ 根据这样的解释,政策执行困境可以定义为政策在执行过程中的困难处境。这种处境可以更多地理解为一种执行的制约。也就是说,各种不同的制约因素形成了与政策执行背道而驰的阻力,阻碍了政策执行的正常运行。正是这些不同的制约因素,共同构成了政策执行的困境。

从广义上说,所有不利于政策执行的因素都是政策执行的制约因素。这些制约因素既来自于政策自身,也来自于政策对象、政策环境等诸多方

---

① 《中共中央办公厅关于转发〈中共中央组织部关于加强农村基层干部队伍建设的意见〉的通知》(中办发[1999]11号)。
② 《中共中央办公厅国务院办公厅关于转发〈民政部关于在全国推进城市社区建设的意见〉的通知》(中办发[2000]23号)。
③ 《民政部关于印发〈全国农村社区建设实验县(市、区)工作实施方案〉的通知》(民函[2007]79号)。
④ 辞海编辑委员会:《辞海》(第六版彩图本),上海:上海辞书出版社2009年版,第1280页。

面。所以,分析政策执行的制约因素,可以着眼于分析影响政策执行的各种因素。通过分析这些因素对政策执行产生的作用效果,来判断它们是政策执行的有利条件还是政策执行的制约因素。如果这些因素对政策执行产生的效果是积极的,那么它们就成为政策执行的有利条件,并共同构成政策执行的顺境;反之,它们就成为政策执行的制约因素,并共同构成政策执行的困境。

具体到社区减灾政策,构成社区减灾政策执行困境的因素大致可以划分为四个主要方面:一是社区减灾政策自身,包括政策的针对性、政策目标的刚性、政策的强制性和政策的协调性等;二是政策对象,包括政策对象的政策需求、政策对象的减灾意识、政策对象的利益相关性等;三是政策环境,包括政治、经济、社会、文化和技术等环境;四是政策执行本身,包括政策执行主体、政策执行经费和政策执行强度等。这些因素对社区减灾政策执行的制约情形,我们已经在前面的章节进行了不同程度的描述和分析。[①] 在这里,我们主要从社区减灾政策体系、社区综合减灾协调机制、社区减灾资源、社区减灾执行配套措施、减灾救灾类社会组织发展五个方面,对社区减灾政策执行的困境进行分析。[②]

一、有机联系的社区减灾政策体系尚未形成

社区减灾是一项综合性很强的工作,不是哪一个机构和哪一个部门能够独立完成的。作为引导和规范社区减灾行为的准则,社区减灾政策是由一个个单个的社区减灾政策构成的有机联系的政策体系。所以,无论是社区减灾政策的制定还是社区减灾政策的执行,其主体也都是一个多元的结构体系。多元意味着力量的众多,但同时也表明整合之重要。对社区减灾政策的执行而言,社区减灾政策的整合程度成为影响其有效执行的重要因素。

社区减灾政策的有效整合首先取决于国家层面的顶层设计。这一顶层

---

① 详见本书第二章、第三章和本章第二节相关部分。
② 除社区减灾政策体系外,其余部分的内容主要来自俸锡金、王东明承担的《城乡社区减灾能力建设研究报告》第四部分,并做了部分修改。参见中国国家减灾委办公室:《城乡社区减灾能力建设研究报告》,联合国开发计划署(UNDP)资助项目《早期恢复和灾难风险管理项目》的子项目报告,2010年12月。

设计最终体现为国家层面的社区综合减灾规划。这一规划不仅需要设定社区综合减灾的目标和进程,而且对参与社区减灾的各政策主体的职责任务和角色定位都要作出比较清晰的规定。在国家社区综合减灾规划的统一平台下,各政策主体既彼此分工又相互配合,按照顶层设计的方向和路线,制定出与各自职能密切相关但又与其他部门社区减灾政策相互补充的具体政策,并由此而形成完整统一和有机联系的社区减灾政策体系。其次,各政策主体之间还需要通过适当的制度安排建立有效的协作机制。这样的协作机制,不仅能够保证社区减灾政策在内容上相互补充,还能够保证政策执行主体在行动中协同配合,保持政策执行进度的一致性和有限政策资源使用的统筹性。

然而,从我国社区减灾政策的实践来看,国家社区综合减灾规划尚未制定;现有减灾机构之间的协作机制,如国家减灾委成员单位之间的协作机制,由于存在着部门分割和部门利益、数据共享阻碍等原因[①],在社区政策的制定和执行方面的协作还没有有效地运行起来;各减灾机构制定的社区减灾政策也尚未形成有机联系的整体。在我国现有的公共政策制定和执行结构下,国家层面的社区减灾政策缺乏有效整合,势必会影响地方各级社区减灾政策的制定和执行。并且,这种影响和制约最终会在社区这一政策执行的终端体现出来。

二、社区缺乏有效的综合减灾协调机制

社区减灾政策的综合性特点决定了其只有依托有效的社区综合减灾协调机制才能得到更好地执行。从当前我国的现实看,社区减灾工作基本都是依托社区村(居)委会来组织落实。由于"上面千条线,下面一根针",各项政策都要靠村(居)委会来落实,社区干部基本处于疲于应付的状态,加之一些村(居)委会建设在近年呈现弱化趋势,难以有效承担起社区减灾的领导和组织协调工作。

首先,从村(居)委会目前承担的主要工作来看,社区减灾还没有完全列入重要的工作日程。村(居)委会作为基层组织承担的主要工作仍然是计划

---

① 参见民政部国家减灾中心:《健全和完善跨部门的民政综合协调机制研究——以减灾救灾综合协调机制为例》,2013年6月,第58—59页。

生育、流动人口管理、维护稳定、就业、卫生等内容,减灾教育宣传、减灾志愿队伍建设、灾害应急演练等社区减灾工作还没有受到足够的重视。

其次,城乡、不同区域间社区村(居)委会的建设存在较大差距,其作用和影响的发挥也有显著不同。在经济发展落后、农民生活水平较低的农村社区,村委会建设落后,严重影响了村委会作用的发挥。面对落后的经济发展水平,村委会的工作更多地偏向于当地劳务的输出。年轻健壮劳动力的外出,导致农村社区空洞化问题突出,人力资源缺乏。村委会面对这样一个"空洞的"脆弱性社区,也感到力不从心。此外,经济落后与居民文化水平低两者之间往往不可分割,社区减灾主要依靠村委会动员社区成员的共同参与,但是较低的文化水平影响了村民参与社区减灾的意识和质量。在社区减灾方面,村委会所能获得的政府支持资金和社会资源有限。越是经济发展落后,地方政府越重视对经济建设的投入而忽视对社会发展事业的支持。地方政府用于支持社区减灾的财政投入也寥寥无几。经济的不发达,居民较低的生活水平,能够吸引一定的社会资金,但这些资金更多地集中在扶贫、教育和卫生领域。虽然这些也与社区减灾相关,但直接用于村民防灾减灾教育、社区防灾减灾设施和灾害应急演练的资金非常少,甚至没有(见背景资料)。

▶ **背景资料**

在实地调查和访谈中,我们能够感觉到减灾资金投入不足是受访干部和社区居民反映最为集中的问题。如四川云梯村乡干部反映乡镇没有资金来源甚至处于负债状态,更不可能有专项资金投入防灾减灾。在四川另一个村前龙村调查时,罗江县略坪镇镇长告诉调查员,罗江县实行"镇财县管",县、乡镇和自然村也没有减灾方面的投入,镇政府只有人员工作经费,更拿不出用于防灾减灾的资金。

从我们所能收集到的资料来看,受调查的农村社区减灾资金主要体现在道路建设、灾民救助、河道和水库治理、地质灾害点治理几个方面。在防灾减灾宣传教育、防灾减灾机构建设、预案演练、防灾减灾设备方面投入的资金则非常少。受调查的11个村中,只有浙江省姜家山村在2005—2008年三年间投入了5000元用于配备救灾设备。这与中国过去十几年减灾工作中,重减灾工程建设轻减灾非工程建设的政策倾向有很大的关系。

资料来源:民政部国家减灾中心:《农村社区减灾能力研究报告》,联合国开发计划署(UNDP)资助项目《早期恢复和灾难风险管理项目》的子项目报告,2009年2月。

再次,当前我国城乡社区的村(居)委会仍然行使着社会管理职能,社区村(居)委会的服务意识尚待加强。村(居)委会在社区减灾工作中的角色主要是动员组织社区居民参与防灾减灾工作(防灾减灾宣传、预案编制、应急演练等),争取和筹集政府和社会资金用于社区减灾基本设施建设和相关活动开展。这两方面的工作都需要以村(居)委会与社区居民、政府部门、企业等建立良好的关系为基础。随着村(居)委会自治角色的不断加强,村(居)委会只有不断提高自身的服务意识和服务水平,才能更好地完成社区减灾的各项工作。但是,由于村(居)委会仍然较多地承担基层政府的社会管理职能,大部分的时间和精力花费在各项管理性事务工作上,影响了村(居)委会为社区居民提供公共服务的意识和水平的提高。虽然村(居)委会也提供了一些服务,如公共安全宣传等,但其服务水平仍有较大的提升空间。此外,社区物业管理企业的服务水平的不断提高,一定程度上替代了村(居)委会原有的服务功能,这就进一步弱化了村(居)委会公共服务的意识和能力。

最后,社区村(居)委会对增加社区社会资本(社区网络)的重视不够。社区资本包括社区内居民之间的相互信任以及居民对社区自治组织(居委会)领导的信任。[1] 增加社区社会资本的主要途径就是开展社区活动。而目前,我国不少社区因为缺乏场所、资金匮乏和居民参与不积极等因素,严重阻碍了社区活动的开展,社区资本的形成和积累也因此失去了重要载体。这主要体现在以下几个方面:

(1) 社区中公共空间或"社区空间"[2]的缺乏,影响了社区活动的开展。

---

[1] 参见桂勇、黄荣贵:《社区社会资本测量:一项基于经验数据的研究》,载《社会学研究》2008年第3期,第122—142页。

[2] 主要对应家庭空间。

常见的现象是,由于缺乏场所,社区的一些活动主要在路边、树荫或屋檐下开展。这种简陋的条件严重阻碍了村(居)委会开展社区活动的兴趣和信心。资金的匮乏是阻碍社区活动开展的另一因素,一些有兴趣开展社区活动的社区苦于没有资金而不得不放弃。社区文化建设和公共文化服务是社区公共服务的重要内容,但是由于政府支持不够,争取资金比较困难,村(居)委会往往以"多一事不如少一事"的心态放弃活动的开展。

(2) 由于缺乏时间、固有的生活习惯、交往的目的性和功利性加强等原因,居民参加社区活动的积极性较弱。[①] 目前,参与社会活动的群体主要包括三类:一是离退休老人,二是寒暑假学生,三是社区内的低保户居民。社区开展的活动也有意识地向这些人群倾斜,比如组织老年秧歌队,为放假的中小学生开办辅导班,向低保居民提供志愿服务等。这些人群在社区中所占比例较低,社区家庭中的主要成员较少参与社区活动。

(3) 居民对村(居)委会成员的信任降低。社区的本义就是强调邻里间的守望相助。农村社区以及城市中的单位社区是典型的熟人社会。在这种社区中地缘关系与血缘或业缘关系相重合,社区内居民之间形成了良好的关系网络,不论是家庭层面的社会资本还是社区层面的社会资本都非常雄厚,有利于社区成员团结一致、共克时艰。但城市社区的传统优势正在丧失,社区自治的现状是"自"而"不治"。随着我国房地产市场的快速发展以及城市化进程的加速,城市中的商品房社区比例不断上升,原来的以工作单位为单位的"熟人社区"在逐渐消失。社区内成员的信任度和凝聚力消失殆尽。

(4) 居民与驻区单位,特别是驻区企业的关系不融洽,不利于社区综合减灾工作的开展,特别是难以形成不同组织之间的互动和配合。美国减灾型社区的核心是社区与企业、政府部门和民间组织等相关组织和机构的伙伴关系的建立。这个条件在我国农村大部分地区尚不具备。

三、社区现有防灾减灾资源缺乏有效整合

作为社会的最基层,社区自然成为各个机构的"接地点",呈现出一对多

[①] 另外一些原因可参见本书第三章中"居民分析与社区减灾政策制定"部分。

的情形。然而,也正因为处于最基层,社区机构不可能与上级机构呈现一一对应的关系,社区的成员也是各减灾机构政策的实施对象。所以,社区防灾减灾资源的优化组合尤其重要。然而,由于缺乏有效的社区综合减灾协调机制,社区现有的防灾减灾资源缺乏有效的整合。"当前中国实行的是单灾种的灾害防御体制,政府各涉灾部门在社区里都有各自的资源,但是,各灾种管理相互独立,各部门的信息网络、资金拨付、队伍建设自成体系,缺少统一整体协调。"[1]

一项针对农村社区减灾的调研报告结果显示,这种缺乏有效整合的不足主要体现在以下四个方面:一是缺乏社区综合减灾规划。综合减灾规划概念的缺失,导致社区减灾资源和工作得不到有效整合。二是灾害信息传递网络不健全。气象、国土、民政、防汛等各涉灾部门在社区的灾害信息传递网络建设各自为战,难以形成完整统一的包括预警、发布、上报等环节在内的灾害信息传递网络。三是缺乏统一的应急队伍。各相关涉灾部门,例如治安巡逻、消防等都想在社区建立自己的应急队伍,但是人员配备不齐,缺乏资金保障,减灾资源无法优化组合。四是没有统筹使用有限的减灾资金。各涉灾部门都有一定的与减灾相关的经费,但由于缺乏有效协调机制,各涉灾部门的资金在同一社区分散使用,不能取得很好的效果。[2]

四、社区减灾政策执行的配套措施不足

尽管中央政府制定了社区减灾的各种政策,但由于实际工作中社区减灾工作的经费主要由哪一级政府承担以及如何对该项工作进行检查评估,并没有明确的政策依据,因此,除了目前国家层面实施的全国综合减灾示范社区建设政策外,地方关于社区减灾政策执行的具体措施还较少。例如,在不少地方,目前亟须开展社区自然灾害风险隐患排查、提高基层应急装备水平、增加家庭防灾减灾器材和救生工具配备比例等政策得不到很好的落实

---

[1] 罗平飞:《全国减灾救灾政策理论研讨优秀论文集》,北京:中国社会出版社2011年版,第230页。

[2] 参见民政部国家减灾中心:《川甘陕农村社区减灾调研报告》,联合国开发计划署(UNDP)资助项目《早期恢复和灾难风险管理项目》的子项目报告,2009年7月。

等等。从当前我国社区减灾政策的实践来看,政策执行配套措施不足主要体现在以下方面:

(1)地方政府对社区减灾政策执行的指导不够,一些工作重表面而轻实质。比如灾害应急预案已经做到村一级,但由于行政村一级的灾害应急预案的编制并没有从自身实际出发(面临的灾害类型、特征、自身的脆弱性以及可获得的资源分布情况等)编制出可行性较强的预案文本,而仍然延续县、市、省级的灾害应急预案文本的格式,因此,在不少地方,预案的作用并没有得到很好的发挥。

(2)社区减灾政策执行也因缺乏与其他工作的协调,而得不到应有的支持。比如灾前预防、灾中应急救助和灾后恢复重建的各个阶段,社区和家庭层面应该做什么都已经非常明确,但是在劳动力不足、资金不够、居民文化水平低的情况下如何保证这些措施或行动得到贯彻是社区减灾工作当前面临的重要挑战。而这些恰恰就需要城镇化建设、教育培训等工作的支持。

(3)企业和民间组织是社区减灾政策的对象,同时也是社区减灾政策执行的重要力量,政府需要通过采取相应的政策措施来促进社区居委会、企业和民间组织在社区减灾中的积极作用。然而,一些地方政府在促进居委会、企业和民间组织在社区减灾中发挥积极作用方面的工作还不够。此外,社区减灾工作的主体应该是社区,主要依靠社区内的居民和各类组织,政府的作用应该是为基层发挥作用提供良好的政策环境支持。但在一些地方,由于政府的政策引导不足而导致社区减灾工作的责权不相匹配现状,也不利于鼓励社区居委会和民间组织发挥积极的作用。

(4)政府对社区减灾工作的投入不足。当前,中央财政并没有明确支持社区减灾工作的经费预算,地方政府对社区减灾的投入也受制于地方经济的发展水平。东部沿海发展较好的地区,地方支持较大,但中西部地区,社区减灾基础设施建设和家庭减灾救灾的基本装备配备急需政府财政投入的支持。

五、减灾救灾类社会组织发展缓慢并参与不足

当前我国主要致力于减灾救灾的民间组织数量仍比较少。四川汶川地震发生后,虽然有较多的民间组织奔赴灾区开展各种救援和灾后恢复重建活动,但是在减灾救灾领域这些组织的专业化和职业化水平都不高,更多地是依靠作为民间组织的一腔热情投入到抗震救灾中去。

我国社区减灾类民间组织和志愿者组织发展缓慢主要体现在以下三个方面:

第一,有利于民间组织发展的外部环境还不完善,现有的民间组织发展良莠不齐。影响大、表现突出的民间组织很少,更多的民间组织在运行管理、自律互律等方面能力还较弱,这些都限制了民间组织的壮大和作用的发挥。

我国民间组织发展的外部环境总体上并不乐观。民间组织面临体制约束、社会资源不足、社会资本匮乏、制度性支持缺乏和公益捐赠不足等尴尬局面。以"双重管理体制"为特征的"入口管理",堵住了民间组织进行登记注册的合法通道,使越来越多的民间组织被挡在法规之外;企业社会责任意识不强,公益捐赠不足,并且志愿者与公民参与都显著不足,影响了民间组织对社会资源的获得;整个社会的互信度下降,民间组织公信度低,透明度和公开性差,信息不对称与流动性差,导致民间组织社会资本匮乏;缺乏制度性支持,无论直接资助还是间接资助都显著不足且没有起码的制度保障,减免税措施不落实,缺乏竞争性和公开性。过于旺盛的社会需求和民间组织有限供给能力之间出现巨大的差距,普遍的能力不足则使许多民间组织在社会需求面前束手无策。

第二,致力于减灾救灾事业的民间组织所占比例低,社区内志愿者组织发展缓慢。本书将组织使命和任务中涉及减灾救灾的民间组织统称为减灾救灾类民间组织。由于我国民间组织的分类并没有统一的依据,单独将减灾救灾类民间组织区分出来比较困难,因此,只能采取粗略估计的方法来判断。据不完全统计,2008年汶川地震发生后参与救援或提供支撑服务(为志愿者服务、提供信息和技术支持等)的民间组织共约300家[①]。假设全国的减灾救灾类民间组织面对如此巨大的灾害都能积极响应,即参与率达到

---

① 包丽敏:《谁来执掌760亿元地震捐赠?》,《中国青年报》(2009年8月12日),http://www.cyol.net/zqb/content/2009-08/12/content_2800866.htm。

100%，那么认为2008年全国减灾救灾类民间组织的数量为300家是合理的。根据民政部民间组织管理局的统计，2008年年底国内注册的民间组织总量接近40万家。减灾救灾类民间组织仅占注册民间组织数量总额的千分之一不到。此外，我国社区志愿者组织的发展不管在数量还是质量上都落后于美国、日本等发达国家的水平。社区内志愿者组织发展滞后导致两个后果：一是社区领袖或带头人缺乏，二是社区成员的集体行动能力降低，这都不利于社区减灾能力的提高。

第三，民间组织开展社区减灾活动的积极性和提供减灾救灾服务的质量有待提高。减灾救灾类民间组织对救灾更为关注，而对社区减灾重要性的认识并不清楚；缺乏主动设计开发社区减灾活动的计划和方案，更多依赖政府搭建的平台，独立开展的活动较少；在社区减灾活动方面，创新不足，提供服务的内容并没有突破政府的范畴，缺乏特色。

政府在社区减灾工作中的缺位与执行不力，影响了民间组织参与的积极性。中央和地方各级政府对社区减灾的重视程度随着政府层级的降低而降低。很多本该由政府承担的社区减灾工作因为资金投入不够、部门间利益冲突等原因而没有承担起来。即使目前实施的一些社区减灾政策，不同区域和省份的各级地方政府在具体落实上也存在较大差异。由于政府在社区减灾工作方面的缺位和执行不利，民间组织多是在开展一些本该由政府承担的工作，因此民间组织在参与社区减灾政策执行中也就难免出现创新性不足、主动性不强等问题。

此外，社区内企业在支持社区减灾中也存在问题和局限。驻区企业，特别是一些跨国、国有大型企业参与社区发展的意识较强，积极参与社区基础设施建设、减灾设备和物资提供等，但是在社区减灾的软件建设方面，如对社区志愿者组织发展的支持，却缺少具体的公益项目策划和设计。同时，因为各地经济发展水平的差异，一些经济实力较差的区域，社区减灾能力本来就较弱，区域内又缺少实力较强企业的支持，依靠驻区企业等单位来提高社区减灾能力的也就失去了基础。

第五章
社区减灾政策评估

由于社区减灾政策的服务和管理双重特征,在其执行过程中,容易出现社区作为防灾减灾工作的"战场"与社区作为防灾减灾工作的主体的混淆、增加面向社区的防灾减灾投入与增加以社区为主体的防灾减灾投入的混淆、通过服务影响居民提高防灾减灾意识和能力与通过命令要求居民参与防灾减灾活动的混淆等问题。

社区减灾政策是多层主体参与、多阶段实施、多方面受益的政策,政策评估涉及执行过程评估、实施效果评估和政策影响评估等三个层次。执行过程评估重点看"做到了没有",效果评估重点看"实现了没有",而影响评估则重点看"改变了没有"。

开展以各级政府部门落实社区减灾政策情况为主要内容的政策执行过程评估,需要对照政策文本要求,检查政策执行主体在落实政策过程中形成的各类相关材料信息;开展以社区层面防灾减灾能力提升为主要内容的政策实施效果评估,需要依赖科学的评价指标体系;而实施以社区居民防灾减灾意识、行为和能力改变为主要内容的政策影响评估,则需要采用问卷调查的方法。

从公共服务供给的视角,不同类型的防灾减灾服务可在全国、区域、社区、家庭、个人等不同层面提供。例如,自然灾害预警类信息服务,可以通过中央电视台、地方电视台天气预报向全国或某一区域的受众提供;社区应急避难场所,在面临突发自然灾害时为社区人员的紧急转移安置提供场所;政府支持的家庭应急包配置,则需要提供给每个家庭。① 社区减灾政策是政府在社区层面上提供防灾减灾宣传、社区应急避难场所建设、社区防灾减灾组织培育等多项服务的依据。开展社区减灾服务必然要求财力、物力和人力的投入,有投入就要问效益,就需要对社区减灾政策执行过程、实施效果、产生影响等进行综合评估。

在前一章政策执行分析的基础上,本章将重点围绕社区减灾政策评估的目的、层次、内容、方法等进行探讨。为不显得本章内容过于呆板,笔者将以《北京市人民政府关于加强本市城乡社区综合减灾工作的指导意见》(京政发〔2012〕24号,以下简称"《指导意见》")作为社区减灾政策的一个典型例子,在进行一般性理论和方法论述的同时,也进行实战操作,以让读者对社区减灾政策评估有更为直观的认识。

第一节 评估的目的和内容

一、评估的目的与原则

"只有通过科学的政策评价,人们才能判定一项政策是否达到了其预期的目标,并由此决定这项政策应该是延续、调整,还是终止。"② 政策评估的目的,简单来说,就是看政策是否达到预期目标。

根据目标和内容,公共政策一般可分为管理与服务两大类。管理类公共政策的评估,主要看通过政策的实施,政策所针对的具体问题是否得到解决或缓解、管理的效率是否有待提高、管理的效果是否得到社会认可、政策实施带来了哪些新的问题,等等。服务类政策的评估,主要看政策的目标群

---

① 如云南省实施的"三小"工程。云南省计划在"十二五"期间,为全省1310多万个家庭发放1本防灾应急小册子,1个防灾应急小应急包,每年由县(市、区)人民政府组织辖区内机关、企事业单位、社区、村委会开展1—2次防灾应急小型演习。参见 http://society.yunnan.cn/html/2011—11/16/content_1910814.htm。

② 陈庆云:《公共政策分析》(第二版),北京大学出版社2011年版,第197页。

体是否得到覆盖、服务内容是否符合目标群体需求、服务递送是否有效率、服务是否改善了目标人群的福祉,等等。社区减灾政策兼有服务和管理的属性。社区减灾政策的服务属性体现在,政策实施以社区为单元,通过开展面向社区人员的灾害风险评估、应急演练、防灾减灾宣传等活动,建设或配备覆盖全社区的防灾减灾场所、设施和装备,建立和发展社区层面的防灾减灾领导组织和志愿服务组织,促进社区应对自然灾害综合能力的提升。社区减灾政策的管理属性体现在,政策本身是针对一般性防灾减灾服务脱离百姓生活、覆盖人群有限、效果不明显等问题而制定,通过增加对社区层面防灾减灾的投入,调动社区各方力量参与防灾减灾的积极性,将多项防灾减灾服务直接提供给社区居民,提高居民减灾意识和避险技能,其实质是防灾减灾管理体制的一种调整。

由于社区减灾政策的服务和管理双重特征,在执行过程中,容易出现社区作为防灾减灾工作的"战场"与社区作为防灾减灾工作的主体相混淆、增加面向社区的防灾减灾投入与增加以社区为主体的防灾减灾投入相混淆[①]、通过服务影响居民提高防灾减灾意识和能力与通过命令要求居民参与防灾减灾活动相混淆等问题。没有科学的政策评估的支撑,一则,出现了这些问题不能及时发现和纠正,影响社区减灾政策的科学实施,难以取得理想效果;二则,对政策执行者来说,政策评估过程也是帮助他们进一步认识政策、理解政策、更好落实政策的过程,从而达到以评促建、以评促进的目的。

社区减灾政策评估应坚持分层进行、有所侧重、定性定量结合等原则。社区减灾政策是政府提供防灾减灾公共服务的重要工具。政策实施过程涉及政府、社区组织、社区居民等多层主体,其中,政府是政策执行的主体,社区自治组织、社会组织以及驻区单位是政策执行的协助配合单位。各级政府对政策执行所必需财力、人力和物力的有效投入和高效管理是社区减灾政策取得效果的基础,而社区和居民的响应和配合则是政策真正落地的关键。只有社区居委会、社会组织和社区居民将防灾减灾列为促进社区和谐和家庭安全的重要内容,并按照地方政府的工作指导和要求开展防灾减灾

---

① 社区减灾政策实施的资金来源应以国家财政为主,但是在实际过程中,例如全国综合减灾示范社区的创建费用投入,则主要依靠社区自有经费。

预案制定、防灾减灾宣传教育和应急演练活动,社区减灾政策才能真正体现出其贴近百姓、覆盖全体、效果直接等不同于其他防灾减灾政策的优势。因此,多层主体之间层层互动,上层主体的行动往往直接影响下层的行动,在开展政策评估时不得不分层进行。从社区减灾政策设计的逻辑来看,首先通过政府对社区层面防灾减灾场所设施建设、社区防灾减灾活动支持等方面的投入,调动社区居委会、社区志愿服务组织以及驻区单位对防灾减灾工作的重视和投入,营造出防灾减灾是社区公共事务,需要社区居民共同参与的氛围;再通过社区层面自主开展面向居民、因地制宜、形式多样的防灾减灾活动,提高居民的防灾减灾意识和躲险避灾技能,从而督促社区居民在日常生活中时刻注重家庭和社区灾害风险排查、家用应急物资和装备配置等,提升社区灾害预防和应对的整体能力。根据这一逻辑,在评估中就应该开展针对政府的政策执行评估、针对社区的政策效果评估以及针对居民的政策影响评估三种工作。这样才能全面反映政策运行的效果。

  在政策实施的不同节点开展的评估,其目的侧重点有所不同。一般政策评估分为中期和终期两类,中期评估侧重于了解政策实施中的问题和困难,听取各方对改进政策实施的意见建议,落脚点在调整和完善政策上。终期评估侧重于评价政策取得的效果,并对本项政策结束后的后续政策制定和实施提供建议。针对政策实施中出现的特殊问题,如出现与政策实施预期不相符的情况时(主要是政策的外部性特征所导致),有时也会开展临时性评估,提出具体的解决办法,保证政策能够按照计划正常实施。

  在评估方法上,坚持定性和定量相结合,既要对各级政府有关部门的政策执行者、社区居委会和社会组织相关负责人、社区居民代表等进行访谈,了解政策相关人对社区减灾政策实施的认识和评价,又要查阅政策实施过程中产生的各类文档、影音、照片等资料,还要对居民的各项社区防灾减灾活动参与率、认可率以及自身的认识、技能和行为变化进行测量。只有综合运用多种方法,搜集多方面材料和数据,并进行互相参照和印证,才能科学反映政策的具体运行过程,全面了解政策投入、政策效果和政策影响。

  如本书第一章所述,社区减灾政策是由目标相同或相近的一系列政策组成的一个政策大类,围绕其整体来讨论政策评估比较困难,接下来将以

《指导意见》为案例,对社区减灾政策评估的内容、方法和技能展开讨论。

二、政策内容的分析

政策内容分析是政策评估的起点。内容分析主要通过对政策文本的解读,弄清楚政策的目标、任务、分工等,为制定评估方案和具体实施政策评估做准备。政策内容分析必须结合对政策主要制定者的访谈、政策原型地区的实践经验总结等工作同步进行。

对于政策目标,《指导意见》提出,应加强城乡社区综合防灾减灾工作,增加地方各级政府对社区防灾减灾场所设施建设、风险排查治理、预案制定和应急演练、知识和技能宣传等方面的财力、物力和人力投入,并调动社区配合开展和组织居民参与这些防灾减灾的各项活动的积极性,"以满足本市及时应对自然灾害和突发事件的实际需要,促进应急管理体系的不断完善与发展",提高自然灾害等突发事件发生后的紧急应对效率,最大限度保障社区居民的生命和财产安全。具体来说,包括10个量化指标(见表5-1)和7个描述性指标(见表5-2)。

表5-1 《指导意见》提出的10项量化指标

序号	内容
1	全市社区综合防灾减灾预案编制率达100%
2	50%以上的社区达到气象灾害防御应急准备认证标准
3	每个社区配备1名以上从事防灾减灾及救灾工作的专职或兼职信息报告员
4	每个社区每年至少开展4次以上的社区居民综合防灾减灾宣传教育培训
5	社区居民防灾避灾、自救互救知识普及率达80%以上
6	辖区内学校每年要组织开展2次以上的突发事件应急演练
7	每个社区设置2至3处防灾减灾电子地图公示栏
8	建成1000个以上的"全国综合减灾示范社区"和"北京市综合减灾示范社区",其中农村社区不少于300个
9	50个以上的街道(乡镇)创建"北京市综合减灾示范街乡"
10	2至3个以上区县创建"北京市综合减灾示范区县"

表 5-2 《指导意见》提出的 7 项描述性指标

序号	内　容
11	实现社区预警信息系统与本市突发事件预警信息发布系统的**有效对接**
12	在各区县**试点安装**社区综合防灾减灾预警及通讯传播系统,并**逐步推广应用**
13	社区在自然灾害和突发事件发生时预警预报**及时**
14	(社区)灾害及突发事件的信息上报能力**大幅度提高**
15	每个社区每年要组织开展突发事件应急演练,使辖区居民在突发事件发生时能够**应对自如**
16	社区综合防灾减灾设施、装备**基本具备**,因地制宜、合理设置、布局应急避难场所,**基本满足应急避险需要**
17	社区自治组织、志愿者队伍和其他社区组织共同参与综合防灾减灾工作的制度和机制完善,保证在第一时间组织应急避险救援、临时安置等行动

为实现上述各项目标,《指导意见》提出了建立社区综合防灾减灾工作领导协调机制等 9 项主要任务、社区建立综合防灾减灾工作领导协调小组等 19 项具体内容以及健全组织体系和工作机制等 6 大项、14 小项保障措施(具体见表 5-3),这些构成了政策文本的主要内容。

表 5-3 《指导意见》的任务—内容—保障措施一览表

序号	任　务	内　容	保障措施(制度建设)
1	建立社区综合防灾减灾工作领导协调机制	1. 社区建立健全综合防灾减灾工作领导协调小组,明确小组召集人和成员职责,扎实开展日常工作,需要时及时到位,发挥作用	(一)健全组织体系和工作机制:1. 市及区县建立领导机构;2. 充实区县、街道民政机构设置和人员编制;3. 建立联席会议等协调机制
2	编制社区综合防灾减灾应急救助预案	1. 有针对性地制定预案,预案明确管理组织和人员职责,规范各项应急工作	(二)加大经费投入:1. 加大对社区建设的资金投入;2. 社区减灾资金需求纳入各级财政预算;3. 对社区的减灾性软硬件建设要提供经费支持和政策扶持

（续表）

序号	任　务	内　容	保障措施（制度建设）
3	开展社区灾害隐患排查评估和治理	1. 评估风险、排查隐患并整治 2. 编制灾害隐患分布图并周知 3. 掌握弱势群体情况并有准备	（三）科学规划社区减灾建设：1. 区县、乡镇编制社区减灾工作实施方案，将社区减灾纳入基本服务体系，纳入创新社会管理和社区建设内容；2. 统筹规划建设社区减灾场所设施
4	加强社区综合防灾减灾队伍建设	1. 建设以社区工作人员、灾害信息员、安保人员为主体的社区减灾工作队伍 2. 建立减灾志愿者队伍 3. 协调企事业单位参与	（四）加强部门协作配合：1. 有关部门加强对社区减灾的专项业务指导；2. 建立健全相关部门协调配合与社区居民联动的工作机制；3. 完善社区相关基础设施建设及配备标准体系
5	加强灾害及突发事件的监测和信息报告	1. 健全社区灾害监测制度，及时向上报告灾害信息 2. 完善社区灾害预警信息通报与发布制度，能及时告知居民	
6	开展社区综合防灾减灾培训和应急演练	1. 利用现有资源加强对社区管理者和居民的减灾避灾培训 2. 定期在社区组织减灾演练	
7	加强社区灾害应急避难场所建设	1. 将合适的场所设定为避难场所 2. 设立指示牌告知和引导居民遇到突发事件时使用避难场所	（五）强化统筹协调和管理工作：1. 将社区的应急装备物资、应急避难场所和社区减灾志愿者纳入全市的管理体系
8	做好社区综合防灾减灾装备配备和应急救灾物资储备	1. 采取多种方式储备应急物资 2. 倡导居民在家里配备必要的减灾器材和用品	

（续表）

序号	任务	内容	保障措施（制度建设）
9	强化社区综合防灾减灾知识宣传普及	1. 开展面向大众的减灾知识宣传普及活动 2. 利用社区图书馆等公共活动场所或设施，宣传减灾知识 3. 在全国防灾减灾日等期间开展宣传教育活动	（六）加强工作考评：1. 要求各区县将减灾工作作为政府绩效考核重要内容，纳入区县政府每年重点工作的考核体系；2. 将社区减灾纳入已有的考评范围

此外，关于政策期限，《指导意见》没有明确指出。根据"经过努力，确保'十二五'及其后一段时期内"的论述，可以推断政策的执行期为5年左右。

需要指出的是，在分析《指导意见》等社区减灾政策文本时，要特别注意"社区"所指的实质内容，这是正确理解和有效实施政策的一把钥匙。社区是"聚居在一定地域范围内的人们所组成的社会生活共同体"。城市社区的范围一般是指经过社区体制改革后作了规模调整的居民委员会辖区，社区和社区居委会经常等同起来。由于社区居委会不是区县政府下辖的一级政府机构，其自治属性决定了居委会没有明确的政府职能，社区减灾政策也就不能明确要求社区（居委会）承担起社区防灾减灾工作。《指导意见》中对社区提出明确要求的语句，如各社区要采取多种形式储备、配备必要的应急物资，社区要开展经常性的综合防灾减灾宣传教育活动，为避免产生误解，都应理解为"社区里应该有……活动开展"。同时，社区居委会是社区最重要的组织力量，防灾减灾工作又必然离不开它的领导和组织，因此《指导意见》等社区减灾政策中提到"社区"时，往往涵盖社区居委会这一重要主体。

通过政策内容分析，可以看出政策评估的重点包括三个方面：一是各级政府的相关部门是否按照《指导意见》的分工要求制定部门工作计划并开展工作；二是在政府的努力下，社区是否获得更多的资金、物资等支持，社区防灾减灾的硬件软件建设是否有所改善（比如整治了社区灾害风险点、储存了救灾的常用工具和灾害救助的生活物资等），防灾减灾事务在社区层面是否更加受到重视，列为社区服务和管理工作的重要日程（例如,在社区层面成立了防灾减灾工作领导小组,将防灾减灾活动列入年度工作计划等);三是社区居民是否更加关注社区、家庭和个人安全,知晓社区提供的防灾减灾设施和服务等,并通过参与社区的活动,提高了防灾减灾意识和躲险避灾、自救互救的知识与技能。这三个方面的评估就是政策评估的层次问题。

三、评估的层次和内容

社区减灾政策是多层主体参与、多阶段实施、多方面受益的政策,政策评估涉及执行过程评估、实施效果评估和政策影响评估等三个层次。

1. 执行过程评估

政策执行直接影响政策效果,对于基于投入的服务型政策尤其如此。如前所述,社区减灾政策执行的直接主体是各级政府,社区居委会、社区志愿服务组织、社区居民等间接主体予以协助配合,各责任主体按照要求履职尽责、高效服务、全心参与是社区减灾政策取得实效的关键。因此,执行过程评估就是对政策执行主体的履职尽责情况进行评估,主要对象是各级政府相关部门和社区居委会、志愿服务组织、驻区单位等社区力量。

开展政策执行过程评估,首先要对照政策执行主体的职责,检查其是否按要求开展了各项工作。其次还要看执行主体是否运用有效手段,采取因地制宜的创新性措施,调动间接主体参与防灾减灾的积极性,例如,同样是支持社区开展防灾减灾应急演练,政府有关部门在指导社区制定演练方案过程中,如果紧密结合社区面临的灾害风险类型、居民的日常生活习惯等特点,演练的效果可能会更好。

仍以《指导意见》为例,对市、县(区)两级政府有关部门进行政策执行过程评估的内容大致相似,重点是在组织领导、资金支持、规划协调等保障性制度建设方面是否按照《指导意见》要求予以落实,涉及的政府部门主要包括民政、财政、发展改革、地震等(具体见表5-4)。

表 5-4 《指导意见》所要求的任务执行过程评估内容和依据

市、县(区)级	民政局	1. 是否推动成立本级综合防灾减灾社区建设工作领导小组？ 2. 是否牵头成立联席会议等协调机制，并对社区减灾重要问题展开协调？ 3. 有没有制定出贯彻落实《指导意见》的具体工作方案、分工、时间表等？ 4. 是否对做好《指导意见》的落实工作向下级民政部门下发文件？进一步明确工作任务和重点？ 5. 是否牵头对《指导意见》提出的工作任务进行分解，进一步明确相关部门的配合和支持职责？ 6. 是否在 2013 年、2014 年市本级预算申报中列入社区减灾工作经费？ 7. 对下级民政部门和辖区内社区的社区减灾工作有哪些指导、支持、督促和检查？	正式文件； 会议纪要； 工作方案； 其他能反映工作进展的一切材料。
	财政局	1. 对于《指导意见》提出的将社区减灾工作经费纳入市级财政预算，是怎样落实的？如果没有落实，为什么？ 2. 在加强社区建设中的防灾减灾投入方面，当前有哪些经费投入渠道(项目)？ 3. 关于加强社区减灾设施、设备、装备、物资等投入，计划如何解决？ 4. 在社区减灾的投入上，地方各级财政是否有明确的责任分担？	
	发展改革、住房和城乡建设、地震、规划等部门	1. 有没有将社区综合防灾减灾纳入本地城乡基本服务体系，纳入创新社会管理和城乡社区建设内容？ 2. 有没有落实"新建和改扩建的社区，配套建设社区综合防灾减灾设施"的要求？ 3. 是否通过确认、改建、新建等方式，将社区内的学校、体育场所、公园绿地和广场等设定为社区灾害应急避难场所，并符合国家标准要求？	

乡镇(街道)一级政府或政府派出机构具体承担《指导意见》提出的9项主要任务、19项具体任务的落实工作。开展政策执行过程评估,在评估内容清楚的情况下,重点是确定乡镇(街道)政府机构中与社区防灾减灾工作相关的部门。乡镇(街道)在设立工作部门和明确部门分工时,没有统一的标准。虽然不同街道的工作分工情况会有所差异,但承担社区防灾减灾工作的主要部门基本都为表5-5中所列部门。

表 5-5　街道办事处具体承担社区防灾减灾工作的相关科室及职责[①]

乡镇一级	社区服务中心(培训)	负责综合培训,如对社区管理人员和从业人员、社区工作者、社区志愿者以及社区居民的教育培训。
	社区事务管理科(社区服务、社区建设)	1. 加强对社区工作的指导,为社区提供多样化、多层次的公共服务; 2. 指导社区居委会开展各项活动,负责对社区居委会的组建、撤销和规模调整工作,并上报区政府审批; 3. 负责指导社区居委会搞好组织建设,依法进行换届选举,实行民主自治; 4. 负责社区居委会干部的管理、教育和培训; 5. 协调有关部门积极开展社区活动; 6. 协助有关部门抓好文明社区创建活动; 7. 协调有关部门抓好社区建设; 8. 负责辖区灾害救助工作,包括核查灾情,拨发救灾款物,接受、管理、分配社会各界救灾捐赠款物,检查监督救灾款物的使用; 9. 运用市场机制,组织地区的公共服务,协调地区单位开展共建,实现资源共享。
	公共事业管理科(文化与教育)	1. 负责组织协调辖区单位开展群众性文化体育活动,促进辖区内文化市场的繁荣与发展; 2. 协助区有关部门做好辖区内的社区教育、校外教育及社区文化中心的管理工作。

[①] 本表根据北京市海淀区某街道办事处的职责整理而得。不同地方的乡镇、街道,情况会存在较大差异,但承担的社区防灾减灾的职责内容基本相同,只是分布在不同的承办科室。

（续表）

乡镇一级	城市综合管理科或城管科（防灾减灾、安全生产）	1. 负责本行政区域内的防震减灾协调管理工作； 2. 协助区有关部门搞好防汛、防灾及救灾工作的组织协调和指挥； 3. 协助区人防办公室对辖区人防工事进行维护、改造、防汛、开发、索赔、代收雇工费及平战结合的管理工作； 4. 协助区规划局等有关部门查处违法占地、违法建设和居民区道路整治工作； 5. 协助区环保局做好环境保护、设备改造和建设工程对环境影响的审核工作，以及排放污染物的登记工作； 6. 协助区有关部门做好辖区内交通安全的宣传教育和管理工作； 7. 在区安全生产监督局（区安全生产委员会办公室）的指导下负责协调配合本辖区的安全生产监督管理工作； 8. 配合区有关部门检查指导建筑施工安全生产工作。
	社区治安综合治理办公室或综合治理工作部（社区安全、公共场所整治）	1. 负责社区巡防队工作； 2. 指导、帮助社区居民委员会做好社会治安综合治理工作； 3. 协助区有关职能部门对辖区内的单位及居民进行防火、禁放、禁毒等方面的宣传和监督检查； 4. 协调、配合有关部门加强对重点地区、公共场所的整治与管理，做好重大活动和节假日的安全保卫工作； 5. 负责做好辖区内流动人员以及出租房屋的综合管理。
	人民武装部（民兵）	负责民兵组织建设、政治教育及民兵预备役管理，兵役登记、检验、征兵及退伍军人安置的协调以及辖区内国防教育工作。

北京市一些街道办事处的社区服务中心，除承担综合培训职能外，还负责协助对从事社会服务的企业和社区便民利民服务网点、社区服务信息网络和呼叫系统及服务商的管理，以及协助管理社区志愿者队伍，并组织协调社区组织开展公益性、群众性活动。

> 专栏 5.1

街道办事处职能中与社区防灾减灾工作相关的部分

- 协助有关部门对居住小区的物业管理进行指导和监督检查。
- 组织单位和居民开展多种形式的文明社区创建活动。
- 依照《北京市关于重大安全事故行政责任追究的规定》(2001年市政府第76号令)等政策中关于基层安全生产监督管理机构的职责,接受区安全生产监督管理部门的业务指导和相关培训,负责协调配合本辖区内安全的监督管理工作,街道主要负责人依法对本辖区内重大的安全事故负责。
- 在有关部门的指导下开展拥军优属、地区交通安全、人民防空等工作。
- 维护老年人、妇女、未成年人和残疾人的合法权益。
- 制定社区建设、社区服务发展规划,发展社区服务设施,合理配置社区服务资源。
- 组织社区服务志愿者队伍,动员单位和居民兴办社区服务事业。
- 兴办社会福利事业,做好社会救助、社会保险等社会保障工作。
- 指导社区居委会工作,及时向上级政府反映居民的意见和要求。
- 对居民进行法制和社会公德教育,组织居民参与社区环境整治等社会公益活动。
- 组织开展群众文化、体育活动和社区教育、卫生工作,普及科学常识。
- 承办区政府交办的其他事项。

资料来源:北京市海淀区人民政府网(http://www.bjhd.gov.cn/govinfo/auto4540/201107/t20110713_294689.html)。

2. 政策实施效果评估

评估政策实施效果就是看政策目标的完成情况。与效果评估类似的概念是政策实施进展监测,即通过定期测量和统计那些能够反映政策目标推进情况的指标来监测政策的实施进展,以保证政策目标的顺利实现。在没有量化的政策目标的情况下开展政策实施效果评估,则需要在控制非政策因素影响的前提下,将能够衡量政策效果的一系列指标的实际测量值与基线或参照组测量值进行比较,指标的变化反映的就是政策实施效果。以《指导意见》为例,可以用两个层面的指标来衡量社区减灾政策实施效果,一是能够反映社区层面防灾减灾硬件和软件的建设投入和管理改善情况的指标(以社区为统计单元),如社区应急避难场所覆盖率、社区综合防灾减灾设施装备配备率、社区综合防灾减灾预案编制率、社区专职或兼职灾害信息员配备比例、建立防灾减灾志愿者队伍的比例,等等;二是能够反映社区居民对社区减灾投入和管理服务的接受与参与情况的指标(以居民为统计单元),如社区居民对社区应急避难场所信息的知晓率、参与社区应急演练的比例、防灾减灾自救互救知识的普及率等。这两个层次的指标之间相互联系、相互影响。一方面,社区层面的防灾减灾投入和管理服务,如开辟防灾减灾宣传栏、设置灾害预警广播系统、开展自然灾害应急演练等,是社区居民接受防灾减灾服务与参与防灾减灾活动的基础和前提;另一方面,居民对社区防灾减灾投入和管理服务的接受与参与情况又直接影响着投入和管理服务能在多大程度上实现政策预期效果。因此,社区减灾政策的最终效果决定于政府和社区投入与社区居民接受和参与之间的互动质量,这也提醒政策执行方不仅要保证社区防灾减灾软硬件建设和管理服务的投入,还要想方设法调动社区居民参与的积极性,让大家参与到社区防灾减灾中来。如果缺乏社区居民的回应,再多的投入和服务也将成为摆设。举一个简单的例子,政府建设足够多的社区紧急避难场所,覆盖了区域内的所有社区,并且在每个社区里都设置了紧急逃生路线指示牌,政府每年都会支持社区组织开展防灾减灾应急演练,但是,如果社区居民根本不关注社区配置的防灾减灾场所设施并且对参与应急演练也不感兴趣,则必然导致对防灾减灾场所设施的低知晓度和低使用率(见专栏5.2)。这些场所设施就会成为摆设,即使发生了突发灾害,政府在社区减灾方面的投入也不会产生好的效果。为追求社区减灾政策的最佳效果,应该最大程度地将社区居民卷入到政策实施过程之中,实现政府在社区层面的防灾减灾建设投入和管理服务与居民防灾减灾参与的有效融合。

> 专栏 5.2

北京市公众对就近应急避难场所位置的知晓情况

2011年,北京市社情民意调查中心利用计算机辅助电话调查(CATI)方式对北京市1099位常住居民进行了"北京市居民防灾减灾意识调查"。调查结果显示,公众对就近应急避难场所位置的知晓程度整体不高。石景山、海淀两区被访者知道具体位置的人数比例最高,但也不足本区被访人数的四成,具体为37.9%和36.6%;东城、西城、门头沟、朝阳四区被访者中知道具体位置的人数约占三成;昌平区被访者中知道具体位置的人数最低,为26.5%。2013年,北京市社情民意调查中心的相同调查显示,仍有59.3%的被访者不知道附近应急避难场所的位置。

资料来源:刘瑶:《北京市居民防灾减灾能力调查》,载《中国减灾》2012年第1期;岳杰:《北京市民防灾减灾意识有待深入》,载《数据》2013年第10期。

3. 政策影响评估

影响是政策的间接产出,在较短时间内难以明显表现出来,而且不容易直接评估。社区减灾政策的影响主要反映在社区居民的意识、行为和能力的变化上,如对生活中灾害风险的敏感度、防灾减灾知识和技能的掌握情况、家庭配备应急装备和物资情况,等等。这些变化是社区居民通过接受和参与社区减灾政策的各项服务和活动而逐渐发生的。评估居民的防灾减灾意识、行为和能力变化,应是终期评估的内容,且需要借助专业量表或自行设计相关考查性问题进行测量。

例如,2011年北京市社情民意调查中心开展的"北京市居民防灾减灾意识调查",为了解常住居民的自救知识掌握情况,在调查中围绕地震、高楼火灾和燃气泄漏三种常见灾害事故设置了三道多项选择题,请被访者分别选出他认为正确的自救措施。每道题目都设置了三项正确的选项和两项错误的选项(见表5-6)。①

表5-6 居民自救知识掌握情况考查性问题

	1. 遇到地震时	2. 遇到高楼火灾时	3. 遇到燃气泄漏时
正确的应对措施	就近躲到床、桌子等"安全角"或厨房、卫生间等小开间内	用湿毛巾捂住口鼻	切断燃气总阀门
	用枕头或坐垫护住头部	躲避到防烟楼梯间、避难层等地等待救援	开窗通风
	条件允许下,第一时间冲出屋外	压低身子沿楼梯向逆风方向跑	避免开灯、脱毛衣等任何产生火星的举动
错误的应对措施	如果正好在车里,就关好车门躲在车中	乘坐电梯逃生	拔插销、关开关,切断所有电器电源
	躲在阳台上或玻璃窗附近,随时观察找机会逃生	大声呼救,跳楼逃生	拨打报警电话

在这里,有必要对政策效果和政策影响的区别作一解释。社区减灾政策的主要内容是以社区为对象,而不直接以社区居民为对象,如《指导意见》中多次使用"社区应""社区要"等表述方式,即要求在社区层面"储备、配备必要的应急物资""开展经常性的综合防灾减灾宣传教育活动";再如建立领导协调小组、评估社区灾害风险、编制应急预案等,主要是社区组织(如居委会)来做,只是做的方式存在差异——居委会工作人员具体承担,或者组织社区居民代表共同商量完成,或者委托专业机构来实施。如果政策评估时的研究对象有所延伸,比如从社区到居民,那么在居民身上呈现出的政策效果,我们应该称之为政策影响。

综合来看,政策执行过程评估、实施效果评估和影响评估三者之间的递进关系一目了然:执行过程评估重点看政府的行动;从执行到效果,增加了"社区行动"的维度;从效果到影响,又增加了"居民行动"的维度。具体来说,政府执行与社区(居委会、驻社区单位等)行动之间的互动效果,影响着社区减灾软硬件建设投入和各项管理服务在社区的落地情况,即政策效果;

---

① 刘瑶:《北京市居民防灾减灾能力调查》,载《中国减灾》2012年第1期。

社区减灾建设投入和各项服务活动在社区的开展与社区居民(接受、参与、主动发起等)行动之间的互动效果,影响着居民防灾减灾意识、行为和能力的提升。因此,上述三类评估可以简单概括为:执行过程评估看"做到了没有",效果评估看"实现了没有",影响评估看"改变了没有"。在方法上具体如何衡量政策实施达到的程度,将在下节详细介绍。

第二节　评估的方法和技能

政策评估面临多种系统性因素的干扰,例如,政策资源的混合使得"政策成本难于核定,而其'纯效果'也难于测定",政策行为的重叠导致"很难将某些政策的实际效果从总体效果中区分出来"[①]。所幸的是,不断改进的评估技术能够逐渐减少这些因素的影响直至消除。评估结果的有效性取决于评估方法的科学性,在有效性的前提下追求结果的精确度,必然要承担复杂的评估方法和技术应用所产生的高成本。因此,评估工作永远面临追求精确结果与控制评估成本的权衡问题。为保证政策评估工作的顺利开展,在考虑评估方法选择时,必须对评估目的有清醒的认识,对评估结果有合理的期待。

一、评估方法的选择

评估的目的和内容决定方法的选择。就社区减灾政策评估而言,根据评估的不同目的,我们在上一节将评估内容分为了政策执行过程、政策实施效果和政策影响三个层次,在阐述各项评估的具体内容时简单地提到了评估方法。开展以各级政府部门落实社区减灾政策情况为主要内容的政策执行过程评估,需要对照政策文本要求,检查政策执行主体在落实政策过程中所形成的各类相关材料信息;开展以社区层面防灾减灾能力提升为主要内容的政策实施效果评估,需要依赖科学的评价指标体系;而实施以社区居民防灾减灾意识、行为和能力改变为主要内容的政策影响评估,则需要采用问

---

① 陈庆云:《公共政策分析》(第二版),北京大学出版社2011年版,第211页。

卷调查的方法。

本书仅围绕一般性的政策评估展开讨论,对于评估研究领域老生常谈的反事实(Counterfactual)、内生性(Endogeneity)、选择性样本偏差(Sample Selection Bias)等问题不予涉及或不展开讨论,只是针对社区减灾政策评估的不同层次,选择简易可行的合适方法。本书讨论的社区减灾政策评估,不是为了在社区减灾政策实施与社区减灾能力提升、社区居民意识行动改变之间建立科学的、严谨的数理联系,不追求采用一套方法来对政策的整体效果进行评估,即不会考虑将政府投入、社区行动、居民参与意识和行动等纳入一组结构方程中进行评估。同时,对于政策资源混合以及政策行为重叠问题(社区减灾政策的实施只是社区建设一个方面的内容,社区建设的其他政策,如加强社区安全、改善社区卫生服务、繁荣社区文化生活、治理社区环境等,也会对社区减灾能力提升产生一定的积极作用;在科学评估社区减灾政策效果和影响时,需要尽量排除这些政策因素的干扰),也不展开讨论。

政策执行过程评估基于验证思维,即核实政策执行者是否按照任务要求开展并较好地完成了工作。对照政策实施要求,搜集和检查那些在工作开展过程中产生的各类材料,再依据材料和实地走访来判断工作完成的质量,就是政策执行过程评估的主要方法。政策实施效果评估与政策影响评估都是基于比较的思维,前后对比法和参照组对比法是常用的两种科学比较方法。前后对比法也称为事前事后比较法,运用该方法评估社区减灾政策效果的内在逻辑是,假定社区减灾政策实施是影响社区防灾减灾能力改变(因变量)的唯一因素,如果政策实施前的因变量测量值为 $Z1$,政策实施一段后的因变量测量值为 $Z2$,那么,社区减灾政策的效果就是两者的差值($Z2-Z1$)。如果政策实施的时间较长,而且在实施中出现其他显著干扰因素的可能性又较大,那么前后对比的方法就不太适用。这种情况下,参照组对比方法是一个理想的替代。运用参照组对比方法进行社区减灾政策影响评估的内在逻辑是,假设有两个完全一样的社区,其中一个实施了社区减灾政策,另一个没有实施,那么过了一段时间后,两个社区的居民在防灾减灾意识和行动上的差别就是政策实施产生的影响。采用这种方法,需要在政策准备实施前就选择好两组在社区防灾减灾能力、社区规模、社区经济生活状况、社区居民人口素质等情况类似的社区,同时,还需要让两组社区尽量远离,避免政策的外部性影响(好的政策会被学习,这种情况下进行的对照组比较就可能低估政策效果)。

二、评估方案的制定

确定政策评估方法后,就要制定评估方案和评估工具。评估方案是评估实施的文本依据,工具是评估的手段,方案和工具体现评估所采用的具体方法。

1. 政策执行过程评估的方案和工具

开展政策执行过程评估,重点是检查政策执行方的工作材料信息,包括布置和开展社区减灾工作的活动方案、会议记录、工作总结,以及执行过程中产生的一些录音、照片、视频等音像资料。制定政策执行过程评估方案,需要对以下三个问题进行思考和回答。

第一,需要重点查看的材料信息有哪些? 主要有两个方面:一是政策执行主体在安排部署、执行落实、指导检查等工作过程中形成的工作文件和材料,包括通知、方案、总结、报告等文字材料以及工作录音、照片、视频等音像资料;二是政策执行过程中产生的工作经费支出材料,如召开工作会议、开展工作调研、组织经验交流、开展评比表彰等活动支出材料。

第二,查看材料信息的重点是什么? 结合我国国情,查看材料的重点在以下四个方面:一是政策执行过程中是否努力争取部门领导、上级领导的重视和支持,包括部署工作时请领导同志出席和发言、指导检查工作时邀请领导同志带队、开展其他重要活动时请领导同志参加,等等。二是执行中是否努力争取政策实施经费,并将经费用于政策实施的重要方面,如人员队伍建设、装备物资购置、培训宣传等。三是政策执行的人力投入情况,包括本单位人员的参与、邀请外单位相关官员和专家予以支持、发动志愿者参与等情况。四是在政策执行过程中,有没有结合本地、不同社区的实际情况,创造性地开展工作,比如在指导社区编制防灾减灾应急预案时,是否根据社区灾害风险类型、经济社会人口状况等进行"量身定做",以确保预案的针对性和可操作性。

第三,通过查看材料信息如何评价执行效率?执行效率是一个相对概念。在进行政策执行过程评估时,如果同一政策有多个平行的执行主体①,可针对政策执行的每项重要内容(如重视程度、经费投入、人力投入、因地制宜实施等)选出执行最好的和最差的个体,以这两个极端值来确定其他个体对每项重要内容的相对执行效率。

2. 政策实施效果评估的方案和工具

社区减灾政策的效果应体现在社区层面防灾减灾能力的改善上,社区也就成为效果评估的基本单元。对以《指导意见》为代表的社区减灾政策实施效果的评估,简单来说,就是查看任务目标实现了没有,比如社区是否成立了相关领导协调小组、建立了相关管理制度、组织开展了灾害风险评估、制定了防灾减灾应急预案、建设了应急避难场所设施、配备和储存了防灾减灾装备及物资、开展了宣传教育培训活动等。由于政策实施的效果不仅是从无到有,还存在实现水平的差异,简单的是或否的评价难以反映出任务实现的质量水平,因此在实施政策效果评估时,就需要将政策目标进行层层分解直至形成可以直接测量的指标,即建立一套科学的评价指标体系,然后对照最佳实践(Best Practice)对每个评估对象的实施效果给出一个能够反映其相对成绩的评估分值。一旦建立了这样一套评价指标体系,评估工作需要采集的数据和需要搜集的材料也就一目了然。

我国中央层面制定的社区减灾政策是以全国综合减灾示范社区创建为主要载体,地方上制定相关配套政策时也是以省级综合减灾示范社区或防灾减灾社区创建为主要抓手,例如,《指导意见》中附有《北京市综合防灾减灾社区标准(试行)》,《山东省综合减灾示范社区创建管理办法》中附有《山东省综合减灾示范社区标准》。可以看出,在社区减灾政策制定过程中,政策实施效果是与综合减灾示范社区或防灾减灾社区创建等同起来的。将以《指导意见》为代表的社区减灾政策实施任务目标(见表5-3)与《全国综合减灾示范社区创建标准》的评分表和《山东省综合减灾示范社区标准》评分表(见附录1)进行比较,会发现很多重复的内容。因此,社区减灾政策效果

---

① 例如,中央层面制定的政策,全国各个省、自治区、直辖市都要执行,这样就有31个平行的执行主体。在开展中央政策执行过程评估时,这些执行主体就是评估单元。

的评价指标体系可以《全国"综合减灾示范社区"标准》的评分表为基准,采用专家打分等方法,根据不同方面工作内容的轻重缓急来调整赋值情况即可,这里就不再赘述。

3. 政策影响评估的方案和工具

社区减灾政策实施的影响主要体现在社区居民防灾减灾意识和躲灾避灾、自救互救技能的提升上。然而,意识和能力的提升是一种隐形的变化,不像建立应急避难场所、制定应急预案、开展应急演练活动等,可以通过现场观察、查看文档等直接予以确认。开展影响评估必须有一个较长的政策实施期,并且在反映影响的指标设置上必须准确、全面且有一定的敏感度。这就需要科学地设计调查问卷,通过问卷调查,采集必需的数据,然后进行比较研究,准确地评估政策影响。

制定问卷调查方案的关键是弄清楚以下几个问题:一是采取哪种方法进行比较?评估社区减灾政策的实施对社区居民的防灾减灾意识、行动和能力的影响,就是想测量出政策实施前后居民意识、行动和能力的变化。如果对政策实施前社区居民防灾减灾的意识、行动和能力开展过基线调查,可以采用前后对比方法;如果政策执行前没有开展过基线调查,不得不选择参照组对比时,就要选择政策实施前基本条件类似的社区作为参照。二是问卷调查对象是谁?虽然社区减灾政策面向社区所有居民,但是主要的政策对象是社区常住的成年人群体。三是调查询问哪些问题?首先是能否反映社区居民防灾减灾意识、行动和能力的问题,如对社区防灾减灾场所设施的知晓情况、对灾害应急知识的掌握情况、应急逃生技能的掌握情况等;其次是能够反映居民参与社区防灾减灾活动的问题。四是如何向调查对象询问?问卷调查时要准确向被访者表达你想了解的内容,每道问题的表述要准确、简练,不能让被调查者感觉有歧义。

采用问卷调查评估社区减灾政策影响时,调查问卷的内容必须针对社区居民来设计,具体如何设计调查问卷将在下一节讨论。问卷设计完成后,要按照确定调查总体、选择抽样方法、确定调查样本、实施问卷调查、录入和清理调查数据、分析数据的步骤评估政策影响。

进行问卷调查的同时,也要开展关键人访谈、焦点组座谈等工作,获得的定性访谈材料有助于阐释调查数据反映的结果。需要访谈的对象包括社区管理人员、社区志愿者、社区居民代表等。对于居委会主任、物业公司负责人、业主委员会主任等社区主要管理人员,需要向他们了解的主要内容有:经常性开展的社区工作有哪些?地方各级财政对社区工作提供的经费支持情况如何?社区工作中包括哪些减灾救灾内容?是否建立了防灾减灾工作领导协调小组,是否明确领导协调小组召集人和成员职责?社区里有没有建立志愿者队伍或小组,都开展了哪些为民的活动,其中有没有防灾减灾的活动?社区里有没有储备一些应对突发自然灾害或其他突发事件的必要设备和物资?在防灾减灾宣传方面,社区有哪些具体的行动?开展社区减灾工作面临的主要困难是什么?在个人看来,开展的一些社区减灾工作能起到什么效果?对做好社区减灾工作,有什么建议?

三、调查问卷的设计

设计调查问卷,首先要将研究问题进行概念化(Conceptualization)处理。评估社区减灾政策的影响,简单来说,就是看通过政策的实施,如指导和支持社区层面建立防灾减灾领导协调机构、开展社区灾害风险评估、编制突发应急预案、组织应急演练,等等,是否对社区居民的防灾减灾意识、防灾减灾行为和自救互救能力产生了促进作用。在进行社区减灾政策影响评估时,调查对象显然是社区居民。

其次,确定因变量、自变量与控制变量。显然,评估中能够反映政策影响的居民防灾减灾意识、行为和能力就是因变量,自变量就是社区减灾政策各项任务的实施情况。如前所述,社区减灾政策是一个包含多项任务的复合体,每项任务的实施并不会均匀地影响着居民的防灾减灾意识、行为和能力,而且社区居民因个人特征不同也不会均匀地接受政策每项任务的影响,因此,在问卷调查时有必要将社区减灾政策每项具体任务的实施情况进行全面测量。控制变量则主要包括居民的年龄、性别、职业、教育程度等人口统计学变量。

既然社区减灾政策实施产生的影响是社区层面的防灾减灾投入和服务与社区居民参与之间互动的结果,那么,居民对社区减灾政策各项内容的参与①，既是反映政策效果的重要指标，也是决定政策（对居民产生）影响的重要因素。因此，针对社区居民的问卷调查，还需包括居民对防灾减灾设施、服务和活动的知晓度、接受度、参与度等内容。

再次，选择合适的测量指标。如前所述，测量居民防灾减灾意识和能力的变化，需要借助专业量表或自行设计相关考查性问题。因此，在选择因变量的合适测量指标时，可围绕防灾减灾的一些常用知识和技能来设计具体问题，或者，围绕社区减灾政策实施以来，居民和家庭可能发生的一些能够体现其防灾减灾意识和能力提升的具体行为来设计问题（比如，是否购买了必要的应急工具、是否主动查询过防灾减灾知识和技能、是否排查过家里存在的灾害隐患等）。社区减灾政策影响评估虽然会对社区居委会、社区社会组织、驻区单位等的防灾减灾投入和活动进行调研，但这些反映社区减灾政策效果的重要测量指标，并不是政策影响评估的测量指标。

最后，设计问题并结构化问卷。设计具体问题和选项，要做到明确清晰、没有歧义、容易理解，并尽量遵循一定逻辑来对问题进行排序。同时，结合问题的敏感程度，将可能遭到受访者拒答的问题排在最后。

---

① 此处的参与是从广义层面说的，不仅指对应急演练、减灾教育培训等活动的参与，还包括对社区层面的灾害应急组织体系、社区防灾减灾志愿者组织、应急避难场所、社区灾害预警方式等信息的知晓。

第六章
社区减灾政策发展

作为治理社区的一种手段或工具，社区减灾政策围绕什么目标来发展始终是其发展中最为核心的问题。因为，它不仅反映了政策制定者最为根本的价值取向，也决定了社区减灾政策发展的主要走向。

社区减灾政策的发展注定不会一帆风顺。无论是作为单个的社区减灾政策，还是作为整体的社区减灾政策，它总是在艰难地突破现实困境之后向前发展。

很多政策自身的问题只有在一线的政策执行中才能发现，诸多解决问题的办法也只有在直接面对灾害的社区中才能孕育产生、破壳而出，并在不断的总结和提炼中逐步发展成为一种新的社区减灾政策。

作为系统的构成要素，社区减灾政策不会一成不变。无论是作为单一的个体政策还是作为体系的整体政策，它总是在一定的环境中存在和发展。发展是事物由小到大、由简到繁、由低级到高级、由旧质到新质的变化过程[1]，反映了事物和环境的相互调适、事

---

[1] 辞海编辑委员会：《辞海》（第六版 彩图本），上海：上海辞书出版社2009年版，第0550页。

物内在的矛盾和冲突以及事物发展的方向和规律。

从发展的定义可以看到,发展始终都是一个相对的概念,它是事物演变过程中不同发展阶段的前后对比。当后一阶段比前一阶段有所改变时,我们就称之为事物有所发展。而且,发展在很多时候都被预期为一个"好"的概念。换句话说,人们总是希望事物经过发展之后变得越来越好而不是相反。

按照上述理解,我们可以把"社区减灾政策发展"定义为这样一个过程,即社区减灾政策制定者根据环境系统的变化而相应调整和完善社区减灾政策的过程。这一概念至少包含以下四层涵义:第一,引发社区减灾政策发展的动因是由于政策环境发生了改变,并且这种改变破坏了系统固有的平衡,导致矛盾和冲突的产生;第二,社区减灾政策的发展不会毫无方向,它总是围绕既定的战略目标向前发展;第三,社区减灾政策制定者调整和完善社区减灾政策的行为既可能是一种积极主动的行为,也可能是迫于压力而不得不为的被动行为;第四,社区减灾政策发展的主要途径是单个政策内容的相应调整和整体政策体系的不断完善。

从发展的视角来分析和探讨社区减灾政策,有助于我们从发展的价值判断上来理性反思它的系统性、有效性和前瞻性。本章主要从发展的长期目标、具体途径、主要动力和现实困境四个方面,对社区减灾政策的发展进行分析。

第一节 社区减灾政策发展的长期目标

社区减灾政策发展不会杂乱无章,更不会无规可循,它总是在一定目标指引下按照系统的变化规律向前发展。作为治理社区的一种手段或工具,社区减灾政策围绕什么目标来发展始终是其发展中最为核心的问题。因为,它不仅反映了政策制定者最为根本的价值取向,也决定了社区减灾政策发展的主要走向。

在我国现有的公共政策决策与执行结构下[①],作为国家减灾政策系统的

---

① 参见徐颂陶等:《走向卓越的中国公共行政》,北京:中国人事出版社1996年版,第81—121页。

一个子系统,社区减灾政策发展的目标始终都要服从和服务于我国减灾政策系统的战略目标。也就是说,社区减灾政策围绕什么目标来发展已由它的上级系统——国家减灾政策系统所规定。所以,从国家层面的综合减灾规划和我国政府对外宣示的减灾发展战略,我们可以梳理出我国社区减灾政策发展目标的主要脉络,并合乎逻辑地做出如下判断,即提高社区减灾能力不仅过去一段时间是,而且将来很长一段时间内依然是社区减灾政策发展的长期目标。这可以从以下两个方面体现出来:

首先,在国家减灾规划方面,《国家综合减灾"十一五"规划》作为新中国成立以来我国政府制定的第二部国家减灾规划[①],明确把"创建1000个综合减灾示范社区,85%的城乡社区建立减灾救灾志愿者队伍,95%以上的城乡社区有1名灾害信息员,公众减灾知识普及率明显提高"作为六项规划目标之一,把"加强城乡社区减灾能力建设"作为八项主要任务之一,以及将"社区减灾能力建设示范工程"作为八大项目之一。这是我国政府首次在国家层面的综合减灾规划中开宗明义地提出社区减灾能力建设的战略目标。2011年11月25日国务院办公厅颁布的新中国成立以来我国政府制定的第三部国家综合减灾规划——《国家综合防灾减灾规划(2011—2015年)》,延续了社区减灾能力建设的战略目标,把"创建5000个'全国综合减灾示范社区',每个城乡基层社区至少有1名灾害信息员"作为八项规划目标之一,把"加强区域和城乡基层防灾减灾能力建设"作为十项主要任务之一,以及把"综合减灾示范社区和避难场所建设工程"作为八大项目工程之一。

其次,在我国政府对外宣示的《中国的减灾行动》白皮书中,也明确把"加强社区减灾能力建设"作为我国减灾的九大中长期任务之一,并把"提升城乡基层社区的综合减灾能力"作为我国未来减灾工作的重点。[②]

由此可见,从"十一五"到"十二五",乃至今后相当一段时期,社区减灾能力建设始终都是国家综合减灾战略目标的重要内容。在国家减灾政策系

---

① 第一部国家减灾规划是1998年4月29日中华人民共和国国务院发布的《中华人民共和国减灾规划(1998—2010年)》。
② 中华人民共和国国务院新闻办公室:《中国的减灾行动》,北京:外文出版社2009年版,第6—9页、36页。

统对社区减灾目标既定的前提下,作为它的子系统,社区减灾政策不可能不遵循和围绕"提高社区减灾能力"这一长期目标来发展。

另一方面,从我国社区减灾的实践来看,日益增长的社区减灾需求和社区减灾能力不足之间的矛盾依然是今后我国社区减灾中长期存在的主要矛盾。不可否认,经过我国政府多年的大力推动,我国社区减灾能力无论是"硬件"还是"软件"都有了很大程度的提高(见专栏 6.1)。但也不能不承认,现有的社区减灾能力依然难以满足日益增长的社区减灾需求。从社区层面看,各地防御灾害的水平差异较大,防灾和减灾能力总体还比较薄弱。其突出表现在:缺乏社区减灾长效工作机制,社区减灾活动内容单一,且主要集中在全国防灾减灾日、国际减灾日等固定时间节点;社区减灾工作无经费保障,目前主要依靠地方各级政府和社区自筹,民政部无资金支持渠道;社区灾害预警系统建设滞后,社区灾害风险评估体系不完善,仅有部分社区开展了试点工作;社区减灾基础设施建设薄弱,应急避难场所、城市地下管网、农村抗旱设施、民居抗震性能等均有待完善;社区减灾工作缺乏专业指导,基本处于摸索前进,群众参与社区减灾工作的积极性还不够高。[1] 这些问题,既是今后加强社区综合减灾能力的重点工作,也是社区增强综合减灾能力的重要方向。从总体层面看,国家社区减灾政策在城乡社区得到了不同程度的实现,社区具备了一定的减灾能力,但减灾能力建设的整体发展水平并不平衡。主要表现在:中西部经济欠发达地区与东部发达地区相比,社区减灾能力建设还有很大的差距;农村社区和城市社区相比,农村社区的减灾能力建设依然十分薄弱。[2] 作为解决这一主要矛盾的工具和手段,社区减灾政策也必然要围绕"如何提高社区减灾能力"这一现实需要来不断地进行调整和完善。

---

[1] 参见来红州:《我国社区综合减灾工作概况》,载《中国减灾》2013 年第 23 期,第 13 页。
[2] 参见民政部国家减灾中心:《农村社区减灾能力研究报告》,联合国开发计划署(UNDP)资助项目《早期恢复和灾难风险管理项目》的子项目报告,2009 年 2 月。

专栏 6.1

中国社区减灾能力建设情况

社区减灾是中国综合减灾工作的一个重要抓手,党和政府非常重视。《国家自然灾害应急预案》要求开展社区减灾活动,利用各种媒体宣传灾害知识、宣传灾害应急法律法规和预防、避险、避灾、自救、互救、保险的常识,增强人民的防灾减灾意识。《自然灾害救助条例》明确规定,"县级以上地方人民政府应当加强自然灾害救助人员的队伍建设和业务培训,村民委员会、居民委员会和企事业单位应当设立专职或者兼职的自然灾害信息员"。《国家综合减灾"十一五"规划》将加强城乡社区减灾能力建设作为"十一五"期间国家综合减灾工作的一项主要任务来抓。

社区减灾工作的核心是社区减灾能力建设。"十一五"期间启动的社区减灾能力建设示范工程要求,在全国开展综合减灾示范社区创建活动,建立城乡社区减灾工作机制,完善相关应急预案,组织社区减灾救灾演练,加强社区灾害监测预警能力建设,建立社区灾害信息员和志愿者队伍;在台风、风暴潮、洪涝、地震、滑坡、泥石流和沙尘暴等灾害高风险区和大中城市,建设社区避难场所示范工程;制定和完善城乡民房设防标准,加强统筹规划和指导,开展创建减灾安居工程示范市(县)活动。政府重视的加强和财政投入的加大,有力地提高了社区防御灾害的能力。

资料来源:中国国家减灾委办公室:《城乡社区减灾能力建设研究报告》,联合国开发计划署(UNDP)资助项目《早期恢复和灾难风险管理项目》的子项目报告,2010年12月。

第二节 社区减灾政策发展的具体途径

事物发展的途径也即事物发展的路径。在发展目标既定的条件下,社区减灾政策通过什么方式来实现目标便涉及社区减灾政策发展的途径问题。在这里,我们从系统构成要素的单个政策的发展和作为体系的整体政策的发展两个方面来加以分析。

一、政策调整:单个政策的发展

按照 H.A.西蒙的有限理性观点,人类的理性是有条件的和相对的,人们很难对每一个措施所要产生的结果具有完全的了解和正确的预测,而常常要在缺乏了解的情况下,一定程度地根据主观判断进行决策。因此,决策是在有限度的理性条件下进行的。① 另一方面,环境系统总是在不断的发展变化之中,政策制定者对政策的认识也会随着政策的发展而不断加深。所以,为保持系统的动态平衡和控制政策的失效②,政策也必须进行相应的调整。"政策必须随着外部世界的变化和人的认识的深化而做出调整,只有这样才能使政策目标、实施步骤、执行手段等与现实相符。"③社区减灾政策也一样,它不可能一出台就是一个全知全能、预见了所有政策问题和环境发展变化的政策方案。在它赖以生存和发展的主客观条件发生变化的时候,政策调整也就成为一种必然的选择。

单个政策的调整主要表现为政策内容的增减。政策制定者通过修改不合时宜的内容或增加新的内容来保持政策发展的可持续性。而且,这种调整不涉及既定政策的方向或性质,只是在原有基础上进行的改变。在这里,我们以《全国综合减灾示范社区标准》这一政策的发展变化为例,对此加以说明。

诞生于 2007 年 9 月的这一政策④,在历经将近三年的发展之后,于 2010 年 5 月被修订成新的《全国综合减灾示范社区标准》。⑤ 与 2007 年的政策相

---

① 参见赫伯特·西蒙:《管理行为——管理组织决策过程的研究》,杨砾等译,北京:北京经济学院出版社 1988 年版,第 3 页。
② 政策"失效"和"控制失效"是浴盆模型提出的观点。该模型从政策执行发展的角度讨论了政策调整的时机和必要性。参见陈庆云:《公共政策分析》,北京:中国经济出版社 1996 年版,第 232—233 页。
③ 郭巍青、卢坤建:《现代公共政策分析》,广州:中山大学出版社 2000 年版,第 143 页。
④ 参见 2007 年 9 月民政部下发的《民政部关于印发"减灾示范社区"标准的通知》(民函〔2007〕270 号)。
⑤ 参见《国家减灾委员会办公室关于下发〈全国综合减灾示范社区标准〉的通知》(国减办发〔2010〕6 号)。

比，2010年修订的政策无论是在政策制定主体上，还是在政策内容和价值取向上，都有了较大的改变和发展。

在政策制定主体方面，政策制定的主体由民政部改变为国家减灾委办公室。虽然在事实上这两个不同主体名义下社区减灾政策制定的具体承担者为同一机构——民政部救灾司①，但这一主体改变的背后还是反映了政策环境的两个变化，即政策制定者对综合减灾认识的不断加深和国家减灾委作为综合减灾协调机构的作用不断加大。

▶ 背景资料

国家减灾委员会办公室（简称"减灾办"）是国家减灾委员会的办事机构，其主要任务是：贯彻落实国家减灾委员会各项工作方针、政策和规划；承担减灾的综合协调工作；收集、汇总、评估、报告灾害信息，灾情需求和抗灾救灾工作情况；召开会商会议，分析、评估灾区形势，提出对策；协调有关部门组成赴灾区工作组，协助、指导地方开展抗灾救灾工作；协调各成员单位和地方开展重大减灾活动；负责国家减灾委员会专家委员会各项具体工作；承办国家减灾委员会各项对外联络、协调工作；负责印章保管与使用、文件运转和文书归档等各项具体工作事宜。

资料来源：国家减灾网，http://www.jianzai.gov.cn/2c92018234b241340134b2466b2e0011/index.html。

在政策内容的总体数量方面，2010年修订的政策不仅增加了四条标准（见表6-1），而且还增加了"社区居民对社区综合减灾状况满意率大于70%、社区近3年没有发生因灾害造成的较大事故、具有符合社区特点的综合灾害应急救助预案并经常开展演练"三项基本条件和详细的《全国综合减灾示范社区标准评分表》（见附录1.2）。

---

① 根据民政部"三定"方案，民政部救灾司承担国家减灾委办公室的具体工作。民政部救灾司司长兼任国家减灾委办公室常务副主任，民政部救灾副司长兼任国家减灾委办公室副主任。民政部救灾司减灾处承担国家减灾委办公室秘书处的工作，通常是"两块牌子，一套人马"。

表 6-1 《全国综合减灾示范社区标准》对比表

2007 年的标准	2010 年的标准
1. 减灾管理和组织领导机制健全。 2. 制定社区灾害应急救助应急预案并定期演练。 3. 具有较为完善的社区减灾公共设施和器材。 4. 积极开展减灾宣传教育活动。 5. 居民减灾意识普遍提高。 6. 减灾活动特色鲜明。	1. 综合减灾工作组织与管理机制完善。 2. 开展灾害风险评估。(新增) 3. 制定综合灾害应急救助应急预案。 4. 经常开展减灾宣传教育与培训活动。 5. 社区防灾减灾基础设施较为齐全。 6. 居民减灾意识与避灾自救技能提升。 7. 广泛开展社区减灾动员与减灾参与活动。(新增) 8. 管理考核制度健全。(新增) 9. 档案管理规范。(新增) 10. 社区综合减灾特色鲜明。

在政策内容的文字表述和具体阐释方面,2010 年修订的政策不仅在文字表述上对原有标准进行了修改,而且对各项标准的具体解释也作了进一步修订。比如,将 2007 年政策中"减灾活动特色鲜明"这一标准修改为"社区综合减灾特色鲜明",更加突出了"社区综合减灾"这一字眼。不仅如此,在对这一标准的阐释上,也由原来的"社区结合人文、地域等特点,开展了具有特色的减灾活动,具有较大的影响力,对周围社区具有示范指导作用"修改为更为具体的 5 项内容,即"在社区减灾工作部署、动员过程中,具有有效调动居民和单位参与的方式方法;在社区综合减灾工作中,有独到的做法或经验,如利用本土知识和工具,进行灾害监测、预报和预警,有行之有效的做好外来人口减灾教育的方式方法等;利用现代技术手段,开展日常综合减灾工作,如建立社区网站、社区网络等;在防灾减灾宣传教育活动中具有地方特色"。

在价值取向方面,新修订的政策在以下三个方面反映了社区减灾政策制定者价值取向的逐步改变和对社区减灾政策理解的不断加深。

从新增的三项基本条件看,2010 年的政策显然提高了综合减灾示范社区申报的门槛,也更加注重社区综合减灾工作的结果取向。按照新的政策标准,一个社区只有在满足三项基本条件的基础上才有可能参加综合减灾示范社区的申报。而且,这三项条件中的前两项条件都是十分量化的刚性指标,它不仅强调了检验社区综合减灾工作效果的客观标准——"社区近 3

年内没有发生因灾造成的较大事故",而且还强调了政策对象对社区综合减灾工作效果的主观认同——"社区居民对社区综合减灾状况满意率大于70%"。这样的调整,事实上是将社区综合减灾工作的评价标准从"做了社区减灾工作"到"不仅做了社区减灾工作,而且还取得了好的工作效果"的重要转变。这无疑是《全国综合减灾示范社区创建标准》这一政策在价值取向上最重要的转变和最重大的发展。

从新增加的评分表看,2010年修订的政策更加突出了政策的可行性和可操作性。它把10项评选指标划分为35个二级指标,并细化为73条评定标准。而且,每一个二级指标和每一条评定标准都被赋予了一个确定的分值。通过这样的细化和定量转化,新修订的政策不仅在内容上有了更大的发展,在实际操作中也更为切实可行。

从新增标准的内容看,2010年修订的政策增加了"灾害风险评估""减灾动员和减灾参与""管理考核""档案管理"等4项新的内容。这些内容,"更加强调了社区综合减灾的理念、社区的灾害风险管理和社区综合减灾工作的绩效管理,更加注重了居民和社会力量的参与,极大地丰富了社区综合减灾工作的内涵"。这一政策发展,"是在对社区综合减灾工作的认识不断加深,创新并总结出了许多开展社区综合减灾的新做法和新经验基础上进行的,顺应了综合减灾工作发展的新要求"①。

2013年9月,国家减灾委办公室对这一政策进行再次修订,形成了最新的《全国综合减灾示范社区标准》。② 这次政策修订,同样是在总结和反思我国综合减灾示范社区创建工作经验和教训的基础上,并在国际社会对社区减灾工作提出新理念和新思路的背景下进行的。"从近几年实际工作来看,虽然示范社区创建工作已取得一些显著成绩,但仍存在区域和城乡发展不平衡、创建要素规范性有待提高等问题。为进一步规范示范社区创建工作,2012年民政部开展了规范全国综合减灾示范社区创建的专题调研,撰写了

---

① 笔者在项目研究过程中向主持2010年版《全国综合减灾示范社区创建标准》修订、时任民政部救灾司减灾处处长张晓宁了解这一政策制定情况时,其对政策标准的评价。
② 参见《国家减灾委员会办公室关于印发全国综合减灾示范社区标准的通知》(国减办发〔2013〕2号)。

《关于规范全国综合减灾示范社区创建工作的调研报告》,印发了《全国综合减灾示范社区创建管理暂行办法》(民函〔2012〕191号)。此后,第五届亚洲减灾大会、第四届全球减灾平台大会相继召开,国际社会针对社区减灾工作也提出一些新理念、新思路。为使《标准》的表述更加准确、科学和完整,与现有规章和国际理念更好地衔接,我们对《标准》进行了重新修订。"①

与2010年的政策相比,2013年修订的政策突出了以下三个主要特点:

其一,它突出了示范社区创建的"综合性",尽量减少民政部门色彩。将政策的直接执行对象由省、自治区、直辖市民政厅(局),计划单列市民政局,新疆建设兵团民政局修改为各省、自治区、直辖市各省级减灾委员会,计划单列市减灾委员会,新疆生产建设兵团减灾委员会②;对《标准》中的一些用词进行了规范,比如"灾害救助应急预案"修改为"应急预案","救灾应急演练"修改为"应急演练","救灾队伍"修改为"救援队伍"等,将"以国家防灾减灾日、国际减灾日为契机"修改为"结合世界气象日、全国防灾减灾日、全国科普日、国际减灾日、全国消防日等"。

其二,它突出了对示范社区创建工作的分类指导。新的政策强调了农村社区与城市社区在创建方面的差异性,细化了有关创建要素。在"(二)灾害风险评估"中,增加了"城市社区应具有空巢老人等脆弱人群清单,农村社区应具有空巢老人、留守儿童等脆弱人群清单,明确脆弱人群对口帮扶救助措施";在"(三)应急预案"中,增加了"城市社区演练每年不少于两次,农村社区演练每年不少于一次";在"(四)宣传教育培训"中,增加了"城市社区居民参训率不低于90%,农村社区居民参训率不低于80%";在"(五)减灾设施和装备"中,增加了"农村社区可因地制宜设置避难场所"。

其三,它注重语言表述的准确性和规范性。新的政策更加注重语言表述的规范性、准确性,以及实际工作的可操作性。它对10个创建要素的名称进行了规范,分别确定为:组织管理、灾害风险评估、应急预案、宣传教育培

---

① 笔者在项目研究过程中向主持2013年版《全国综合减灾示范社区创建标准》修订、现任民政部救灾司减灾处处长来红州了解这一政策制定情况时,其对政策修订背景的说明。

② 截止到2013年12月,全国除4个直辖市和深圳外,28个省(自治区)、新疆生产建设兵团、4个计划单列市都成立了减灾委员会。

训、减灾设施和装备、居民减灾意识与技能、社会多元主体参与、日常管理与考核、档案管理、创建特色，修改后更符合标准写作语言，简洁易记。对一些略显重复的条款进行了合并，比如，删除了《标准》中"灾害风险评估"中第5条有关应急避难场所的规定，合并到"减灾设施和装备"；对于基本要素（三）"应急预案"中有关应急演练的两条条款，修订后合并为一条。①

可以预见，随着我国经济社会的快速发展，自然灾害风险的进一步加大，综合减灾示范社区工作的不断推进，以及综合减灾工作发展不断提出的新诉求，这一政策还将会被再次调整和修订，并在这一次次的调整变化中，完成由小到大、由简到繁、由低级到高级、由旧质到新质的发展转变。②

二、体系完善：整体政策的发展

正如前面所言，社区减灾政策是一个大政策概念，它是由诸多单个政策构成的政策体系。体系是若干有关事物互相联系、互相制约而构成的一个整体。③ 作为一个整体，社区减灾政策发展主要表现为体系的完善。体系完善是体系结构和功能的优化，主要通过对现有政策的调整、旧政策的终结和新政策的诞生来加以实现。通过这样三种方式，社区减灾政策在保持各子系统动态平衡的同时，实现了自身的可持续发展。可见，从体系完善的角度来分析作为整体的社区减灾政策的发展，事实上是在讨论"社区减灾政策究竟是一个怎样的体系"和"通过什么样的方式来完善这一体系"两个问题。

社区减灾政策究竟是一个怎样的体系，取决于我们构建这一政策体系的主线。比如，当我们以灾害发生的时间序列，即灾前—灾中—灾后为构建主线时，社区减灾政策体系必然由灾前减灾政策、灾中减灾政策和灾后减灾政策三个子系统构成，并且，每一个二级政策又由若干单个社区减灾政策构成（见图6-1）。而当我们以社区减灾措施的性质为构建主线时，社区减灾政策体系则由工程性社区减灾政策和非工程性社区减灾政策两个子系统构成

---

① 本部分参考了民政部救灾司减灾处提供的《关于修订〈全国综合减灾示范社区标准〉的说明》。
② 引发这种调整和变化的动因还可参见本章第三节相关内容。
③ 辞海编辑委员会：《辞海》（第六版 彩图本），上海：上海辞书出版社2009年版，第2237页。

（见图6-2）。可见，按照什么样的主线构建社区减灾政策体系，并没有统一的标准，它更多地取决于构建者的实际需要。但不管是按哪一条主线构建而成的社区减灾政策体系，作为一个有机联系的政策整体，它同样需要符合系统的基本要求。

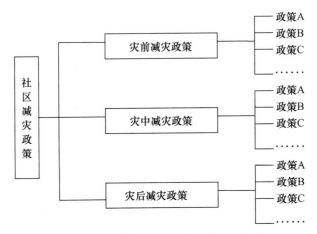

图6-1 以灾害时间序列为主线构建的社区减灾政策体系

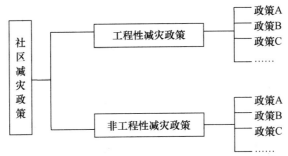

图6-2 以减灾措施性质为主线构建的社区减灾政策体系

系统是相互联系的要素的复杂组合①，具有以下六个基本特征：

（1）集合性。系统至少是由两个以上的可以相互区别的要素或分系统所组成，它是一个不可分割的整体，而且必须作为一个完整的系统而不是作为一个分系统的集合来看它的功能。从功能和作用来看，整体系统要比它的所有分系统的功能的总和还大。

---

① 〔美〕R.M.克朗：《系统分析和政策科学》，陈东威译，北京：商务印书馆1985年版，第17页。

(2) 相关性。系统内的各要素或分系统是相互作用且相互联系的,它们之间某一要素如果发生了变化就意味着其他要素也要相应地改变和调整。

(3) 目的性。任何系统都具有一定的功能、目的,系统的各部分也都是为了完成某一任务或达到某个目的而组合在一起,构成一个有机整体的。

(4) 动态性。系统不仅作为状态而存在,而且具有时间程序,贯穿着物质、能量和信息的流动和运动,这种"流通"和"运动"便是系统的动态特性;同时,任何一个系统的生命周期都处在从生产、发展、衰退到消亡的变化过程,这也是系统的一种动态概念。

(5) 层次性。每一个复杂的系统都是由若干子系统组成的,子系统包含若干更小的系统;从更大范围或更高层次来说,一个系统本身又是更大系统的组成部分,这就是系统的层次性。

(6) 适应性。系统总是要在一定的环境中存在和发展的,它和环境之间存在着物质、能量和信息的交流,系统既要通过来自外界环境的输入而受环境的约束,又要通过对环境的输出而对环境施加影响。因此,理想的、富有生命力的系统必须能够适应环境的变化,能够与外部环境保持最佳的适应状态。[1]

由此可见,对社区减灾政策制定者而言,体系的概念意味着社区减灾政策的总体规划。也就是说,社区减灾政策不是想出台就出台,想终结就随意终结的,它必须总体规划和同步推进。不仅如此,社区减灾政策制定者之间也需要建立相互协作的工作机制,并通过这一机制确保各具体政策之间的相互支持和相互补充。唯有如此,才能有效维持各子系统之间的动态平衡和避免政策发展的非均衡性[2],也才能实现作为整体的社区减灾政策功能的最优化。

和单个社区减灾政策发展的动因一样,作为整体的社区减灾政策体系也是在有限理性的条件下构建而成,它也要随着环境的改变而改变。所以,社区减灾政策体系不可能一建立就完美无缺和静止不前,它同样也需要通

---

[1] 张金马:《政策科学导论》,北京:中国人民大学出版社1992年版,第439页。
[2] 有关公共政策的非均衡性,可参见蔡全胜:《浅析公共政策的非均衡现象》,载《探索》1999年第6期,第23—26页。

过政策制定者适时对现有政策的调整、旧政策的终结和新政策的制定来实现自身的发展变化。

现有政策的调整也就是前面提到的单个政策的发展,它是政策体系发展的基础和量的积累。当一项单个社区减灾政策已经从早期失效阶段发展到损耗失效阶段并经过不断调整也难以为继的时候,它也就不可避免地走进了政策终结的最终命运。

政策终结是政策决策者通过对政策进行慎重的评估后,采取必要的措施,以终止那些过时的、多余的、不必要的或者无效的政策的一种行为。① 当一项社区减灾政策生命终结之时,政策体系为保持自身的平衡,必然会在其他方面进行相应的调整和变化,并在调整和变化中实现自身的发展。"在此意义上,政策终结是政策更新、政策发展、政策进步的逻辑起点。"②

新政策的制定更能直接反映出社区减灾政策的发展。对单个政策来说,它体现了从无到有的一个发展过程。对社区减灾政策体系而言,它不仅仅意味着结构体系里单个政策数量的增加,更意味着社区减灾政策覆盖领域的拓展和体系功能的扩大。比如,我们在"社区减灾政策制定"一章中提到的对非常态情形下社区减灾行为的规范,以及将社区关系重构、灾民心理抚慰等人文方面的内容纳入社区减灾政策内容等等,所有这些相关政策一旦制定,即意味着社区减灾政策的改变与发展。

第三节　社区减灾政策发展的主要动力③

作为一个系统,社区减灾政策总是在环境系统的影响下,在制约和推动政策发展的两股力量的角力中向前发展。从系统的角度来说,政策环境是社区减灾政策发展的主要动力,它的任何改变都会推动社区减灾政策向前发展。在这里,我们仅仅结合我国社区减灾政策发展的实际,从更为具体的

---

① 陈振明:《政策科学》,北京:中国人民大学出版社1998年版,第412页。
② 张国庆:《现代公共政策导论》,北京:北京大学出版社1997年版,第201页。
③ 除第一部分外,其余部分内容来自俸锡金、王东明承担的《城乡社区减灾能力建设研究报告》第三部分,有修改。参见中国国家减灾委办公室:《城乡社区减灾能力建设研究报告》,联合国开发计划署(UNDP)资助项目《早期恢复和灾难风险管理项目》的子项目报告,2010年12月。

特定政策环境来分析和讨论社区减灾政策发展的推动力。

一、高层政策制定者的推动

高层政策制定者的推动主要是指国务院和国家部委这一层级社区减灾政策制定者的推动。由于处在行政系统的最高层,组织体制所赋予他们的行政权力和资源支配权力足以让他们有足够的力量来推动社区减灾政策的发展。他们制定的社区减灾政策的效力范围往往覆盖全国。而且,行政系统的各个层级都必须贯彻执行这些政策。不仅如此,他们制定政策所体现的价值选择和政策范式都会对下级组织产生积极示范和深远影响。纵然是下级组织结合所辖区域特点制定的社区减灾政策,也都能够或多或少地看到这些价值和范式的影子。可见,这一层级对社区减灾政策发展的推动最为强大。① 我们在本书多次提到的"综合减灾示范社区创建政策"和"社区灾害救助应急预案"的发展,就是高层政策制定者推动政策发展的比较典型的案例。

二、地方政策制定者的推动

在社区减灾政策发展的推动方面,地方和中央往往相互呼应和互相促进。一方面,中央制定的社区减灾政策需要通过地方的执行来纵深发展;另一方面,地方结合自身特点所探索的一些社区减灾模式往往又为中央决策提供参考和范例,并在条件成熟之后上升为一项国家政策。

在更多时候,地方探索本辖区社区减灾模式往往是为自己制定和完善社区减灾政策提供依据。比如,在加强社区综合减灾能力建设过程中,各地不断探索创新,积累了很多切合实际的新做法和新经验,形成各具特色的社区综合减灾模式。重庆市沙坪坝区虎峰山村以推进新农村建设为契机,将"防灾型社区"建设融入乡村建设规划,合理安排农村各项建设布局,把防灾

---

① 关于高层和地方政策制定者推动社区减灾政策发展的动力,可参见第三章和第四章相关内容。

减灾与村庄建设同步规划、同步进行、同步发展①,为探索社区减灾政策与其他相关政策的协调性②发展提供了很好的实践经验;北京市提出了细化的社区防灾减灾工作标准,规定每个街道应建一处防灾减灾培训基地,每个社区都将配备诸如防毒面具、逃生绳等必要的救援避险物资和装备等;上海市在社区减灾工作中着力推动"三个转变",即从灾后救助向灾前预防转变,从单一灾种向综合减灾转变,从减轻灾害损失向减轻灾害风险转变,形成了以"全过程减灾管理、全灾害危机管理、全社会参与管理"为特征的城市社区综合减灾模式;浙江省从意识、预案、载体和能力四个方面,探索建立了独具特色的农村社区减灾模式;湖南省常德市临澧县结合县域特点探索了吸收各方力量参与的社区综合减灾模式。③ 此外,全国许多城乡社区还通过动员群众参与预案编制,进一步增强预案的针对性和操作性;通过积极与社区单位联建防灾减灾志愿者队伍,增强社区防灾减灾的联动实力;通过健全社区防灾减灾宣传网络,建立面向社区居民的灾害预警和防灾减灾信息传递平台等等。这些实践探索,无论是在主观上还是在客观上都形成了推动和促进社区减灾政策发展的强大动力。

三、社会力量的推动

社会力量是社区减灾的重要主体,他们的积极参与不仅能够形成社区减灾的重要资源,他们对社区减灾工作的探索同样也是推动和促进社区减灾政策发展的重要力量。

20世纪80年代中期之前,我国防灾减灾领域的非政府组织以行业和灾害管理部门的协会、学会为主。80年代后期,尤其是联合国"国际减灾十年"活动开展以来,全国的和区域的综合性非政府组织纷纷成立,成为减灾领域非政府组织的主要力量。以中国灾害防御协会和各省(市、自治区)灾害防

---

① 重庆市沙坪坝区民政局:《提升认识 创新思路 全面推动防灾减灾工作》,载《中国减灾》2013年第19期,第37页。
② 协调性也称"相容性"。它是指事物作为系统的一个要素与其他要素或系统之间相互补充、相互促进的性质,用来描述事物在系统中的和谐状态,体现了事物在矛盾运动中的差别统一性。参见李成言、谷雪、俸锡金:《廉政政策分析》,北京:北京大学出版社2002年版,第227页。
③ 这些案例的详细资料读者可参阅中华人民共和国民政部、联合国驻华机构灾害管理小组编:《社区减灾政策与实践》(2009年12月)。

御协会与减灾协会为代表的中国减灾领域的非政府组织是从事灾害预测、预防、救助、重建、宣传、教育等单位、团体及科学技术和灾害管理人员自愿组成的社会团体,是全国或区域性的公益性非营利组织。他们的宗旨概括为:组织团结从事灾害预测、预防、救助、重建等工作的管理干部、科技人员及支持减灾事业的各界人士,综合研究减轻各类重大灾害,提高全社会的减灾意识和防抗救灾能力,维护生存发展条件,最大限度地减轻灾害损失。

根据国家经济建设发展的需要和当地灾害发生发展特点,非政府组织在灾害预测、组织科研攻关、学术研讨和减灾宣传教育方面做了大量工作。"国际减灾十年"活动在中国的开展,对中国防灾减灾工作的深入开展起到重要作用。

从近几年社会组织参与社区减灾的实践看,减灾救灾类民间组织尤其重视对社区减灾能力建设的投入,通过培训社区居民绘制社区风险分布图、分析社区脆弱性特点以及为社区家庭提供防灾减灾工具等项目加强社区减灾能力建设。李嘉诚基金会资助的彭州市小鱼洞镇大楠社区建设项目(以下简称"小鱼洞项目")是民政部全力打造的灾后重建示范项目,该项目将构建"以人为本"的社区综合性恢复重建模式及国家级重建项目示范点为目标,推动建立政府主导、社区居民积极参与的多元化社区可持续发展模式。从恢复型重建到发展型重建,该项目标志着灾后重建工作中融入了社区减灾的理念。"小鱼洞项目"中的"灾后恢复重建机制项目",主要是在灾后农村社区实地调研的基础上,对社会组织系统恢复、社区关系重建、灾后特殊群体保障机制、农房恢复重建机制等进行总结和经验推广,同时对社区减灾系列宣传培训活动予以支撑。

根据项目的实施方案,灾后恢复重建机制项目共有恢复重建人员能力建设(培训)、恢复重建机制研究与示范、社区灾害风险调查与减灾宣传培训、社区救灾预案建设演练与减灾宣传产品开发等四个专题。其中,专题一包括:(1)恢复生计能力培训,(2)服务人员培训,(3)领导能力培训,(4)弱势人群预防返贫培训;专题二包括:(1)社区重建调查,(2)问卷调查与深度访谈,(3)社区重建分项报告,(4)社区重建示范活动,(5)宣传培训活动;专题三包括:(1)社区灾害风险与减灾资源调查,(2)综合灾害风险与减灾资源分析评估,(3)社区减灾方案制定,(4)社区减灾宣传培训活动;专题四包括:(1)应急预案编制与演练,包括社区演练、学校演练和全国示范演练,(2)防灾减灾宣传品制作。通过项目内容安排以及实施效果,该项目的开展,对提高震后社区居民防灾减灾意识,增强居民灾后恢复重建能力,推动社区减灾政策的发展具有重要的意义。

民间组织之间通过相互合作与支持,不断加强自身的能力建设帮助社区重建实现可持续发展的目标是社会力量参与社区减灾的另一重要方式。汶川特大地震发生后,对于社区恢复重建的要求,很多灾区居民提出建立一个能防范和减少灾害风险的可持续发展的社区。这一目标对参与灾后重建的政府和民间组织提出了更高的要求。

针对参与灾后重建的民间组织和志愿者尚未掌握灾害社会影响评价和灾害管理规划方法,不利于帮助灾区居民实现可持续发展社区重建目标的现状,云南省大众流域管理研究及推广中心(绿色流域),在南都公益基金会的赞助下,于2008年7月1日至8月31日,实施了"灾害社会影响评价、灾害管理规划能力建设"项目。2008年8月29—31日,绿色流域联合四川"5·12"民间救助服务中心,在受地震灾害影响的四川省成都市举办了首届"灾害社会影响评价和灾害管理规划"研讨班。研讨班内容包括:灾害和社会评价的基本知识和方法,社会脆弱性评价,减灾、备灾和应急的措施及评价,灾害管理的需求、目标和策略,以及制订社区灾害管理规划的方法和步骤。来自四川和全国各地参与社区重建的42家民间组织(55人),通过知识和案例分享、讨论和练习的方式初步了解和掌握了灾害社会影响评价、灾害管理规划理论和方法。

民间组织的这些经验和做法,同样给社区减灾政策制定者提供了有益的政策参考,在社区减灾政策内容拓展等方面起到了积极的推动作用。

四、国际社会的推动

联合国组织在促进中国社区减灾发展方面起到不可或缺的作用。联合国国际减灾战略(UNISDR)坚决支持社区在治理灾害方面的重要作用,这个战略眼光放在"使所有社区能够抵御自然危害、技术和环境灾害的影响"。

经验表明,加强社区减灾工作是治理和减少风险并确保可持续发展的一个行之有效的抓手。由联合国资助的一些案例研究也充分表明,当减灾的重点放在减少地方脆弱性和增强社区防灾减灾能力上时,就可以治理风险,减少损失。联合国开发计划署(UNDP)一直关注并致力于提高发展中国家和欠发达国家的防灾减灾能力。联合国开发计划署自1991年开始支持中国的抗洪救灾工作以来,对中国的减灾救灾工作给予了慷慨资助。2006年联合国开发计划署开始与国家减灾中心合作,以资助研究、开展培训、投资社区设施建设等方式对中国的社区减灾工作给予大力支持。2009年12月,联合国开发计划署资助国家减灾中心开展了"农村社区减灾能力建设研究项目"。该项目以浙江、广西和四川三省(区)的11个自然村为调研对象,通过实地调研着重分析农村面临的灾害风险、脆弱性和应对能力等状况,撰写研究报告并报送相关政府部门,以推动国家在社区减灾能力建设方面的政策制定。

为促进企业参与社区减灾,2007年以来,民政部门与亚洲基金会共同实施了"灾害管理公共合作项目",中国企业联合会和美国商会也参与其中。该项目的总体目标是通过强化公共—私营部门的合作来改进中国在备灾和赈灾方面的管理。围绕此目标,开展了私营部门在灾害管理中的参与和投入、灾害管理中多部门跨领域合作、项目试点社区的灾害管理能力建设等活动。

国际社会对我国社区减灾政策的推动,也体现在我国社区减灾的国际交流方面。一方面,我国政府重视"走出去",积极学习国外社区减灾的先进经验。通过走出去考察学习,美国政府积极推动建立的防灾型社区(具备灾前预防及准备功能、灾时应变及抵御功能、灾后复原及整体改进功能三大功能)的经验以及日本政府在社区减灾方面的做法,在国内都产生了积极影响。另一方面,我国政府和民间组织重视邀请国外机构"走进来",在吸引国外资金支持国内社区减灾建设或研究的同时,也将我国社区减灾的经验传播出去。比如,在中国红十字会的努力下,芬兰红十字会积极协助中国红十字总会向欧盟委员会申请社区减灾项目,针对我国农村自然灾害频发、贫困少数民族地区易受损人群,根据当地实际情况提供种植、养殖、修建水利设施等项目扶持,进一步提高社区减灾能力建设。2005年5月21日至23日,联合国开发计划署南南合作局专家德里卡·韦尔森一行五人对我国宝鸡市社区减灾工作进行了实地考察。专家组成员考察了设在不同社区的灾害前兆信息监测设施、陕汽集团和陈仓园社区建设成就以及减灾科普宣传工作,调研了宝鸡文理学院减灾教育科研培训基地建设情况,并参观了渭河市区段防洪生态治理工程和陇县女子高炮防雹连实战演习。2013年1月14日,由英国国际发展部(DFID)出资并委托联合国开发计划署(UNDP)进行项目管理,民政部、中国水利水电科学研究院、中国地震应急搜救中心以及孟加拉、尼泊尔两国共同实施的"亚洲社区综合减灾合作项目"正式启动。该项目主要围绕社区减灾政策研究、社区减灾政策经验交流、项目示范区建设、社区减灾培训、开发社区减灾信息交流系统等内容开展实施,旨在推动我国与其他发展中国家在社区减灾领域开展经验分享和交流,提高项目参与国的社区综合减灾能力。

社区减灾国际研讨会在中国的召开,也有力地促进了减灾经验的国际交流。为进一步推动国家社区减灾政策的贯彻落实,促进综合减灾示范社区建设活动的深入开展,提高中国城乡社区综合减灾能力,民政部和联合国灾害管理小组于2009年11月11日至12日在四川省广元市举办了"社区减灾政策理论与实践研讨会"。参会的国外专家介绍了"联合国政策推行计划""国际红十字会以农村社区为本的备灾减灾模式"与"基于社区的灾害风险管理的国际经验"等内容。通过互相交流学习,中国对国外社区减灾的先进经验有了更多的了解,同时社区减灾的中国经验也得以传播。

第四节　社区减灾政策发展的现实困境

经过多年发展,我国社区减灾政策无论是政策数量,还是体系框架都有了很大的改变。并且,这种改变正随着社区减灾政策环境的剧烈变化而变得越来越复杂。所以,社区减灾政策的发展注定不会一帆风顺。无论是作为单个的社区减灾政策,还是作为整体的社区减灾政策,它总是在艰难地突破现实困境之后向前发展。

尽管经过了多年的理论推动和实践探索,我国社区减灾政策依然面临着种种发展的困难处境。这些困境不仅仅是我们在"社区减灾政策执行"一章中所提到的执行困境,它还包括在政策研究、政策问题、政策评估和政策创新等方面存在的各种制约社区减灾政策发展的因素。

一、社区减灾政策缺乏专门的研究

理论研究对实践发展的推动作用毋庸置疑。社区减灾政策的发展,同样也需要理论研究的支持和推动。然而,虽然对社区防灾减灾的研究不少[①],但从公共政策的视角来研究社区减灾政策的并不多。这可以从以下两个方面体现出来:其一,社区减灾政策研究的力量不足。从我国现有减灾救灾政策研究人员的研究领域来看,很少有将社区减灾政策作为专门方向来进行专题研究的。[②] 在我国社区减灾政策实践中,对社区减灾政策进行研究的机构和人员也主要是社区减灾政策的制定者。[③] 而且,他们对社区减灾政策的研究在很大程度上是基于单个政策的研究。不仅如此,他们的研究也仅仅是按照"出现问题——对问题进行调研——提出政策方案——实施政策"这样的逻辑进行,很少利用公共政策的理论和方法对作为体系的整体社区减灾政策进行深入全面的研究。其二,社区减灾政策研究的成果也不多。无论是已公开出版的有关公共政策的学术著作,还是从文献资料库检索到的有关公共政策的研究论文,关于社区减灾政策的研究成果并不多见。

之所以出现这样一种对社区减灾政策研究不足的状态,其原因多种多样。归结起来,大致有以下三个方面的主要原因:首先,我国公共政策的实证研究滞后于公共政策实践的发展,公共政策的实证研究尚未成为研究的主流,不能很好地提供本土化的公共政策理论和分析工具。"中国公共政策学的研究主流,仍然是偏爱评价外国学者所建立的理论框架、分析模型和评

---

① 参见周洪建等:《中国综合减灾示范社区的时空格局》,载《地理研究》2013 年第 6 期,第 1077—1078 页。
② 参见民政部国家减灾中心:《我国减灾救灾政策研究现状的调研报告》,2009 年 11 月。
③ 从笔者检索的结果来看,近 10 年来以社区减灾政策为专题进行研究的仅仅检索到 2009 年由民政部和联合国灾害管理小组在四川省召开的"社区减灾政策理论与实践研讨会",没有更多相关研究机构的资料。

估方法,甚少从中国的政策环境出发,重点对中国公共政策过程进行实证分析。"①作为特殊的公共政策,社区减灾政策的研究不可能不受此影响。其次,社区减灾尤其是社区综合减灾本身在中国起步的时间不长,人们更多地是关注具体的工作层面的社区减灾,加之减灾是政府提供的一项公共产品和公共服务这一理念还没有完全"深入人心",人们很少从宏观的公共政策层面来思考社区的综合减灾。最后,社区减灾政策研究的支撑能力与政策制定者改善政策制定系统的理论需求还有很大的差距,社区减灾政策研究还不能为政策制定提供更多的决策支持,研究和应用"两张皮"的现象依然十分严重。这不可能不导致政策制定者对社区减灾政策研究的必要性产生怀疑,因而也不会对专门的社区减灾政策研究给予足够的重视和支持。

政策理论研究不足,必然会制约社区减灾政策的长远发展。其一,在基本理论方面,还没有形成系统的关于社区减灾政策的理论体系。对于社区减灾政策的概念、社区减灾政策的过程、社区减灾政策的环境、社区减灾政策的组织体制、社区减灾政策的分析方法、社区减灾政策的发展等,都还没有形成成熟的理论。这势必会影响社区减灾政策理论知识的普及和工具方法的应用,影响人们对社区减灾政策的认识和关注,进而制约社区减灾政策的进一步发展。"如果公民们理解复杂政策问题的能力与以批判的眼光考虑政策研究的能力没有很大程度的提高,那么,公民们在影响政策方面的作用要么会丧失,要么会导致更糟的政策。"②其二,在概念工具方面,社区减灾政策所依托的基本概念(比如社区、社区减灾政策等),尚未形成较为权威的定义,不同的社区减灾政策制定者和研究者只能依据自身的需要和判断来加以定义和使用,这在很大程度上影响了政策制定者对社区减灾政策体系的构建和对社区减灾政策的长远规划。其三,在分析工具方面,由于社区减灾政策的分析方法尚在探索,政策制定者难以利用有效的政策分析工具对社区减灾政策进行分析。这同样也会影响社区减灾政策制定的质量、执行

---

① 中国社会科学院公共政策研究中心、香港城市大学公共管理及社会政策比较研究中心编:《中国公共政策分析》(2001年卷),北京:中国社会科学出版社2001年版,第1页。
② 德罗尔第三定律。见〔美〕叶海卡·德罗尔:《政策科学的构想》,1971年英文版,第128页。转引自张金马:《政策科学导论》,北京:中国人民大学出版社1992年版,第49页。

的效果和评估的科学性。其四,在现实研究方面,对中国社区减灾的现状和未来发展、中国社区减灾政策的构建和发展路径、中国社区减灾政策的制定和执行、中国社区减灾政策的评估和终结等现实问题还没有进行深入研究和科学论证,不能为政策制定者规划和制定社区减灾政策提供有效的决策支持。这不可能不制约中国社区减灾政策的深入发展。

二、社区减灾政策问题底数不清并缺乏科学分析

政策问题是公共政策制定过程的开端,是通过公共活动能得以实现的未实现的需要、价值或改进的机会。[①] 制定政策首先必须挖掘和认定问题,因为,"问题的挖掘和确认比问题的解决更为重要,对一个决策者来说,用一个完整而优雅的方案去解决一个错误的问题对其机构产生的不良影响比用较不完整的方案去解决一个正确的问题大得多"[②]。任何公共政策问题都可以剖析为:社会客观现象,大多数人对上述现象觉察、认同并受其影响,价值、利益与规范的冲突,团体活动与力量,政府的必要行动等五个内容。[③] 政策问题提出的方式有三种:一种是由政府系统以外的个人或社会团体提出(外在提出模型);一种是由政治领袖提出(动员模型);一种是执政党和政府内部的某个单位或接近执政党和政府的某个团体提出(内在提出模型)。[④]

作为一种特殊的政策问题,社区减灾政策问题必然具有政策问题的上述特性。在这里,社区减灾政策问题主要是指由于自然灾害所引发的社区减灾问题。这一问题包括社区灾害风险、社区灾害应急救助、社区减灾能力建设、社区灾后恢复重建等方面存在的各种具体问题。

从我国社区减灾政策的实践来看,这些问题的底数并没有完全摸清。以我国社区灾害风险隐患、能力建设的底数为例,尽管一些地方在社区灾害

---

① See David Dery, *Problem Definition in Policy Analysis*(Lawrence, KS: University Press of Kansas, 1984),转引自[美]威廉·N.邓恩:《公共政策分析导论(第二版)》,谢明等译,北京:中国人民大学出版社 2002 年版,第 156 页。
② J. S. 利文斯顿:《受良好教训管理者的神话》,见《哈佛商业纵览》1971 年第 1 期。转引自张金马:《政策科学导论》,北京:中国人民大学出版社 1992 年版,第 133 页。
③ 陈庆云:《公共政策分析》,北京:中国经济出版社 1996 年版,第 150—151 页。
④ 张金马:《政策科学导论》,北京:中国人民大学出版社 1992 年版,第 153—154 页。

风险调查方面进行了有益的探索①,尽管《国家综合减灾"十一五"规划》也提出了"加强自然灾害风险隐患和信息管理能力建设"的主要任务(见背景资料),但由于处于起步阶段或是规划一直没有得到很好的落实,直到现在都没有形成能够清晰反映我国社区灾害风险隐患、社区减灾能力底数等方面的权威报告,也没有建成全国社区灾害风险隐患的数据库。

背景资料

(一)加强自然灾害风险隐患和信息管理能力建设。全面调查我国重点区域各类自然灾害风险和减灾能力,查明主要的灾害风险隐患,基本摸清我国减灾能力底数,建立完善自然灾害风险隐患数据库。对我国重点区域各类自然灾害风险进行评估,编制全国灾害高风险区及重点区域灾害风险图,以此为基础,开展对重大项目的灾害综合风险评价试点工作。完善灾情统计标准,建立我国自然灾害灾情统计体系,建成国家、省、市、县四级灾情上报系统,健全灾情信息快报、核报工作机制。建立减灾委协调,相关部门参与的灾害信息沟通、会商、通报制度。充分利用各有关部门的基础地理信息、经济社会专题信息和灾害信息,建设灾害信息共享及发布平台,加强对灾害信息的分析、处理和应用。

资料来源:《国家综合减灾"十一五"规划》

不仅如此,在理论研究方面,社区减灾政策问题同样也没有得到科学研究和系统分析。这体现在以下两个主要方面:

其一,与社区减灾问题相关的一些定义并没有形成权威的界定。比如,如何来界定社区减灾能力和能力建设就是一个十分棘手的问题。直到现在,无论是理论界还是政策实践部门,都还没有形成一套科学权威的评价社区减灾能力的指标体系。而没有这样一套科学的评估体系,也就难以弄清

---

① 如北京市民政局开发的社区防灾减灾应用平台,对社区的风险源和应急避难场所进行了电子化,公众只要输入社区名称即可查询社区风险源,参见 http://www.bjmzj.gov.cn/templet/mzj/fangzai/index.jsp;上海市民政局委托复旦大学构建了"上海市社区综合风险评估模型",参见第三章第二节中的背景资料。

社区减灾能力建设的问题所在。

其二,构建社区减灾政策问题的方法尚未完全形成。尽管构建问题的方法在政策分析程序中位居前列,并且比问题的解决方法更为重要,"我们经历的失败常常更多的是因为解决了错误的问题,而不是因为我们为真正的问题找到了错误的解决方案"①,但由于尚未形成社区减灾政策问题构建的科学方法,即使是已知晓的一些社区减灾政策问题,对于哪些是结构优良的类型、哪些是结构适度的类型、哪些是结构不良的类型也并没有得到很好的区分。

政策问题底数不清和缺乏科学分析,必然会在以下两个方面影响社区减灾政策的发展:首先,政策问题模糊常常会导致社区减灾政策制定者无所适从,难以制定出有针对性的社区减灾政策。比如,社区居民的灾害风险意识薄弱问题,通常就是一个模糊的难以进行量化的问题。即使一些研究者通过匿名问卷调查的方式,也难以获知他们的真实想法。所以,其所制定的社区减灾政策通常就是简单的减灾宣传教育和培训政策,而不是解决这些表象背后所隐藏的深层次问题的政策。这就容易导致优质的社区减灾政策难以产生,进而影响和制约了政策体系结构和功能的进一步优化。其次,政策问题是公共政策的逻辑起点,不能确认政策问题也就不会产生新的社区减灾政策。就像我们在前面多次提到的灾后社区关系重建、灾民的心里抚慰、非常态社区的减灾等问题,如果这些问题不被确认为社区减灾问题,那也就不可能产生解决这些问题的社区减灾政策。

三、社区减灾政策效果缺乏有效的评估

从理论上说,社区减灾政策不会无缘无故地调整,也不会无缘无故地终结,它总是在经由一定的评估之后走向调整或终结之路,并由此带来单个政策的发展抑或整体政策体系的完善。可以说,政策评估是政策发展的一个"阀门",通过这道"阀门",政策实现了自我提升和自我升华。然而,从我国

---

① 拉赛尔·L.阿可奥夫(Russell L. Ackoff):《重新设计未来:解决社会问题的一个系统方法》(1974年),转引自〔美〕威廉·N.邓恩:《公共政策分析导论(第二版)》,谢明等译,北京:中国人民大学出版社2002年版,第155页。

社区减灾政策的实践来看,社区减灾政策效果依然缺乏有效的评估,并在不同程度上影响了社区减灾政策的发展。① 这可从以下两个方面体现出来:

其一,社区减灾政策过剩或冗余的现象依然存在。社区减灾政策过剩是指,由于缺少长远有效的政策规划和部分政策制定者能力不足或态度不端②,导致不少效能不高的社区减灾政策依然产生,造成政策的数量供给大于实际需求而产生的政策多余或无效。就像我们在前面章节多次提到的"依葫芦画瓢"而制定的社区灾害救助应急预案,以及其他一些仅仅"写在文件里、汇在文集中、挂在墙面上"的社区减灾政策一样,这些政策在实际的社区减灾中发挥不了太大的作用。

社区减灾政策过剩主要表现为以下两种情形:一种情形是相对于特定社区减灾需求而言,有些政策的供给是多余或低效的。比如,一些政策制定者确实想解决一些社区减灾问题,但由于对政策问题研究不透,或出于利益考量而妥协,导致一些社区减灾政策出台后由于原则性太强抑或缺少政策工具③而难以实施,成为一种中看不中用的"象征性政策"。比较典型的案例是一些防灾减灾宣传教育政策的过剩或冗余。在我国的社区减灾实践中,尽管社区居民减灾意识薄弱和减灾知识与技巧不足是社区减灾中存在的突出问题,但不少有关社区减灾宣传教育的政策却十分低效。"防灾教育虽然采取了一些措施,但往往流于形式,应付差事,缺乏持久性和系统性。……同时,民众即使能接受防灾减灾教育,如果内容空洞、生硬,也很难真正生效。"④另一种情形是,相对于特定的社区减灾政策环境而言,有些过时无效的政策仍然没有被废止。就像我们在第三章中提到的作为特定政策对象的社区的人员构成发生了改变,而社区一些旧的减灾政策(如社区灾害救助应急预案)却没有被废止一样。

---

① 关于社区减灾政策效果缺乏有效评估的原因,参见本书第五章。
② 如本书第三章中提到的为应付差事而制定的社区减灾政策。
③ 有关"政策工具",参见丁煌等:《政策工具选择的视角——研究途径与模型构建》,载《行政论坛》2009年第3期,第21—26页;黄红华:《政策工具理论的兴起及其在中国的发展》,载《社会科学》2010年第4期,第13—19页。
④ 人民日报记者对国家减灾委专家委委员位梦华有关防灾减灾宣传教育的访谈。参见刘畅、潘跃:《近四成公众从未受过防灾教育(政策聚焦·关注防灾减灾教育①)》,人民日报,http://politics.people.com.cn/n/2012/0903/c1026-18897981.html。

社区减灾政策过剩或冗余对政策发展造成的消极影响显而易见：一方面，过剩或冗余的政策成为一种活着的"死政策"，自身不会得到任何实质性的调整和改变，也就不可能有进一步的发展；另一方面，从系统的角度来看，过剩或冗余的政策存在使政策体系自身的结构和功能也难以得到更好的调整和优化。

其二，社区减灾政策的效果很少能够在灾害发生后得到有效的评估。就像我们在第一章所述，社区减灾政策的直接目的是提高社区的减灾能力。所以，对社区减灾政策而言，对其效果最直接和最有效的评估就是看社区能否经受起灾害的考验。通过一次次灾后的科学评估，我们能够十分直观和真切地看到社区减灾能力的强弱，进而合乎逻辑地判断社区减灾政策效果的好坏。比如说，发生灾害之后，我们可以通过社区的建筑等硬件遭受破坏的情况来判断工程性社区减灾政策的效果（参见有关地震安全农居工程的背景资料）；可以通过访谈的方式，如请社区的干部来描述从灾害发生到救援力量到来前这一段时间他们的行动方式，请社区居民来描述灾害发生时他们的行动方式等，来判断社区灾害应急救助预案、社区减灾宣传教育等非工程性减灾政策的效果。①

▶ 背景资料

据统计，自 2004 年新疆率先实施农居工程以来，全区共发生 59 次 5 级以上地震（其中 6.0—6.9 级 6 次、7 级以上 1 次），仅造成 87 人受伤，实现了零死亡。而在 2004 年之前的 8 年里，新疆共发生 24 次 5 级以上地震，造成 318 人死亡，5199 人受伤。前后形成了鲜明对比。

即使是在 2008 年四川汶川 8.0 级特大地震面前，地震安全农居也表现良好，有效地保护了人民的生命和财产安全。例如，位于地震烈度为Ⅷ度区

---

① 2009 年 9 月 24—25 日，笔者在四川省北川县擂鼓镇、绵竹市汉旺镇开展《汶川特大地震抗震救灾志·灾区生活志》口述资料收集时，访谈了 9 名社区干部和居民代表。在访谈中特意问到"从灾害发生（2008 年 5 月 12 日 14 时 28 分）到第一支救援力量到来这一段时间你们在做什么？"以及"以前是否开展过减灾宣传教育或应急演练？"两个问题。从他们回答的描述中，可以明显地判断出社区减灾政策与其行动方式之间的逻辑关系。

的四川省什邡市师古镇,普通农居80%严重损毁,而该镇宏达新村地震安全农居100%完好;位于地震烈度Ⅷ度区的甘肃省陇南市武都区李亭村及稻畦村和文县东风新村的地震安全农居安然无恙,而与之毗邻的武都区贺坪村和文县河口村80%以上的农居倒塌损坏;即使在遭遇地震烈度达到Ⅹ度影响的四川省绵竹市盐井村,57户地震安全农居虽严重受损,但无一倒塌,有效地保护了居民的人身安全。在近年的甘肃民丰7.3级、云南盈江5.9级、四川芦山7.0级、甘肃岷县漳县6.6级等地震中,地震安全民居的表现也都不俗,有效地抵御了地震破坏,确保了居民在地震中的生命安全。

资料来源:黎益壮:《农村居民地震安全工程建设进展及初步成效》,载《中国减灾》2013年第23期,第15页。

通过对一个个社区个案的分析,我们可以从中反思社区减灾政策究竟在哪些方面还存在不足,以及如何来改进这些不足。比如,在评估中发现,如果是社区减灾政策本身的问题,就需要从完善社区减灾政策制定系统来着手改进;如果是社区减灾政策执行的问题,就需要从改变执行的策略和强化政策执行监督等方面着手改进,等等。经过一次次诸如此类的灾后评估,社区减灾政策无论是在单个政策的调整方面抑或是在整体政策体系的完善方面,都会有一个较快的发展。

然而,在现实的减灾实践中,灾害发生后对社区减灾政策的评估还比较少。无论是在汶川特大地震灾害后,还是在其后发生的玉树特大地震灾害、舟曲特大泥石流等灾害后,你都可以看到在灾后有很多宏观的大的总结和反思,却很少看到微观的从社区减灾政策层面进行的总结和反思。这不可能不影响和制约社区减灾政策的发展。

四、社区减灾政策的创新不足

创新与发展是相互联系的范畴。就其经常性关系而言,前者是"因",是逻辑的起点,后者是"果",是逻辑的落点。换句话说,只有推陈出新,才能日新月异。① 公共政策也一样,没有创新,也就不会有政策的快速发展。

---

① 参见张国庆:《行政管理学概论》,北京:北京大学出版社2000年版,第572页。

公共政策创新既包含政策构成要素新的组合变化,也包括政策新陈代谢、废旧立新的演变过程。它既是一种改变,更是一种适应;它在政策过程的各个环节都有可能发生;它是政府管理创新中的一个非常重要的领域,是政府面对环境变化和竞争挑战而进行的主动行为。[①] 作为一种特殊的公共政策,社区减灾政策也必然具有公共政策创新的这种禀赋。然而,从我国社区减灾政策的实践看,依然存在着政策创新不足的困境。这可以从社区减灾政策的敏感性和执行的创造性两方面体现出来。

其一,社区减灾政策对环境变化缺乏高度的敏感性。敏感性(sensitivity)是指一个系统对外界条件变化的反应程度。[②] 它的强弱通常可以经由影响因素(自变量)的变动对被影响因素(因变量)变动的影响程度来确定。如果影响因素较小的变动引起被影响因素较大的变动,我们就称之为被影响因素对影响因素的敏感性强。反之,则称之为敏感性弱。[③] 从我国社区减灾政策发展的实践来看,社区减灾政策的敏感性还比较弱。首先,它对经济社会发展所带来的变化呈现出较弱的敏感性。就像我们在"社区减灾政策制定"一章所提及的,无论是作为整体概念的社区抑或是作为社区构成要素的居民,自改革开放以来都发生了极为深刻的变化,但在很多方面社区减灾政策并没有随着政策对象的变化而及时调整,也没有随着新问题的出现而及时出台相应的新政策。其次,它对其他公共政策的发展变化缺乏高度的敏感性。比如,国务院下发了《关于促进信息消费扩大内需的若干意见》(国发〔2013〕32号),设定了2015年将要实现的三项目标,即全国信息消费规模将超过3.2万亿元,电子商务交易额超过18万亿元,行政村通宽带比例达到95%。[④] 这一政策实施所带来的信息技术发展给社区减灾政策制定者进行政策创新提供了很多可能。比如,信息技术的这一发展很有可能孕育和催生针对社区防灾减灾的电子产品的研究和生产,那么社区防灾减灾产品的

[①] 参见李庆钧:《公共政策创新的动力系统分析》,载《理论探讨》2007年第2期,第131—132页。
[②] 谢云:《中国粮食生产对气候资源波动响应的敏感性分析》,载《资源科学》1999年第6期,第13页。
[③] 靳尔刚、王相朝:《长期投资项目的敏感性分析》,载《华中理工大学学报》1998年第3期,第90页。
[④] 《国务院出台意见促进信息消费扩大内需 95%行政村2015年前通宽带》,载《京华时报》2013年8月15日。

标准化和产业化促进政策也应该及时跟进;95%的行政村通宽带意味着大量的农村社区居民很快就会成为庞大的"网民大军"的一员,那么利用信息技术开展农村社区防灾减灾宣传教育等社区减灾政策也同样需要政策制定者及时考虑和谋划。但遗憾的是,这一公共政策出台后却没有类似的社区减灾政策相应跟进,这也就注定了社区减灾政策难以在这方面有所创新。

其二,一些社区减灾政策并没有得到创造性的执行。社区减灾政策创新不仅包括政策制定环节的创新,也包括政策执行环节的创新,而且,"决策和执行环节的创新可能更重要"[1]。政策执行创新也就是我们通常所说的创造性地执行政策,它要求社区减灾政策执行者求神似,去形似,抓住社区减灾政策的精神实质,结合实际,创造性地执行。这对于我国这样幅员辽阔、社区众多、自然灾害复杂、经济社会发展不平衡的国度尤为重要。因为,自然灾害的不同分布和经济发展水平各异等多种因素的叠加,决定了国家制定的社区减灾政策不可能完完全全地要求每一个社区都一刀切。也就是说,作为一项公共政策,社区减灾政策仍然需要地方创造性地加以执行,结合社区的实际,探索出适合自己的减灾模式。然而,由于种种原因,一些社区减灾政策常常就是"上下一般粗",或经由通知转发了事。这种状态不可能不导致诸多政策创新机会的丧失。因为,很多政策自身的问题只有在一线的政策执行中才能发现,诸多解决问题的办法也只有在直接面对灾害的社区中才能孕育产生、破壳而出,并在不断的总结和提炼中逐步发展成为一种新的社区减灾政策。

---

[1] 李庆钧:《公共政策创新的动力系统分析》,载《理论探讨》2007年第2期,第132页。

附录 1
相关典型政策

附录 1.1　全国"综合减灾示范社区"标准（2007 年版）

1. 减灾管理和组织领导机制健全。重视社区减灾工作,成立了负责社区减灾工作的组织;社区有规范的减灾工作制度;社区组织了志愿者队伍,协助社区开展减灾工作;社区对儿童、老年人、病患者、残疾人等弱势群体清楚,明确了在发生突发灾害时保护弱势群体的工作对策;建立了社区减灾工作档案。

2. 制定社区灾害应急救助预案并定期演练。根据《国家突发公共事件总体应急预案》《国家自然灾害救助应急预案》以及地方政府制定的应急预案,结合社区所在区域环境、灾害发生规律和社区居民的特点,有针对性地制定了社区灾害应急救助预案,明确应急工作程序、管理职责和协调联动机制,尤其是应急反应、群众转移安置、基本生活保障等方面职责明确,责任落实。社区在有关部门和单位的支持、配合下,每年组织社区居民开展形式多样的预案演练活动。

3. 具有较完善的社区减灾公共设施和器材。社区利用公园、绿地、广场、体育场、停车场、学校草场或其他空地,划定了社区避难场所;在社区设置明显的安全应急标识或指示牌;社区内设有减灾宣传教育场所(社区减灾教室、社区图书室、老年人活动室)及设施(宣传栏、宣传橱窗等);配备了必需的消防、安全和应对灾害的器材或救生设施工具等。

4. 积极开展减灾宣传教育活动。定期开展形式多样的社区居民减灾教育活动;在社区宣传教育场所经常张贴减灾宣传材料;制订结合社区实际情况的减灾教育计划等。

5. 居民减灾意识普遍提高。社区居民对社区的各类灾害风险清楚;社区居民普遍掌握必要的紧急疏散、自救互救等基本技能;社区居民知晓本社区的避难场所及行走路线;部分居民家庭自觉配备了灭火器、安全绳、应急灯、急救包等自救设备。

6. 减灾活动特色鲜明。社区结合人文、地域等特点,开展了具有特色的减灾活动,具有较大的影响力,对周围社区具有示范指导作用。

附录1.2　全国"综合减灾示范社区"标准(2010年版)

一、基本条件

1. 社区居民对社区综合减灾状况满意率大于70%。
2. 社区近3年内没有发生因灾造成的较大事故。
3. 具有符合社区特点的综合灾害应急救助预案并经常开展演练活动。

二、基本要素

(一)综合减灾工作组织与管理机制完善。成立了社区综合减灾工作领导小组,建立了综合减灾示范社区工作机制。负责开展以下工作:

1. 全面组织开展综合减灾示范社区的创建、运行、评估与改进工作。
2. 组织开展社区灾害风险隐患排查、编制社区灾害风险地图。
3. 组织编制社区综合灾害应急救助预案,开展防灾减灾演练。
4. 组织制定符合社区条件、体现社区特色、切实可行的综合减灾目标和计划。

5. 调动社区内各种资源,确保必要的人力、物力、财力和技术等资源的投入,共同参与社区综合减灾教育宣传活动,提升居民防灾减灾意识。

6. 组织社区开展综合减灾绩效评审。

(二) 开展灾害风险评估

1. 采用居民参与的方式,开展社区内各种灾害风险排查工作。

2. 明确社区老年人、小孩、孕妇、病患者、伤残人员等弱势群体的分布,针对风险落实了对口帮扶救助人员和措施。

3. 积极鼓励居民参与编制并知晓社区灾害风险地图。

(三) 制定综合灾害应急救助预案

1. 预案明确在社区设灾害信息员,开展社区灾害风险隐患日常监测工作,建立健全了监测制度,灾害风险早发现、早预防、早治理的措施落实。

2. 预案明确了特定手段和方法,能及时准确向社区居民发布灾害预警信息。

3. 预案明确了领导小组和应急队伍责任人的联系方式,有针对社区弱势群体的对应救助措施。

4. 预案中有社区综合避难图,明确了灾害风险隐患点(带)、应急避难所分布、安全疏散路径、脆弱人群临时安置避险位置、消防和医疗设施及指挥中心位置等信息。

5. 定期开展应急演练。演练包括组织指挥、灾害隐患排查、灾害预警及信息传递、灾害自救和互救逃生、转移安置、灾情上报等内容。能及时分析总结演练经验和问题,不断完善社区综合灾害应急救助预案。

(四) 经常开展减灾宣传教育与培训活动

1. 以国家防灾减灾日、国际减灾日为契机,开展经常性的防灾减灾宣传活动。

2. 利用现有公共活动场所或设施(图书馆、学校、宣传栏、橱窗、安全提示牌等),设置防灾减灾专栏、张贴有关宣传材料、设置安全提示牌等,开展日常性的居民防灾减灾宣传教育。

3. 利用广播、电视、电影、网络、手机短信等媒体,经常普及防灾减灾知识和避灾自救技能。

4. 定期邀请有关专家、专业人员或志愿者,对社区管理人员和居民进行防灾减灾培训,适时开展社区间减灾工作经验交流。

5. 每年印制分发社区各类防灾减灾宣传材料。

（五）社区防灾减灾基础设施较为齐全

1. 通过新建、加固或确认等方式,建立社区灾害应急避难场所,明确避难场所位置、可安置人数、管理人员等信息。

2. 在避难场所、关键路口等,设置醒目的安全应急标志或指示牌,引导居民快速找到避难所。

3. 避难场所标有明确的救助、安置、医疗等功能分区。

4. 社区备有必要的应急物资,包括救援工具（如铁锹、担架、灭火器等）、通讯设备（如喇叭、对讲机等）、照明工具（如手电筒、应急灯等）、应急药品和生活类物资（如棉衣被、食品、饮用水等）。

5. 居民家庭配有针对社区特点的减灾器材和救生工具,如逃生绳、收音机、手电筒、哨子、灭火器、常用药品等。

（六）居民减灾意识与避灾自救技能提升

1. 居民清楚社区内各类灾害风险及其分布,知晓本社区的避难场所及行走路线。

2. 居民掌握防灾减灾自救互救基本方法与技能,包括在不同场合（家里、室外、学校等）、不同灾害（地震、洪水、台风、地质灾害、火灾等）发生后,懂得如何逃生自救、互帮互救等基本技能。

3. 居民积极主动参与社区组织的各类防灾减灾活动。

（七）广泛开展社区减灾动员与减灾参与活动

1. 社区建立了防灾减灾志愿者队伍,承担社区综合减灾建设的有关工作,如宣传、教育、义务培训等,配备了必要的装备,并定期开展训练。

2. 社区内相关企事业单位积极组织开展防灾减灾活动,主动参与风险评估、隐患排查、宣传教育与演练等社区减灾活动,在做好安全生产的同时,经常对企业员工特别是外来员工进行防灾减灾教育等。

3. 社区内学校在日常教育中注重提高学生的防灾减灾意识和应急能力,能利用学校教育资源,为居民开展各类防灾减灾教育。

4. 社区内的医院能积极承担有关医护工作,关注社区脆弱人群,提高社区救护能力。

5. 社区内社会组织发挥自身优势,吸收各方资源,积极参与社区综合减灾工作。

(八)管理考核制度健全

1. 社区建立综合减灾绩效考核工作制度,有相关人员日常管理、防灾减灾设施维护管理等制度措施。

2. 社区定期对隐患监测、应急救助预案、脆弱人群应急应对等各项工作进行检查。

3. 社区定期对综合减灾工作开展考核,对不足之处有具体改进措施。

(九)档案管理规范

社区建立了包括文字、照片等档案信息在内的规范齐全、方便查阅的综合减灾档案。

(十)社区综合减灾特色鲜明

1. 在社区减灾工作部署、动员过程中,具有有效调动居民和单位参与的方式方法。

2. 在社区综合减灾工作中,有独到的做法或经验,如利用本土知识和工具,进行灾害监测、预报和预警,有行之有效的做好外来人口减灾教育的方式方法等。

3. 利用现代技术手段,开展日常综合减灾工作,如建立社区网站、社区网络等。

4. 社区引入了风险分担机制,倡导居民开展社区各类灾害保险工作等。

5. 在防灾减灾宣传教育活动中具有地方特色。

附表:《全国综合减灾示范社区标准》评分表(2010年版)

附表 《全国综合减灾示范社区标准》评分表（2010年版）

一级指标	二级指标	评定标准	满分分值	考核分数
1. 组织管理机制（10分）	1.1 社区减灾领导机构（2分）	社区综合减灾运行、评估与改进领导机构健全	2	
	1.2 社区减灾执行机构（3分）	社区有专门的风险评估、宣传教育、灾害预警、灾害巡查、转移安置、物资保障、医疗救护、灾情上报等工作小组	3	
	1.3 社区减灾工作制度（3分）	（1）领导工作制度	1	
		（2）执行工作制度	2	
	1.4 减灾资金投入（2分）	（1）较为固定的综合减灾社区资金来源，有筹措、使用、监督管理措施	1	
		（2）已经获取资金支持的社区综合减灾项目	1	
2. 灾害风险评估（15分）	2.1 灾害危险隐患清单（4分）	（1）有针对地质地震、气象水文灾害、海洋灾害、生物灾害等各种自然灾害隐患的清单	1	
		（2）有针对公共卫生隐患的清单	1	
		（3）有社区内各种交通、治安、社会安全隐患的清单	1	
		（4）有社区内潜在的供电、供水、供气、通讯或农业生产等各类生产事故的隐患	1	
	2.2 社区灾害脆弱人群清单（3分）	（1）有社区老年人、小孩、孕妇、病患者、伤残人员等脆弱人群清单	1.5	
		（2）有外来人口和外出务工人员清单等	1.5	
	2.3 社区灾害脆弱住房清单（4分）	（1）有社区针对各类灾害的居民住房危房清单	2	
		（2）有社区内道路、广场、医院、学校等各种公共设施和公共建筑物隐患清单	2	
	2.4 社区灾害风险地图（4分）	（1）用各种符号标示出了灾害危险类型、灾害危险点或危险区的空间分布及名称等	2	
		（2）标示出了灾害危险强度或等级、灾害易发时间、范围等	2	

（续表）

一级指标	二级指标	评定标准	满分分值	考核分数
3. 灾害应急救助预案（15分）	3.1 社区综合避难图（3分）	（1）有避难场所名称、地点、可容纳避灾人数等避难能力信息等，有合理明晰的避难路线	2	
		（2）避难场所明确标注了紧急救助、安置、医疗等功能分区	1	
	3.2 社区灾害应急救助预案（4分）	（1）预案结合了社区灾害隐患、社区脆弱人群、社区救灾队伍能力、社区救灾资源等多方实际情况特点	1	
		（2）明确协调指挥、预报预警、灾害巡查、转移安置、物资保障、医疗救护等小组分工	1	
		（3）符合社区自身灾害隐患特点的应急救助启动标准，标准简单明了，便于社区居民理解	1	
		（4）应急预案有所有工作人员的联系信息，所有脆弱人员的信息，以及对口帮扶救助责任分工	1	
	3.4 社区应急救助演练活动（5分）	（1）演练活动密切联系预案，目标明确，指挥有序	1	
		（2）开展了针对各类脆弱人群或外来人员的演练	2	
		（3）社区居民参与程度高，社区内单位、社会组织或志愿者等多方广泛参与	2	
	3.5 演练效果评估（3分）	（1）演练活动过程有文字、照片、录音或录像记录	1	
		（2）演练活动效果有社区居民满意度访谈或者调查	1	
		（3）针对演练发现的问题，有改进方案等	1	
4. 减灾宣传教育与培训活动（10分）	4.1 组织减灾宣传教育（2分）	（1）利用减灾宣传栏、橱窗等组织了防灾减灾宣传教育	1	
		（2）利用喇叭、广播、电视、电影、网络、知识竞赛等多种途径组织了宣传教育（每季度不少于1次）	1	

(续表)

一级指标	二级指标	评定标准	满分分值	考核分数
4. 减灾宣传教育与培训活动（10分）	4.2 开展防灾减灾活动（2分）	（1）在国家减灾日等期间开展防灾减灾活动	1	
		（2）利用公共场所或设施开展经常性的防灾减灾活动（每季度不少于1次）	1	
	4.3 印发减灾材料（2分）	（1）印发国家和地方相关的防灾减灾资料	1	
		（2）印发符合社区特点的、切实可行的防灾减灾材料	1	
	4.4 参加防灾减灾培训（3分）	（1）组织社区管理人员参加了防灾减灾培训	1	
		（2）组织社区相关单位人员参加了防灾减灾培训	1	
		（3）组织社区居民参加了防灾减灾培训	1	
	4.5 与其他社区进行减灾交流（1分）	（1）组织管理人员、社区居民等经常与其他社区进行防灾减灾经验的交流	1	
5. 防灾减灾基础设施（15分）	5.1 建立灾害避难场所（6分）	（1）建立了社区灾害应急避难所，明确避难场所位置，可安置人数，管理人员信息	3	
		（2）避难场所功能分区清晰，配备应急食品、水、电、通讯、卫生间等生活基本设施	3	
	5.2 明确应急疏散路径（3分）	（1）明确了应急疏散路径，指示标牌明确	1	
		（2）在避难场所、关键路口配备了安全应急标志或应急指示牌	2	
	5.3 设置防灾宣传教育基地和设施（3分）	（1）建立了专门的防灾宣传、教育和培训活动的空间	1	
		（2）设置了专门的防灾宣传教育设施（安全宣传栏、橱窗等）	2	
	5.4 配备应急救助物资（3分）	（1）社区配备了必要的应急物资，包括救援工具、通讯设备、照明工具、应急药品和生活类物资等	2	
		（2）居民配备了减灾器材和救生工具，如收音机、手电、哨子、常用药品等	1	

（续表）

一级指标	二级指标	评定标准	满分分值	考核分数
6. 居民减灾意识与技能（10分）	6.1 清楚社区内各类灾害风险（2分）	（1）居民清楚社区内安全隐患	1	
		（2）居民清楚社区内的高危险和安全区	1	
	6.2 知晓本社区的避难场所和行走路径（2分）	（1）居民知晓本社区的避难场所	1	
		（2）居民知晓灾害应急疏散的行走路线	1	
	6.3 掌握减灾自救互救基本方法（3分）	（1）居民掌握不同场合（家里、室外、学校等）地震、洪水、台风、火灾等灾害来时的逃生方法	1	
		（2）居民掌握基本的互救方法（帮助脆弱人群、灾时受伤、被埋压、溺水等互救方法）	1	
		（3）居民掌握基本的包扎方法	1	
	6.4 参与社区防灾减灾活动（3分）	（1）居民积极参与社区宣传、培训、防灾演练活动	1	
		（2）居民参加社区安全隐患点的排查活动	1	
		（3）居民参加社区风险图的编制活动	1	
7. 社区减灾动员参与（10分）	7.1 社区主要机构参与防灾减灾活动（6分）	（1）相关事业单位能积极参与减灾社区建设的各种工作，组织展开本单位防灾减灾活动	2	
		（2）学校能积极开展各类防灾减灾宣传教育、培训和演练活动	2	
		（3）医院能积极承担社区灾害应急时的有关医疗救护工作	2	
	7.2 志愿者参与防灾减灾活动（2分）	（1）志愿者积极参加减灾社区建设的有关工作，加强宣传教育和培训等	1	
		（2）志愿者承担社区灾害应急时的有关工作，如帮助脆弱人群等	1	
	7.3 社会组织参与防灾减灾活动（2分）	（1）非政府组织和其他社会团体参与社区综合防灾减灾活动	2	

(续表)

一级指标	二级指标	评定标准	满分分值	考核分数
8. 管理考核（5分）	8.1 有相对完善的管理制度（2分）	社区减灾日常管理、防灾减灾设施维护管理制度健全	2	
	8.2 进行经常性的检查（2分）	(1) 定期对社区的隐患监测工作、防灾减灾设施等进行检查（每季度1次）	1	
		(2) 定期对社区应急救助预案、脆弱人群应急救助等工作进行检查	1	
	8.3 具体改进措施（1分）	依据评审有具体改进的措施	1	
9. 档案（5分）	9.1 减灾工作档案（4分）	建立了规范、齐全的社区综合减灾档案	4	
	9.2 综合减灾示范社区创建过程档案（1分）	综合减灾社区申报、审核、评估、颁发等过程档案	1	
10. 特色（5分）	10.1 明显的地方特色（3分）	(1) 在创建过程中有独特、有效的调动居民、社区单位参与的方式、方法	1	
		(2) 明显的针对各类脆弱人群的救助特色、文化特色	1	
		(3) 明显的民族地区特色、文化特色	1	
	10.2 可供借鉴的独到做法或经验（2分）	(1) 明显的减灾工作创新，如利用本土知识或工具进行监测、预报和预警等	1	
		(2) 有可供推广的做法或经验，如建立了社区综合减灾网站、购买了社区保险等	1	

附录1.3　全国"综合减灾示范社区"标准(2013年版)

一、基本条件

1. 社区近3年内没有发生因灾造成的较大事故。
2. 具有符合社区特点的应急预案并经常开展演练活动。
3. 社区居民对社区综合减灾状况满意率高于70%。

二、基本要素

(一)组织管理

1. 应成立社区综合减灾工作领导小组,负责综合减灾示范社区的创建、运行、评估和改进等工作。
2. 应制定社区综合减灾规章制度,建立社区综合减灾工作机制,规范开展风险评估、隐患排查、灾害预警、预案编制、应急演练、灾情报送、宣传教育、人员培训、档案管理、绩效评估等工作。
3. 对各渠道筹集的社区防灾减灾建设资金严格管理,规范使用。

(二)灾害风险评估

1. 定期开展社区灾害风险排查,列出社区内潜在的自然灾害、安全生产、公共卫生、社会治安等方面的隐患,及时制定防范措施并开展治理。
2. 具有社区脆弱人群清单,包括老年人、儿童、孕妇、病患者和残障人员等脆弱人群清单,明确脆弱人群结对帮扶救助措施。城市社区应具有空巢老人等脆弱人群清单,农村社区应具有空巢老人、留守儿童等脆弱人群清单。
3. 具有社区居民住房和社区内道路、广场、医院、学校等公共设施安全隐患清单,制定治理方案和时间表。
4. 具有社区灾害风险地图,标示灾害风险类型、强度或等级,风险点或风险区的时间、空间分布及名称。

（三）应急预案

1. 应制定社区综合应急预案，预案应结合社区灾害隐患、脆弱人群、救援队伍、志愿者队伍、救灾资源等实际情况，明确启动标准，明确协调指挥、预警预报、隐患排查、转移安置、物资保障、信息报告、医疗救护等小组分工，明确预警信息发布方式和渠道，明确应急避难场所分布、安全疏散路径、医疗设施及指挥中心位置，明确社区所有工作人员和脆弱人群的联系方式以及结对帮扶责任分工等，具有较强的针对性和可操作性，并根据灾害形势变化、社区实际及时修订。

2. 定期开展社区应急演练，演练内容包括组织指挥、隐患排查、灾害预警、灾情上报、人员疏散、转移安置、自救互救、善后处理等环节。演练应吸纳社区居民、社区内企事业单位、社会组织和志愿者等广泛参与。演练过程有照片或视频记录。演练结束后应及时开展演练效果评估，进行社区居民满意度调查，针对演练发现的问题，不断完善预案。城市社区演练每年不少于两次，农村社区演练每年不少于一次。

（四）宣传教育培训

1. 利用现有公共活动场所或设施（图书馆、学校、宣传栏、橱窗、安全提示牌等），设置防灾减灾专栏、张贴有关宣传材料、设置安全提示牌等，充分发挥广播、电视、互联网、手机等载体的作用。

2. 结合防灾减灾日、全国科普日、全国消防日、国际减灾日、世界气象日等，采取防灾减灾知识技能培训、知识竞赛、专题讲座、座谈讨论、参观体验等形式，集中开展防灾减灾宣传教育活动。

3. 组织社区居民及社区内学校、医院、企事业单位、社会组织参加防灾减灾培训。城市社区居民参训率不低于85%，农村社区居民参训率不低于75%。

（五）减灾设施和装备

1. 通过新建、加固或确认等方式，建立社区灾害应急避难场所，明确避难场所位置、可安置人数、管理人员、各功能区分布等信息，通过多种形式，储备一定的应急食品、饮用水、棉衣被、照明和厕所等基本生活用品和设施，配备一定的消防救生器材。农村社区可因地制宜设置避难场所。在避难场所、关键路口等,设置醒目的安全应急标志或指示牌,方便居民快速找到应急避难场所。

2. 设置固定的防灾减灾宣传栏或橱窗。

3. 设置灾害预警广播系统,定期对系统进行维护和调试,确保系统应急状态下的可靠性。

4. 储备必要的应急物资,包括救援工具(如铁锹、担架、灭火器等)、广播和应急通讯设备(如喇叭、对讲机、警报器等)、照明工具(如手电筒、应急灯等)、应急药品和生活类物资(如棉衣被、食品、饮用水等)。鼓励和引导居民家庭配备防灾减灾用品,如逃生绳、收音机、手电筒、口哨、灭火器、常用药品等。

(六)居民减灾意识与技能

1. 社区居民应主动参与社区组织的风险隐患排查、灾害风险地图编制、宣传教育、专题培训和应急演练等各类防灾减灾活动,注重发挥妇女、儿童、残疾人等脆弱群体的重要角色和作用。

2. 社区居民应知晓社区灾害风险隐患及分布、预警信号含义、应急避难场所和疏散途径等。

3. 社区居民应掌握在不同场合(家里、室外、学校等)应对各种灾害(地震、洪涝、台风、地质灾害、火灾等)的逃生避险和自救互救基本方法与技能。

(七)社会多元主体参与

1. 社区应建立防灾减灾志愿者或社会工作者队伍,承担社区综合减灾的有关工作,如宣传教育和义务培训等,配备必要的装备,并定期开展训练。

2. 社区内相关企事业单位应积极组织开展防灾减灾活动,主动参与风险评估、隐患排查、宣传教育与应急演练等社区防灾减灾活动,定期对单位员工进行防灾减灾教育等。

3. 社区内学校在日常教育中应注重提高学生的防灾减灾意识和应急能力,利用学校教育资源,为居民开展各类防灾减灾知识普及教育。

4. 社区内医院应积极承担有关医护工作,关注社区脆弱人群,提高社区救护能力。

5. 社区内各类社会组织应发挥自身优势,吸收各方资源,积极参与社区综合减灾工作。

（八）日常管理与考核

1. 社区应建立综合减灾绩效考核工作制度，有相关人员日常管理等制度措施。

2. 社区应定期对隐患监测、应急预案、脆弱人群应急救助等各项工作进行检查。

3. 社区应定期对综合减灾工作开展评估，针对存在问题和不足，落实改进措施。

（九）档案管理

社区应建立规范、齐全的社区综合减灾档案，有文字、照片、音频、视频等档案信息。

（十）创建特色

1. 在社区减灾工作部署、动员过程中，具有有效调动社区居民、企事业单位、社会组织和志愿者参与的方式方法。

2. 在社区减灾实践中，有独到的做法或经验（如利用本土知识和工具进行灾害监测预警预报、有行之有效的做好外来人口防灾减灾教育的方式方法等）。

3. 利用现代技术手段，开展日常综合减灾工作，如建立社区网站、开设微博、搭建社区应急广播等。

4. 社区引入风险分担机制，鼓励居民参与各类灾害保险等。

5. 在防灾减灾宣传教育活动中具有地方特色。

附表：《全国综合减灾示范社区标准》评分表（2013年版）

附表 《全国综合减灾示范社区标准》评分表（2013年版）

一级指标	二级指标	评定标准	满分分值	考核分数
1. 组织管理（10分）	1.1 社区减灾组织管理机构（4分）	成立了社区综合减灾组织管理机构，负责综合减灾示范社区的创建、运行、评估与改进等工作	4	
	1.2 社区减灾工作制度（4分）	制定社区综合减灾规章制度，规范开展风险评估、隐患排查、灾情报送、宣传教育、人员培训、档案管理、绩效评估等案编制、应急演练、灾情报送、宣传教育、人员培训、档案管理、绩效评估等工作	4	
	1.3 社区防灾减灾建设资金管理（2分）	社区防灾减灾建设资金严格管理，规范使用	2	
2. 灾害风险评估（15分）	2.1 灾害风险隐患清单（4分）	（1）定期开展社区灾害风险排查，有社区内自然灾害、安全生产、公共卫生、社会治安等隐患清单	2	
		（2）针对各类隐患及时制定防范措施并开展治理	2	
	2.2 社区灾害脆弱人群清单（3分）	（1）有社区老年人、儿童、孕妇、病患者和残障人员等脆弱人群清单	1.5	
		（2）有脆弱人群结对帮扶措施	1.5	
	2.3 社区灾害脆弱住房清单（4分）	（1）有社区居民住房和公共安全隐患清单	2	
		（2）有针对上述安全隐患清单的治理方案和时间表	2	
	2.4 社区灾害风险地图（4分）	有社区灾害风险地图，标示灾害危险区（等级）、风险点或风险区的时间、空间分布及名称等	4	
3. 应急预案（15分）	3.1 综合应急预案（7分）	（1）预案结合了社区灾害风险隐患、脆弱人群、预警手段信息、救援队伍、救灾资源等实际情况	2	
		（2）明确预警手段信息、预警手段信息便于居民理解接收	1	
		（3）明确预案启动标准	1	
		（4）明确协调指挥、隐患排查、转移安置、物资保障、信息报告、医疗救护等小组分工	1	

（续表）

一级指标	二级指标	评定标准	满分分值	考核分数
3. 应急预案（15分）	3.1 综合应急预案（7分）	（5）明确应急避难场所分布、安全疏散路径、医疗设施及指挥中心	1	
		（6）明确有所有工作人员的联系信息，所有脆弱人员的信息，以及结对帮扶责任分工	1	
	3.2 预案演练（8分）	（1）定期开展应急预案演练，城市社区每年不少于2次，农村社区每年不少于1次	2	
		（2）演练了组织指挥、隐患排查、灾害预警、灾害自救和互救逃生、脆弱人群疏散、转移和安置等环节	2	
		（3）社区居民参与程度高，社区内单位、社会组织或志愿者等广泛参与	1	
		（4）预案演练过程有照片或视频记录	1	
		（5）有演练效果评估，开展了社区居民满意度访谈或调查	1	
		（6）针对演练发现的问题和不足，不断完善预案	1	
4. 宣传教育培训（11分）	4.1 组织减灾宣传教育（3分）	（1）充分利用现有公共活动场所设施（图书馆、学校）、设置防灾减灾专栏，张贴有关宣传材料，设置安全提示牌	2	
		（2）充分发挥了广播、电视、全国科普日等、互联网、手机等载体的作用	1	
	4.2 开展防灾减灾活动（3分）	（1）结合防灾减灾日，集中开展了防灾减灾宣传教育活动	2	
		（2）集中宣传教育活动形式多样，方法灵活	1	
	4.3 防灾减灾培训（5分）	（1）组织社区居民参加了防灾减灾培训，城市社区居民参训率不低于85%，农村社区居民参训率不低于75%	3	
		（2）组织社区内学校、医院、企事业单位及社会组织参加了防灾减灾培训	2	

（续表）

一级指标	二级指标	评定标准	满分分值	考核分数
5. 减灾设施和装备（15分）	5.1 建立应急避难所（6分）	（1）建立了社区灾害应急避难场所，明确避难场所位置、可安置人数、管理人员等信息	3	
		（2）避难场所通过多种形式储备了一定的应急食品、饮用水、棉衣被、通讯、卫生同等生活基本设施，配备了一定的消防救生器材	3	
	5.2 明确应急疏散路径（3分）	（1）设有应急疏散路径示意图，标示明确	1	
		（2）在避难场所、关键路口设置了安全应急标志或指示牌	2	
	5.3 设置防灾减灾宣传栏或橱窗（3分）	设置了固定的防灾减灾宣传栏或橱窗	3	
	5.4 配备应急物资（3分）	（1）社区配备了必要的应急物资，包括救援工具、广播和应急通讯设备、照明工具、应急药品和生活类物资等	2	
		（2）居民配备了防灾减灾应用品，如逃生绳、手电、收音机、哨子、常用药品等	1	
6. 居民减灾意识与技能（11分）	6.1 居民防灾减灾意识（4分）	居民积极参与社区组织的风险隐患排查、风险图编制、防灾减灾宣传教育培训演练等活动，发挥了妇女、儿童、残疾人等脆弱群体的作用	4	
	6.2 知晓本社区的风险隐患及应急避难场所位置（4分）	（1）居民知晓本社区灾害的预警信号含义	1	
		（2）居民知晓本社区的应急避难场所位置	1	
		（3）居民知晓应急疏散的路径	1	
		（4）居民掌握不同场合（家里、室外、学校等）地震、洪水、台风、火灾等灾害来临时的逃生方法	1	
	6.3 掌握减灾自救互救基本方法（3分）	（2）居民掌握基本的互救方法（帮助脆弱人群、灾时受伤、被埋压、溺水等方法）	1	
		（3）居民掌握基本的包扎方法	1	

（续表）

一级指标	二级指标	评定标准	满分分值	考核分数
7. 社会多元主体参与（9分）	7.1 志愿者或社工队伍参与防灾减灾活动（2分）	（1）志愿者或社工队伍承担社区综合减灾建设的有关工作，如宣传教育和培训等	1	
		（2）志愿者或社工队伍承担社区防灾减灾应急时的有关工作，如帮助脆弱人群等	1	
	7.2 社区主要机构参与防灾减灾活动（5分）	（1）相关企事业单位能积极参与综合减灾社区的各种工作，组织展开开	2	
		（2）学校能积极开展各类防灾减灾宣传教育，专题培训和应急演练活动	2	
		（3）医院能积极承担有关医护工作	1	
	7.3 社会组织参与防灾减灾活动（2分）	社会组织参与社区综合减灾活动	2	
8. 日常管理与考核（5分）	8.1 有相对完善的管理制度（2分）	社区综合减灾绩效考核，相关人员日常管理等制度健全	2	
	8.2 进行经常性的检查（2分）	（1）定期对社区的隐患监测工作、防灾减灾设施等进行检查（每季度1次）	1	
		（2）定期对社区应急救助预案、脆弱人群应急救助工作开展考核	1	
	8.3 具体改进措施（1分）	定期对社区综合减灾工作开展考核，针对问题与不足有具体改进措施	1	
9. 档案管理（4分）	9.1 减灾工作档案（3分）	建立了规范、齐全的社区综合减灾档案，有文字、照片、音频、视频等信息	3	
	9.2 综合减灾示范社区创建过程档案（1分）	建立了综合减灾社区申报、审核、评估、颁发等过程档案	1	

(续表)

一级指标	二级指标	评定标准	满分分值	考核分数
10. 创建特色（5分）	10.1 明显的地方特色（3分）	（1）在创建过程中有独特、有效的调动居民、社区内各单位参与的方式、方法	1	
		（2）有明显的针对各类脆弱人群的救助特色	1	
		（3）有明显的民族地区特色、文化特色	1	
	10.2 可供借鉴的独到做法或经验（2分）	（1）有明显的减灾工作创新，如利用本土知识或工具进行监测预警预报等	1	
		（2）有可供推广的做法或经验，如建立了社区综合减灾网站，购买了社区保险等	1	

附录1.4　山东省综合减灾示范社区创建管理办法

第一章　总　　则

第一条　为贯彻落实《山东省综合防灾减灾规划(2011—2015年)》,统筹做好城乡社区综合减灾工作,规范我省综合减灾示范社区创建管理,提升社区防御各类灾害的能力,增强社区居民防灾减灾意识和自救互救技能,最大程度保障社区居民生命财产安全,减少灾害造成的损失,特制订本办法。

第二条　省综合减灾示范社区创建依据山东省减灾委员会办公室制定的《山东省综合减灾示范社区标准》,并按程序进行评定和管理。

第三条　省综合减灾示范社区创建工作坚持政府主导,社会参与,注重长效,动态管理的原则。

第二章　组织领导

第四条　在省减灾委员会的领导下,省民政厅、省减灾委员会办公室负责指导、组织和协调全省综合减灾示范社区创建管理工作。

第五条　县级以上民政部门或者减灾委员会,组织、协调本行政区域的全省综合减灾示范社区创建工作,负责候选单位的初审、考核、验收和推荐工作。

第三章　申报程序

第六条　全省综合减灾示范社区创建程序包括社区申请、材料初审、现场核查和评定命名。

第七条　全省综合减灾示范社区的命名工作按年度进行,原则上一年一次。

第八条　申报全省综合减灾示范社区,要符合《山东省综合减灾示范社区标准》有关要求。

符合条件的社区应开展自评自查,填写全省综合减灾示范社区申报表,并将申报表和相关材料提交所在行政区域的县级民政部门。

第九条 县级民政部门通过初步审查、现场核查，将符合条件的候选社区材料报送所在行政区域的市级民政部门。

第十条 市级民政部门在审核社区申报材料、组织考核的基础上，每年9月30日前将本年度全省综合减灾示范社区创建工作报告、推荐名单和社区申报材料上报省民政厅。

第四章 示范社区的命名

第十一条 省减灾委员会办公室对各地上报的全省综合减灾示范社区候选单位申报材料进行审查，视情对各地创建情况进行抽查，提出拟命名的全省综合减灾示范社区名单，在民政厅门户网站公示。

第十二条 公示期满，报请省减灾委员会和民政厅审批后，以省减灾委员会和民政厅名义进行命名并授予牌匾。

第五章 命名后的管理

第十三条 全省综合减灾示范社区实行动态管理。市、县两级民政部门应加强对已命名社区的日常管理。每年开展抽查评估，抽查比例分别不低于20%和30%，对抽查中发现的未达到《山东省综合减灾示范社区标准》的社区，由市级民政部门下发限期整改通知。市级民政部门每年应将抽查情况报省减灾委员会办公室备案。

第十四条 省减灾委员会办公室每年对全省综合减灾示范社区进行抽查，总结推广经验，纠正存在问题，视情通报抽查情况。

第十五条 全省综合减灾示范社区出现以下情况之一的，由省减灾委员会和民政厅撤销其称号，并由县级减灾委员会或民政部门负责收回牌匾：

（一）社区遭受突发自然灾害，因人为疏忽或过失，造成防范不力、应对不足，导致1人以上（含1人）死亡（含失踪）的；

（二）社区遭受突发事故灾难、公共卫生事件，因人为疏忽或过失，造成防范不力、应对不足，导致1人以上（含1人）死亡（含失踪）的；

（三）由市级民政部门下发整改通知或省减灾委员会办公室抽查认定

不符合标准的社区,经整改后,在规定期限内仍未达到《山东省综合减灾示范社区标准》的。

被撤销全省综合减灾示范社区称号的社区,自撤销称号之日起,三年内不得申报省级综合减灾示范社区。

第六章 附 则

第十六条 本办法由省减灾委员会办公室负责解释。

第十七条 市级民政部门依据本办法制定实施细则,并报省减灾委员会办公室备案。

第十八条 本办法自颁布之日起施行。

附录1.5 山东省省级"综合减灾示范社区"创建标准

一、基本条件

1. 社区居民对社区综合减灾状况满意率大于60%。

2. 社区近2年内没有发生因灾造成的较大事故。

3. 具有符合社区特点的综合应急救助预案并经常开展社区防灾减灾演练。

二、基本要素

(一) 社区综合减灾组织体系和管理机制健全。成立了社区综合减灾工作领导小组,建立了综合减灾示范社区工作机制。负责开展以下工作:

1. 组织开展综合减灾示范社区的创建、运行、管理、评估与改进工作。

2. 组织编制社区综合灾害应急救助预案,开展防灾减灾演练。

3. 组织制定符合社区条件、体现社区特色、切实可行的综合减灾目标和计划,并进行绩效评审。

4. 调动社区内各种资源,确保必要的人力、物力、财力和技术等资源的投入,共同参与社区综合减灾教育宣传活动,提升居民防灾减灾意识。

（二）开展灾害风险评估

1. 采用居民参与的方式，开展社区内各种灾害风险隐患排查治理工作。

2. 明确社区老年人、小孩、孕妇、病患者、伤残人员等弱势群体的分布，针对风险落实对口帮扶救助人员和措施。

3. 制定社区灾害风险地图。

（三）编制社区综合灾害应急救助预案

1. 预案明确社区至少设一名灾害信息员，开展社区灾害风险隐患日常监测工作，建立健全监测制度。

2. 预案明确了特定手段和方法，能及时准确向社区居民发布灾害预警信息。

3. 预案明确了领导小组和应急队伍责任人的联系方式，有针对社区弱势群体的对口帮扶、对应救助人员和措施。

4. 预案中有社区综合避难图，明确了灾害风险隐患点（带）、应急避难场所分布、安全疏散路径、脆弱人群临时安置避险位置、消防和医疗设施及指挥中心位置等信息。

5. 每年开展不少于一次防灾减灾应急演练。

（四）开展减灾宣传教育与培训活动

1. 结合国家"防灾减灾日""国际减灾日"等活动，开展形式多样的防灾减灾宣传教育活动。

2. 利用现有公共活动场所或设施（图书馆、学校、宣传栏、橱窗、安全提示牌等），设置防灾减灾专栏、张贴宣传材料、设置安全提示牌等，开展日常性的居民防灾减灾宣传，普及防灾减灾知识和避灾自救技能。

3. 每年不少于一次邀请有关专家、专业人员或志愿者，对社区管理人员和居民进行防灾减灾培训。

（五）社区防灾减灾基础设施较为齐全

1. 通过新建、改扩建、加固或确认等方式，建立社区灾害应急避难场所，明确位置、可安置人数、管理人员等信息。

2. 在避难场所、关键路口等位置，设置醒目的安全应急标识或指示牌，引导居民快速找到避难所。

3. 社区备有必要的应急物资,包括救援工具(如铁锹、担架、灭火器等)、通讯设备(如喇叭等)、照明工具(如手电筒等)和生活类物资(如食品、饮用水等)。

4. 居民家庭配备简易的防灾减灾器材和救生工具,如逃生绳、收音机、手电筒、哨子、常用药品等。

(六)居民减灾意识与避灾自救技能提升

1. 居民清楚社区内各类灾害风险及其分布,知晓本社区的避难场所及行走路线。

2. 居民掌握防灾减灾自救互救基本方法与技能,包括在不同场合(家里、室外、学校等)、不同灾害(地震、洪水、台风、地质灾害、火灾等)发生后,懂得如何逃生自救、互帮互救等基本技能。

3. 居民主动参与社区组织的各类防灾减灾活动。

(七)开展社区减灾动员与减灾参与活动

1. 社区建立了防灾减灾志愿者队伍,承担社区综合减灾建设,如宣传、教育、义务培训等工作。

2. 社区内相关企事业单位积极组织开展防灾减灾活动,主动参与风险评估、隐患排查、宣传教育与演练等社区减灾活动,在做好安全生产的同时,经常对企业员工特别是外来员工进行防灾减灾教育等。

3. 社区内社会组织发挥自身优势,吸收各方资源,积极参与社区综合减灾工作。

(八)管理考评制度健全

1. 社区建立综合减灾绩效考核工作制度,有相关人员日常管理、防灾减灾设施维护管理等制度措施。

2. 社区每年不少于一次对隐患监测、应急救助预案、脆弱人群应急应对等工作进行检查。

3. 社区要对综合减灾工作开展考评,对不足之处有改进措施。

(九)档案管理规范

社区建立了包括文字、照片等档案信息在内的规范齐全、方便查阅的综合减灾档案。

附表 《山东省综合减灾示范社区标准》评分表

一级指标	二级指标	评定标准	满分分值	考核分数
1. 组织管理机制（10分）	1.1 社区减灾领导机构（2分）	社区综合减灾运行、评估与改进领导机构健全	2	
	1.2 社区减灾执行机构（3分）	社区有专门的风险评估、宣传教育、灾害预警、灾害巡查、转移安置、物资保障、医疗救护、灾情上报等工作小组	3	
	1.3 社区减灾工作制度（3分）	(1) 领导工作制度	1	
		(2) 执行工作制度	2	
	1.4 减灾资金投入（2分）	有综合减灾社区资金来源，有筹集、使用、监督等管理措施	2	
2. 灾害风险评估（15分）	2.1 灾害危险隐患清单（4分）	(1) 有针对地质地震、气象水文灾害、海洋灾害、生物灾害等各种自然灾害隐患的清单	1	
		(2) 有针对公共卫生隐患的清单	1	
		(3) 有社区内各种交通、治安、社会安全隐患的清单	1	
		(4) 有社区内潜在的供电、供水、供气、通讯或农业生产等各类生产事故的隐患清单	1	
	2.2 社区灾害脆弱人群清单（3分）	(1) 有社区老年人、小孩、孕妇、残疾人员、伤病患者等脆弱人群清单	1	
		(2) 有外来人口和外出务工人员清单	2	
	2.3 社区灾害脆弱住房清单（4分）	(1) 有针对各类灾害的居民危房清单	2	
		(2) 有社区内道路、广场、医院、学校等各种公共设施隐患和公共建筑物隐患清单	2	
	2.4 社区灾害风险地图（4分）	(1) 用各种符号标示出了灾害危险点或危险区的空间分布及名称等	2	
		(2) 标示出了灾害危险易发时间、范围等	2	

(续表)

一级指标	二级指标	评定标准	满分分值	考核分数
3. 灾害应急救助预案(15分)	3.1 社区综合避难图(3分)	有避难场所名称、地点,可容纳避灾人数信息等,有合理明晰的避难路线	3	
	3.2 社区灾害应急救助预案(4分)	(1)预案结合了社区灾害隐患、社区脆弱人群、社区救灾队伍能力、社区救灾资源等多方实际情况特点	1	
		(2)明确协调指挥、预报预警、灾害巡查、转移安置、物资保障、医疗救护等小组分工	1	
		(3)符合社区自身灾害隐患特点的应急救助启动标准,标准简单明了,便于社区居民理解	1	
		(4)应急预案有所有工作人员的联系信息、所有脆弱人员的信息,以及对口帮扶救助责任分工	1	
	3.4 社区应急救助演练活动(5分)	(1)演练活动密切联系预案,指挥有序	1	
		(2)开展了针对各类脆弱人群或外来人员的演练	2	
		(3)社区居民参与程度高,社区内单位、社会组织或志愿者等多方广泛参与	2	
	3.5 演练效果评估(3分)	(1)演练活动过程有文字、照片、录音录像记录	1	
		(2)演练活动效果有社区居民满意度访谈或者调查	1	
		(3)针对演练发现的问题,有改进方案	2	
4. 减灾宣传教育与培训活动(12分)	4.1 组织减灾宣传教育(4分)	(1)利用防灾减灾宣传栏、橱窗等组织了防灾减灾宣传人员	2	
		(2)邀请有关专家、专业人员或志愿者,对社区管理人员和居民进行防灾减灾培训(每年不少于1次)	2	
	4.2 开展防灾减灾活动(4分)	(1)在国家减灾日等期间开展防灾减灾活动	2	
		(2)利用公共场所或设施开展经常性的防灾减灾活动(每年不少于1次)	2	
	4.3 参加防灾减灾培训(4分)	(1)组织社区管理人员和相关单位参加了防灾减灾培训	2	
		(2)组织社区居民参加了防灾减灾培训	2	

（续表）

一级指标	二级指标	评定标准	满分分值	考核分数
5. 防灾减灾基础设施（18分）	5.1 建立灾害避难所（8分）	(1) 建立了社区灾害应急避难场所，明确避难场所位置、可安置人数、管理人员等信息	4	
		(2) 避难场所配备应急食品、水、电、通讯、卫生间等生活基本设施	4	
	5.2 明确应急疏散路径（3分）	(1) 明确了应急疏散路径，指示标牌明确	1	
		(2) 在避难场所、关键路口配备了安全应急标志或应急指示牌	2	
	5.3 设置防灾减灾宣传教育场地和设施（3分）	(1) 建立了专门的防灾减灾宣传教育活动的空间	1	
		(2) 设置了专门的防灾减灾宣传教育设施（安全宣传栏、橱窗等）	2	
	5.4 配备应急救助物资（4分）	(1) 社区配备了必要的应急物资，包括急救工具、如收音机、手电、哨子、照明工具、应急药品和生活类物资等	2	
		(2) 居民配备了减灾器材和生活工具	1	
6. 居民减灾意识与技能（10分）	6.1 清楚社区内各类灾害风险（2分）	(1) 居民清楚社区内安全隐患	1	
		(2) 居民清楚社区内的高危险区和安全区	1	
	6.2 知晓本社区的避难场所和行走路径（2分）	(1) 居民知晓本社区的避难场所	1	
		(2) 居民知晓灾害应急疏散的行走路线	1	
	6.3 掌握减灾自救互救基本方法（3分）	(1) 居民掌握不同场合（家里、室外、学校等）地震、洪水、台风、火灾等灾害来时的逃生方法	1	
		(2) 居民掌握基本的互救方法（帮助脆弱人群、灾时受伤、救理压、等互救的方法）	1	
		(3) 居民掌握基本的包扎方法	1	
	6.4 参与社区防灾减灾活动（3分）	(1) 居民积极参与社区防灾减灾宣传、培训、防灾演练活动	1	
		(2) 居民参加社区安全隐患点的排查活动	1	
		(3) 居民参加社区风险图的编制活动	1	

（续表）

一级指标	二级指标	评定标准	满分分值	考核分数
7. 社区减灾动员与参与(10分)	7.1 社区主要机构参与防灾减灾活动（4分）	相关事业单位能积极参与综合减灾社区建设的各种工作，组织展开本单位防灾减灾活动	4	
	7.2 志愿者参与防灾减灾活动（4分）	(1) 志愿者承担社区综合减灾建设的有关工作，如宣传教育和培训等	2	
		(2) 志愿者承担社区灾害应急时的有关工作，如帮助脆弱人群等	2	
	7.3 社会组织参与防灾减灾活动（2分）	非政府组织和其他社会团体参与社区综合防灾减灾活动	2	
8. 管理考核(5分)	8.1 有相对完善的管理制度（2分）	社区减灾日常管理，防灾减灾设施维护管理制度健全	2	
	8.2 进行经常性的检查（2分）	(1) 对社区的隐患监测工作、防灾减灾设施等进行检查（每年不少于1次）	1	
		(2) 定期对社区应急救助预案、脆弱人群应急救助等工作进行检查	1	
	8.3 具体改进措施（1分）	依据评审有具体改进的措施	1	
9. 档案(5分)	9.1 减灾工作档案（4分）	建立了规范、齐全的社区综合减灾档案	4	
	9.2 综合减灾示范社区创建过程档案（1分）	综合减灾社区申报、审核、评估、颁发等过程档案	1	

附录1.6 国家减灾委员会关于加强城乡社区综合减灾工作的指导意见

国减发〔2011〕3号

各省、自治区、直辖市人民政府,国家减灾委员会各成员单位:

加强城乡社区综合减灾工作是适应全球气候变化、减少灾害风险、减轻灾害损失的迫切需要,是提升政府公共服务水平的重要举措,是强化基层应急管理、建设安全和谐社区的重要内容。经过各方面长期不懈努力,我国城乡社区防灾减灾工作取得较大成效,群众防灾减灾意识不断提高,社区综合减灾能力逐步增强,但在一些地方仍存在对社区综合减灾工作重视不够、指导不力、投入不足等问题。为深入落实党中央、国务院关于加强基层应急管理、强化基层应急队伍建设等决策部署,进一步做好城乡社区综合减灾工作,经国务院同意,现提出以下意见:

一、总体要求和主要目标

(一)总体要求。深入贯彻落实科学发展观,以最大程度保障社区居民生命财产安全为出发点和落脚点,坚持政府领导、部门指导,充分调动和发挥社区居民、单位在减灾工作中的积极性,形成合力;坚持因地制宜、政策引导,重点加大对经济欠发达地区、灾害易发多发地区社区减灾工作支持力度;坚持科学规划、统筹兼顾,全面推进社区综合减灾组织体系、工作机制、队伍建设、预案制度、物资装备、宣传教育等各项能力建设,切实提高城乡社区综合减灾整体水平。

(二)主要目标。经过5年左右时间的努力,使我国城乡社区综合减灾能力得到全面提升:

——社区灾害预警预报和信息上报能力大幅提升,每个社区至少有1名灾害信息员;

——社区综合减灾预案编制率达100%,社区居民防灾避灾、自救互救知识普及率达80%以上;

——社区综合减灾设施、装备基本具备,社区避难场所布局合理,基本满足应急避险需要;

——社区自治组织、志愿者队伍和其他社区组织共同参与减灾工作的机制比较完善,能够第一时间组织应急避险救援、临时安置等行动;

——全国范围内建成5000个以上的"综合减灾示范社区",其中农村社区不少于1500个。

二、主要任务

(三)开展社区灾害隐患排查和治理。各地区要组织全面排查社区内公共基础设施、公共设备和居民住房等存在的灾害隐患,及时落实相关的预防治理措施。在灾害隐患未消除前,编制社区灾害隐患分布图,并告知社区居民和单位。要掌握社区老年人、儿童、孕妇、病患和伤残人员等群体的情况,为有效保护和转移社区居民打好基础。

(四)加强灾害监测和信息报告。建立健全社区灾害日常监测预警制度,社区工作人员和灾害信息员要及时报告灾害隐患和相关灾害信息。建立完善社区灾害预警信息通报与发布制度,充分利用社区广播、电视、互联网、手机短信等手段,及时准确向社区居民发布灾害预警信息。

(五)编制社区综合减灾预案。要根据当地实际情况制定社区综合减灾预案,整合资源,统筹规划。明确应急指挥机构和人员工作职责,规范预警防范、灾害应急处置、避灾安置、生活救助、信息传递等工作,细化灾害防范措施和程序。

(六)加强社区综合减灾队伍建设。建设以社区工作人员、灾害信息员、安保人员为主体的社区综合减灾工作队伍,建立健全工作机制,明确工作职责。支持和鼓励社区内的公务员、医生、教师、学生、离退休干部、退伍军人、民兵等人员成立形式多样的社区减灾志愿者队伍,开展社区减灾服务工作。

(七)开展防灾减灾培训演练。政府有关部门、红十字会等各类社会组织要定期安排有关专家、专业人员,对社区管理人员和居民进行避灾自救技能培训,传授逃生技巧。经常组织社区居民、志愿者队伍以及社会组织、学校、医院等,开展防灾减灾演练活动。通过演练及时发现问题,不断修订和完善社区综合减灾预案,提高预案的针对性和可操作性。

(八)加强社区灾害应急避难场所建设。各地区要通过确认、新建等方式,将社区内的学校、体育场、公园绿地和广场等场所设定为社区灾害应急避难场所。避难场所应具备供水、供电、公厕等基本生活保障功能。要明确避难场所位置、可安置人数、管理人员等信息,标明救助、安置和医疗等功能分区,在避难场所、关键路口等位置设置醒目的安全应急标志或指示牌,引导社区居民在紧急时能够快速到达社区灾害应急避难场所。

(九)做好社区减灾装备配备和应急救灾物资储备。要支持、鼓励社区采取多种形式,储备、配备必要的应急物资。如:铁锹、担架、灭火器等救援工具;应急广播、喇叭、对讲机等通讯设备;手电筒、应急灯等照明工具;应急药品和棉衣被、食品、饮用水等基本生活用品等。倡导社区居民家庭针对社区灾害特点配备逃生绳、收音机、手电筒、哨子、灭火器和常用药品等减灾器材和救生防护用品。

(十)强化防灾减灾知识宣传普及。要充分利用报刊、网络、电视等宣传媒体,开展面向大众的防灾减灾宣传普及活动。社区要开展经常性的防灾减灾宣传教育活动,利用社区现有图书馆、文化站、学校、宣传栏、橱窗、安全提示牌等公共活动场所或设施,设置防灾减灾宣传教育专栏,张贴有关宣传教育材料。在每年"防灾减灾日"和"国际减灾日"期间,社区要开展丰富多彩的防灾减灾宣传教育活动。

三、保障措施

(十一)健全组织体系和工作机制。地方各级人民政府要加强对社区综合减灾工作的组织领导,将其作为履行社会管理和公共服务职能的重要内容,健全工作体系,强化责任落实。要建立健全政府统一领导、民政部门牵头,发展改革、教育、公安、司法行政、财政、人力资源社会保障、国土、环保、住房城乡建设、水利、文化、卫生、安全监管、地震、气象、海洋、消防、民防、红十字会等部门和单位参与的联席会议等协调机制,及时解决社区综合减灾工作面临的困难和问题。

(十二)加大社区综合减灾经费投入。地方各级人民政府要建立健全社区综合减灾投入机制,将社区综合减灾经费纳入本级财政预算,对社区综合减灾基础设施、装备和基层应急救援队伍建设等给予必要的经费支持和政策扶持,重点加大对多灾贫困地区支持力度。

(十三)科学规划社区综合减灾建设。地方各级人民政府要组织编制加强城乡社区综合减灾工作发展规划,将社区综合减灾建设纳入地方经济社会发展"十二五"规划和城乡基本服务体系,纳入城乡社区建设内容。突出抓好社区综合减灾设施的规划建设,按照全面覆盖、安全便捷、整合资源、强化功能的要求,统筹规划社区灾害应急避难场所、社区应急救灾装备停放地、社区救灾物资储备点。新建和改扩建社区,要配套建设社区综合减灾设施。

(十四)加强对社区综合减灾工作的考评。各地区要把社区综合减灾工作作为政府防灾减灾绩效考核的重要内容,建立健全工作评价和考核体系。积极争取把社区综合减灾工作纳入创建文明城市、社会治安综合治理、和谐社区等考评范围,严格考核督查。对社区综合减灾中做出突出贡献的组织和个人给予表彰奖励。

国家减灾委员会
二〇一一年六月十五日

附录1.7 民政部关于印发《全国综合减灾示范社区创建管理暂行办法》的通知

民函〔2012〕191号

各省、自治区、直辖市民政厅(局),各计划单列市民政局,新疆生产建设兵团民政局:

为进一步做好城乡社区综合减灾工作,规范全国综合减灾示范社区创建管理,不断提高社区综合减灾能力,我们制定了《全国综合减灾示范社区创建管理暂行办法》。现印发你们,请遵照执行。

二〇一二年六月十五日

全国综合减灾示范社区创建管理暂行办法

第一章 总 则

第一条 为贯彻落实《国务院关于全面加强应急管理工作的意见》(国发〔2006〕24号)和《国家减灾委员会关于加强城乡社区综合减灾工作的指导意见》(国减发〔2011〕3号),进一步做好城乡社区综合减灾工作,规范全国综合减灾示范社区创建管理,不断提高社区综合减灾能力,制订本办法。

第二条 全国综合减灾示范社区创建依据民政部颁布的《全国综合减灾示范社区创建规范》(MZ/T 026-2011),并按程序进行评定和管理。

第三条 全国综合减灾示范社区创建工作坚持政府主导,社会参与;因地制宜,统筹兼顾;注重长效,动态管理的原则。

第二章 组织领导

第四条 在国家减灾委员会的领导下,民政部、国家减灾委员会办公室负责指导、组织和协调全国综合减灾示范社区创建管理工作。

第五条 在地方各级人民政府或者人民政府的减灾综合协调机构的组织领导下,地方民政部门负责做好本行政区域全国综合减灾示范社区候选单位的审查、验收和推荐工作。

第六条 地方各级人民政府民政部门应整合各方资源,拟定分年度全国综合减灾示范社区创建工作计划,为创建工作提供必要的人力、资金和物资保障。

第三章 申报条件

第七条 申报全国综合减灾示范社区的社区应具备以下基本条件:

(一)社区近3年内没有发生因灾造成的较大事故。

(二)具有符合社区特点的综合灾害应急救助预案并经常开展演练活动。

(三)社区居民对社区综合减灾状况满意率高于70%。

第八条 申报全国综合减灾示范社区的社区应满足《全国综合减灾示范社区标准》(国减办发〔2010〕6号)提出的有关基本要素。

第四章 申报和命名程序

第九条 全国综合减灾示范社区申报程序包括社区申请、材料初审、现场核查和推荐上报。

第十条 全国综合减灾示范社区的命名工作按年度进行,原则上每年一次。

第十一条 符合条件的社区应开展自评自查,填写全国综合减灾示范社区申报表,并将申报表和相关材料提交所在行政区域的县级人民政府民政部门。

第十二条 县级人民政府民政部门通过初步审查、现场核查,将符合条件候选社区的材料报送所在行政区域的地(市)级人民政府民政部门。

第十三条 地(市)级人民政府民政部门审查验收并现场抽查后,将符合条件的候选社区材料报送所在行政区域的省级人民政府民政部门。

第十四条 省级人民政府民政部门在审核社区申报材料、组织考核、实地抽查的基础上,每年9月30日前将本年度全国综合减灾示范社区创建工作报告、候选社区推荐名单上报民政部、国家减灾委员会办公室,10月15日前上报社区申报材料。

第十五条 省级人民政府民政部门推荐上报的年度全国综合减灾示范社区候选单位中,农村(含牧区)社区比例应不低于20%(直辖市和计划单列市除外)。

第十六条 民政部、国家减灾委员会办公室对各地上报的全国综合减灾示范社区候选单位申报材料进行复核,对各地创建情况进行抽查,提出拟命名的全国综合减灾示范社区名单并予公示。

第十七条 公示期满,报请国家减灾委员会审定后,以国家减灾委员会和民政部名义进行命名并授予牌匾。

第十八条 全国综合减灾示范社区在同一乡镇或街道的命名比例原则上不超过20%。

第五章　示范社区的管理

第十九条　全国综合减灾示范社区实行动态管理。省、地、县三级人民政府民政部门应加强对已命名社区的日常管理，每年开展抽查评估。已命名社区的定期复核评估每满三年进行一次，抽查比例由省、地、县视实际情况而定。对抽查不合格的，由省级人民政府民政部门下发限期整改通知。省级人民政府民政部门每年应将抽查情况报民政部、国家减灾委员会办公室备案。

第二十条　民政部、国家减灾委员会办公室每年对全国综合减灾示范社区进行抽查，及时总结推广经验，纠正存在问题，视情通报抽查情况。

第二十一条　由省级人民政府民政部门下发整改通知或者民政部、国家减灾委员会办公室抽查认定不符合标准的全国综合减灾示范社区，经整改后，在三个月内仍未达到《全国综合减灾示范社区标准》的，应撤销其全国综合减灾示范社区称号。

被撤销全国综合减灾示范社区称号的社区，自撤销称号之日起，三年内不得申报全国综合减灾示范社区。

第二十二条　经民政部、国家减灾委员会办公室认定不符合标准的全国综合减灾示范社区，由国家减灾委员会、民政部向省级人民政府民政部门通报撤销称号的决定，省级人民政府民政部门通报社区所在市、县级人民政府民政部门，并责成县级人民政府民政部门收回牌匾。

经省级人民政府民政部门认定不符合标准的全国综合减灾示范社区，由省级人民政府民政部门向民政部提出撤销称号的建议，经国家减灾委员会、民政部批准后，省级人民政府民政部门通报社区所在市、县级人民政府民政部门，并责成县级人民政府民政部门收回牌匾。

第二十三条　各级人民政府民政部门要把全国综合减灾示范社区创建工作作为防灾减灾绩效考核的重要内容，建立健全工作评价和考核体系。对全国综合减灾示范社区创建工作中做出突出贡献的组织和个人给予表彰奖励。

第六章　附　　则

第二十四条　本办法由民政部、国家减灾委员会办公室负责解释。

第二十五条　本办法自颁布之日起施行。

附录1.8　北京市人民政府关于加强本市城乡社区综合防灾减灾工作的指导意见

京政发〔2012〕24号

各区、县人民政府,市政府各委、办、局,各市属机构:

加强城乡社区综合防灾减灾工作,是针对近年国际、国内地质和气象等大灾、巨灾事件频发,适应全球气候变化、减少灾害风险、减轻灾害损失的迫切需要;是积极应对北京位于地震带及地下水位下降造成灾害发生系数增加等实际问题的必要措施;是强化基层应急管理、建设安全和谐社区,提升政府公共服务水平、创新社会管理的重要举措。各级政府、各部门及相关单位要进一步提高认识,加强领导,积极采取有效措施,努力提高社会各界和人民群众的防灾减灾意识,切实解决社区综合防灾减灾工作中的实际问题,不断增强社区综合防灾减灾能力。

本市城乡社区综合防灾减灾工作要在市委、市政府和市应急委的统一领导下,从本市实际情况出发,立足当前,着眼中国特色世界城市建设,构建处置有力、反应灵敏、运转高效的综合防灾减灾工作体系,创建与首都国际化大都市相适应的、高标准的综合防灾减灾社区,以满足本市及时应对自然灾害和突发事件的实际需要,促进应急管理体系的不断完善与发展。

一、总体要求

以邓小平理论和"三个代表"重要思想为指导,深入贯彻落实科学发展观,以最大程度减少国家和个人财产损失,保障人民群众生命安全为出发点和落脚点,切实加强本市综合防灾减灾体系建设,提高城乡社区综合防灾减灾的整体水平,促进城市有序运行和首都安全稳定。

（一）坚持政府领导、部门指导，充分调动和发挥社区居民、企事业单位在防灾减灾工作中的积极性，整合资源，形成合力；

（二）坚持科学规划、统筹兼顾，全面推进社区综合防灾减灾组织体系、工作机制、队伍建设、预案制度、物质装备、宣传教育等各项能力建设，推进城乡社区综合防灾减灾工作的不断发展；

（三）坚持因地制宜、政策引导、分类管理，重点加大对经济欠发达、灾害易发及多发地区社区综合防灾减灾工作的支持力度。

二、主要目标

经过努力，确保"十二五"及其后一段时期内本市城乡社区综合防灾减灾能力得到全面提升：

（一）全市各社区综合防灾减灾预案编制率达到100%。

（二）统筹现有信息资源，充分利用广播电视、互联网、防空警报、手机短信等信息平台，实现社区预警信息系统与本市突发事件预警信息发布系统的有效对接。在各区县试点安装社区综合防灾减灾预警及通讯传播系统，并逐步推广应用；50%以上的社区达到气象灾害防御应急准备认证标准，社区在自然灾害和突发事件发生时预警预报及时。

（三）每个社区配备1名以上从事防灾减灾及救灾工作的专职或兼职信息报告员，明确其在防灾减灾、救灾工作中的信息报告任务，同时鼓励群众及时报告信息，使灾害及突发事件的信息上报能力大幅度提高。

（四）每个社区每年至少开展4次以上的社区居民综合防灾减灾宣传教育培训，社区居民防灾避灾、自救互救知识普及率达80%以上；辖区内学校定期开展相关工作。

（五）每个社区每年要组织开展突发事件应急演练，使辖区居民在突发事件发生时能够应对自如；辖区内学校每年要组织开展2次以上的突发事件应急演练。

（六）社区综合防灾减灾设施、装备基本具备，每个社区设置2至3处防灾减灾电子地图公示栏，因地制宜，合理设置、布局应急避难场所，基本满足应急避险需要。

（七）社区自治组织、志愿者队伍和其他社区组织共同参与综合防灾减灾工作的制度和机制完善，保证在第一时间组织应急避险救援、临时安置等行动。

（八）结合"综合减灾示范社区""平安社区""安全社区""城市气象安全社区""地震安全示范社区"等社区建设工作，在全市建成1000个以上的"全国综合减灾示范社区"和"北京市综合减灾示范社区"，其中农村社区不少于300个；在此基础上，实现50个以上的街道（乡镇）创建"北京市综合减灾示范街乡"、2至3个以上区县创建"北京市综合减灾示范区县"。

三、主要任务

本市城乡社区综合防灾减灾工作实行区县政府领导、民政主管、部门配合的工作负责制。各区县政府要切实加强领导，充分发挥民政及各相关部门职责，指导辖区各街道办事处、乡镇政府加强社区综合防灾减灾工作，认真组织落实完成以下任务：

（一）建立社区综合防灾减灾工作领导协调机制。本市各社区要尽快建立健全综合防灾减灾工作领导协调小组，明确领导协调小组召集人和成员职责，并根据工作分工扎实开展日常综合防灾减灾相关工作，在灾害及突发事件发生时及时到位，真正发挥作用。

（二）编制社区综合防灾减灾应急救助预案。根据《北京市突发事件总体应急预案》，结合当地实际情况，城市、农村社区的区域空间差异、易发灾害种类等特点，有针对性地制定社区综合防灾减灾应急救助预案，在本市应急预案体系现有市、区（县）、街道（乡镇）三级管理的基础上，向基层社区拓展，实现应急预案管理全覆盖。统筹规划，整合资源，协调配合，因地制宜，明确基层社区应急管理组织和工作人员职责，规范突发事件预警防范、应急处置、避灾安置、生活救助、信息传递等工作，细化突发事件防范措施和程序，实现社区综合防灾减灾各项工作与《北京市突发事件总体应急预案》无缝衔接，确保社区综合防灾减灾工作落到实处。

（三）开展社区灾害隐患排查评估和治理。各社区要组织全面排查辖区内公共基础设施、公共设备、企事业单位和居民住房等存在的灾害隐患，在本区县专业管理部门的指导下,对社区可能存在的灾害风险做出科学、系统的评估,及时落实相关预防治理措施。社区要制止违章建筑,提高公共基础设施抗震能力。在灾害隐患未消除前,编制社区灾害隐患分布图,并告知社区居民和单位。要掌握社区老年人、儿童、孕妇、病患和伤残人员等群体的情况,为有效保护和转移安置社区居民提前做好各项准备工作。

(四)加强社区综合防灾减灾队伍建设。整合民政、公安、气象、地震、水务等部门在基层社区的防灾减灾工作职责,依托本市社区专职工作者队伍建设,配备专职(或兼职)工作人员,建设以社区工作人员、灾害信息员、安保人员为主体的社区综合防灾减灾工作队伍,建立健全工作机制,明确工作职责。支持和鼓励社区内的公务员、医生、教师、学生、离退休干部、退伍军人、民兵等人员成立形式多样的社区综合防灾减灾志愿者队伍,广泛开展社区综合防灾减灾服务工作。同时,注重协调、吸收辖区内企事业单位(含物业公司)参与,充分调动和发挥他们在人力、物力等方面的优势,共同做好社区综合防灾减灾工作。

(五)加强灾害及突发事件的监测和信息报告。建立健全社区灾害日常监测预警制度,社区工作人员和灾害信息员要及时报告灾害隐患和相关灾害信息。建立完善社区灾害预警信息通报与发布制度,充分利用社区应急广播、电视、互联网、手机短信等手段,相互补充、支持,做好与北京市突发事件预警信息平台等各方面的技术衔接,及时准确地向社区居民发布自然灾害和突发事件的预警信息。

(六)开展社区综合防灾减灾培训和应急演练。社区应结合实际需要,充分利用民政、卫生、消防和红十字会等资源,定期组织(或委托专业部门和社会组织)安排有关专家和专业人员,对社区管理人员和居民进行避灾自救技能培训,传授逃生技巧、医疗救护知识等。定期组织社区居民、志愿者队伍以及社会组织、学校、医院等,开展防灾减灾演练及应对不同种类突发公共事件的应急演练活动。通过演练及时发现问题,不断修订和完善社区综合防灾减灾应急救助预案,提高预案的针对性和可操作性,切实增强应急反应能力。

(七)加强社区灾害应急避难场所建设。在本市城乡各社区,充分考虑城市、农村区域空间差异因素,通过确认、改建、新建等方式,将社区内的学校、体育场、公园绿地和广场等场所设定为社区灾害应急避难场所。避难场所应当符合《城市抗震防灾规划标准》(GB50413—2007)、《地震应急避难场所场址及配套设施》(GB21734—2008)、《公园绿地应急避难功能设计规范》(DB11—794—2011)等专业标准、设计规范和安全指标要求,具备供水、供电、公厕等基本生活保障功能。要明确避难场所位置、可安置人数、管理人员等信息,标明救助、安置和医疗等功能分区,在避难场所、关键路口等位置设置醒目的安全应急标志或指示牌,引导社区居民能够在灾害及突发事件发生时快速到达社区灾害应急避难场所。

(八)做好社区综合防灾减灾装备配备和应急救灾物资储备。各社区要采取多种形式,储备、配备必要的应急物资,如:水泵、铁锹、担架、灭火器等救援工具;应急广播、喇叭、对讲机等通讯设备;手电筒、应急灯等照明工具;应急药品和棉衣被、食品、饮用水等基本生活用品。具体储备规模和标准由区县政府结合当地实际情况、参照救灾储备物资标准等研究制定。倡导社区居民家庭针对社区易发生灾害和可能发生的突发事件特点,配备逃生绳、收音机、手电筒、哨子、灭火器和常用药品等减灾器材和救生防护用品。

(九)强化社区综合防灾减灾知识宣传普及。要充分利用广播、电视、报刊、网络等宣传媒体,开展面向大众的综合防灾减灾知识宣传普及活动。社区要开展经常性的综合防灾减灾宣传教育活动,利用社区现有图书馆、文化站、学校、宣传栏、橱窗、安全提示牌等公共活动场所或设施,设置综合防灾减灾宣传教育专栏、张贴有关宣传教育材料。在每年"防灾减灾日"和"国际减灾日"期间,社区要开展丰富多彩的综合防灾减灾宣传教育活动。

四、保障措施

(一)健全组织体系和工作机制。市及区(县)尽快建立综合防灾减灾社区建设工作领导机构,强化民政灾害救助、防灾减灾工作职能,健全、充实区(县)、街道(乡镇)民政机构设置和人员编制,保证综合防灾减灾社区建设工作的落实。要健全工作体系,明确工作职责,强化责任落实,将综合防灾减灾社区建设工作作为履行创新社会管理和公共服务职能的重要内容。要建立健全政府统一领导、民政部门牵头,发展改革、教育、公安、财政、人力社保、国土、住房城乡建设、市政市容、水务、商务、文化、卫生、安监、广电、民防、地震、气象、消防、红十字等部门和单位参与的联席会议等协调机制,及时解决社区综合防灾减灾工作面临的困难和问题,促进综合防灾减灾社区工作科学、有序开展,尽快提升社区综合防灾减灾的工作能力和水平。

市民政局要充分发挥牵头指导作用,搞好协调服务,积极会同有关部门和单位结合本市综合防灾减灾、应急管理等工作实际,不断促进本市综合防灾减灾与应急管理工作的同步发展,同时结合本市实际情况,会同市编制部门加强对综合防灾减灾机构设置的研究。各级人力社保部门要配合做好社区灾害信息员的培训及人员配备等工作;教育、公安、国土、住房城乡建设、市政市容、水务、商务、文化、卫生、信息化、安监、广电、民防、地震、气象、消防、红十字等部门和单位充分发挥各自职能,加强对社区综合防灾减灾工作的支持和指导。

(二)加大社区综合防灾减灾经费投入。本市各级发展改革、财政等相关部门以及区县、乡镇政府要认真贯彻落实《关于加强和改进城市社区居民委员会建设工作的意见》(中办发〔2010〕27号)和本市关于全面加强城乡社区居委会建设工作有关文件精神,加大对社区建设的资金投入,建立健全社区综合防灾减灾投入机制,将社区综合防灾减灾经费纳入本级财政预算,市级财政根据民政部门开展综合防灾减灾工作的实际需要,安排年度专项资金预算;各区县财政、民政部门要按照当地常住人口、城乡区域特点,结合开展综合防灾减灾工作客观需求,编制年度专项资金预算,并制定相关文件,加强对社区综合防灾减灾相关资金使用的规范管理。对社区综合防灾减灾预警及通讯传播系统建设、社区应急避难场所的完善与规范、社区综合防灾减灾装备配备、应急救灾物资储备、基层灾害信息员的职业资质培训鉴定及应急队伍的建设等方面给予必要的经费支持和政策扶持,重点加大对财政相对困难区县的支持力度。

(三)科学规划社区综合防灾减灾建设。区县、乡镇政府要组织编制加强城乡社区综合防灾减灾工作实施方案,落实本市国民经济和社会发展"十二五"规划纲要,要将社区综合防灾减灾建设纳入本地城乡基本服务体系,纳入创新社会管理和城乡社区建设内容。要突出抓好社区综合防灾减灾设施的规划建设,按照"全面覆盖、安全便捷、整合资源、强化功能"的要求,统筹规划社区灾害应急避难场所、社区应急救灾装备停放地、社区救灾物资储备点。新建和改扩建的社区,要配套建设社区综合防灾减灾设施。

(四)加强部门协作配合。各相关部门要进一步强化全局意识,充分履职,加强对社区综合防灾减灾工作的专项业务指导;密切配合,以整合社区综合防灾减灾资源、加强城乡社区综合防灾减灾工作为首要任务,在综合防灾减灾宣传教育、灾害预防及应对、后期处置等环节中,进一步建立健全相关部门协调配合与社区居民联动的工作机制,同时落实督导检查工作,进一步完善社区相关基础设施建设及配备标准体系,保证和提高建筑物等抵御自然灾害的能力。

(五)强化统筹协调和管理工作。要将社区综合防灾减灾装备物资、社区灾害应急避难场所及社区综合防灾减灾志愿者等纳入全市应急物资、应急避难场所及应急志愿者的管理体系。

(六)加强对社区综合防灾减灾工作的考评。各区县要把社区综合防灾减灾工作作为政府绩效考核的重要内容,纳入区县政府每年重点工作的考核体系。积极争取把社区综合防灾减灾工作纳入创新社会管理、创建文明城市、社会治安综合治理、和谐社区等考评范围,严格考核督查。对社区综合防灾减灾中贡献突出的组织和个人给予表彰奖励。

各地区、各有关部门和单位要充分认识全面加强城乡社区综合防灾减灾工作的重大意义,立足于增强社区居民乃至全民防灾减灾意识和提高应对突发事件能力,按照本指导意见精神和《北京市综合防灾减灾社区标准(试行)》(附后),加强领导、完善制度、强化保障、通力合作、落实责任,多措并举,逐步建立完善党委和政府统一领导、民政部门统筹协调、各相关部门密切配合、全社会大力支持、社区居民广泛参与的工作机制,形成本市城乡社区综合防灾减灾建设工作的整体合力。各区县要结合本地实际情况,制定具体的贯彻意见和措施。各有关部门和单位要结合各自职责,研究具体的相关配套措施。市民政局要加强对本意见贯彻实施工作的指导和检查,并将贯彻落实情况向市委、市政府报告。

附件：

北京市综合防灾减灾社区标准（试行）

第一章 总 则

第一条 总体目标 以邓小平理论和"三个代表"重要思想为指导，深入贯彻落实科学发展观，坚持政府领导、部门指导、科学规划、统筹兼顾，全面推进社区综合防灾减灾组织体系、工作机制、队伍建设、预案制度、物质装备、宣传教育等各项能力建设，充分调动和发挥各部门、各单位和社区居民在防灾减灾工作中的积极性，整合资源，形成合力，全面提高各区（县）和街道（乡镇）所属社区应对自然灾害等突发事件的工作效率，增强公众防灾减灾意识和应对突发事件的能力，最大限度地减少国家和个人财产损失，保障人民群众生命安全，切实加强本市综合防灾减灾体系建设，提高城乡社区综合防灾减灾的整体水平，促进城市有序运行和首都安全稳定。

第二条 制定依据 根据《中华人民共和国突发事件应对法》《中华人民共和国防震减灾法》《中华人民共和国防洪法》《自然灾害救助条例》和《气象灾害防御条例》有关规定，认真贯彻落实党中央关于加强和创新社会管理的指示精神和《关于加强和改进城市社区居民委员会建设工作的意见》（中办发〔2010〕27号），结合国家减灾委《关于加强城乡社区综合减灾工作的指导意见》（国减发〔2011〕3号）和民政部关于防灾减灾工作的相关要求，落实好本市加强城乡社区居民委员会建设工作有关文件精神，制定本标准。

第三条 总体要求 立足当前，着眼于中国特色世界城市建设，构建处置有力、反应灵敏、运转高效的综合防灾减灾工作体系，创建与首都国际化大都市相适应、高标准的综合防灾减灾社区，满足本市及时应对突发事件的实际需要。社区综合防灾减灾建设工作纳入地区经济社会发展规划和社会基本服务体系，量力而行，统筹发展。社区综合防灾减灾建设工作纳入区县政府议事日程，加大资金投入，为推动本市综合防灾减灾社区建设工作的可持续发展提供资金保证。

第四条 工作原则 坚持统一领导与分级负责相结合、应急救助与生活保障相结合、政府救助与社会互助相结合、应急响应与长期准备相结合、城乡统筹与协调发展相结合的原则；

坚持部门配合，整合和调动社区防灾减灾资源的原则；

坚持依靠群众，充分发挥基层群众自治组织和公益性社会团体作用的原则；

坚持以人为本，最大限度地保护人民群众的生命和财产安全的原则，尤其要切实增强高层住宅密集社区应对突发事件的救助能力，确保受灾群众的基本生活。

第五条 有关定义 本标准涉及的社区是指居住在一定地域范围的人们所组成的社会共同体。综合防灾减灾社区是指通过长期以社区为主体开展综合防灾减灾工作，能有效降低辖区居民及财产遭受突发灾害的威胁，并能随着灾害发生及时做出恰当应变，迅速采取正确应对措施的社区。社区居民是指有固定居所、长期（或定期）居住在辖区内的居民，包括领取居住证的外来人口。对因城市建设和改造等特殊原因而未及时成立居（村）委会的社区，其所属的街道（乡镇）要做好综合防灾减灾工作的指导和管理，确保发生突发公共事件时此类"临时社区"能够及时采取应对措施。

第六条 标准使用 本标准是促进首都综合防灾减灾社区规范化管理、合理确定综合防灾减灾社区的工作规范，是衡量有关必备的综合防灾减灾设备和设施建设水平的全市性标准，也是创建"全国综合减灾示范社区""地震安全示范社区""平安社区""安全社区"等社区建设的重要依据。

第二章 组 织 管 理

第七条 资金管理 综合防灾减灾社区建设资金实行预、决算管理。政府针对社区特定项目所投资金，要确保专款专用，严禁挪用。社区要制订政府拨款使用计划，通过预算表、决算表、社区募集资金年度审计表、专项投入资金年度审计表的形式，加强对社区综合防灾减灾建设专款的严格管理，规范使用。对于政府拨款使用情况，社区应当在年初做出工作计划以及预算，年底做出决算,并在社区宣传栏中公示;对于社区单位的捐赠、社会福利基金捐赠、公民个人捐赠等社区募集的资金,同样要设立专门账户,公开使用情况,每会计年度进行专项审计。

第八条 制度建设 建立健全基层综合防灾减灾工作组织、完善各项管理制度,切实做到领导者明确到位、制度完备、运转有效,确保在关键时刻发挥重要作用。

第九条 组织领导 各区(县)和街道(乡镇)所属的社区要尽快成立综合防灾减灾工作领导协调小组,明确召集人和成员职责,根据分工在日常工作中开展综合防灾减灾相关工作。领导协调小组组长要明确到位,权责明确,具有完备的领导者工作制度;小组成员具体包括:社区基层党组织书记和社区主任、社区民警以及辖区内有关单位负责人等;小组成员各司其职,确保社区综合防灾减灾工作落到实处。发生突发公共事件时,在上级领导或专业部门工作人员尚未到达事发现场之前,由综合防灾减灾领导小组组长负责现场的临时指挥,组织小组成员根据具体分工开展相应工作。

各社区要根据本社区特点、综合防灾减灾工作的实际需要和可能发生突发事件的性质,设立各种应急工作执行小组。具体要求是:在执行小组成员配备上,广泛吸收社区居(村)委会成员、辖区企事业单位代表和物业公司(或管理企业)工作人员参加;明确社区综合防灾减灾各项工作负责人,建立完备的执行小组工作制度,实行分工负责制,切实做到责任到人、广泛覆盖、高效执行,协助政府及其有关部门做好相关工作。

(一)治安交通小组。由社区民警和治安员组成,主要职责是实施安全警戒,维持现场秩序;治安员配合交通管理部门疏导周边交通,开辟应急通道,保障应急处置人员、车辆和物资装备应急通行需要。

(二)医疗救护小组。由社区卫生部门有关人员组成,主要职责是开展伤员救护和卫生防疫等工作。

(三)宣传信息小组。由社区负责宣传工作的有关人员组成,主要职责是收集、整理突发公共事件相关信息,适时上报,协助上级宣传部门制定新闻发布方案,正确引导社会舆论。

(四)综合保障小组。由社区居(村)委会、辖区企事业单位和物业公司

（或管理企业）的有关人员组成,主要职责是在突发公共事件发生后,负责为现场指挥部提供场地、办公设备和后勤服务保障;协助疏散人员,安置受灾群众,引导居民开展自救互救。

（五）其他工作小组。根据突发公共事件处置的实际情况,需要对辖区内居住的外籍人员等提供相关服务时,可组建外事工作组等。

第十条 志愿帮扶 积极发展社区志愿者服务队伍。由社区根据辖区居民资源和组成的状况,确定老人、儿童、残疾人及长期患病者等人群为具体帮扶对象,并通过结对帮扶的形式由志愿者组成帮扶小组,在突发公共事件发生后按照事先制定的疏散路径,及时将帮扶对象从事发现场撤离到避难场所或安全的临时安置位置。

（一）社区志愿者服务队伍的基本要求是广泛参与,职责明确,制定志愿者组织工作制度,签订志愿服务协议等。

（二）发展社区志愿者服务队伍,应吸收一切能够自愿、义务、无偿地参与社区综合防灾减灾工作的社区人员,有明确的分工、明确的自身定位、明确的志愿者身份,能够充分调动志愿者的服务积极性。志愿者也可以成立服务组织,制定完备的志愿者工作制度,努力提高服务水平。

第三章 应急准备

第十一条 工作目标 在本市综合防灾减灾社区建设工作中,社区要积极开展有关综合防灾减灾的各项应急准备工作,在面对突发事件时真正做到心中有数,应对及时,有备无患。

第十二条 风险处置 社区灾害风险排查及评估是社区综合防灾减灾工作的基础,社区应当定期或根据辖区实际情况变化及自查报告、专家评估报告,及时召开社区联席会议制定方案并组织落实。

（一）社区灾害风险评估。具体包括季节性评估、应急性评估和日常性评估,社区应当借助于本市有关灾害风险评估系统,在本区县专业管理部门的指导下,对社区可能存在的灾害风险做出科学、系统的评估。

（二）社区灾害风险排查。社区灾害隐患排查规则包括:组织机构到位、排查事项完备、排查记录详尽。即有专门的灾害隐患排查、巡视队伍(由社区工作人员和志愿者参与定期轮岗的社区巡查小组),能与居民进行及时有效的沟通(调查问卷、意见箱、便民热线、深入居民家庭等),详细记录有关情况和问题、对获得的信息进行及时汇总并制作工作日志。排查事项具体包括:自然灾害安全隐患;公共卫生安全隐患;社会安全,如社区内地下空间、工地、高空广告牌、空调架、窨井盖等各种建筑设施,道路、广场、幼儿园、中小学、老年人活动室等公共设施的安全隐患;老年人、儿童、孕妇、病患者、伤残人员等弱势人员基本情况;城市生命线系统如供电、水、气、热等方面的排查等。

(三)社区灾害风险隐患处置。具体包括自行处置、与专业部门有效联合处置和及时详尽上报信息。即巡查人员可以即时解决、简单细小的灾害隐患当场进行处置;对于排查中发现的专业、复杂的灾害隐患,及时联系公安、消防、医疗卫生等专业部门协同解决;对排查中出现的大范围的、社区无法控制解决的灾害隐患,要在第一时间内向所在地区政府及有关部门报告。

当社区周边公安交通、轨道交通、公共场所及大型群众集会等发生突发事件时,按照所在地区政府及相关部门统一安排、指挥调度,积极参与相关保障和处置工作等。

第十三条 预案制定 根据社区实际情况,制定综合防灾减灾应急救助预案,明确社区综合防灾减灾工作领导协调小组和应急小组责任人、联系方式,设立应急响应启动条件,针对社区弱势群体制定先期处置应对救助措施;确定社区灾害信息员,开展社区灾害风险隐患日常监测工作,建立健全监测制度,做到灾害风险早发现、早预防、早治理;及时准确向社区居民发布灾害预警信息。

第十四条 预案内容 社区综合防灾减灾应急救助预案内容应包括有效的组织保障、科学的预警响应(专业部门发布预警后)、充分的物质保障和合理的专业分工。具体涵盖明确的领导机构、协调的指挥系统、通畅的信息联络、全员的社会力量参与;灾害预警的科学分类、启动标准的简单明了、预警信息的有效传递、规范合理的经费预算与审批、统一有效的物资储备与调配、基本生活需求的满足与保障;医疗卫生、交通运输、治安维持、网络通信、给水排水、供电、天然气各专业工程抢险救援队伍,分工明确具体。

第十五条 预案评估 综合防灾减灾应急救助预案评估具体包括自我评估与修正、专家评估与网络交流。社区制定的综合防灾减灾应急救助预案，应当坚持每季度、每年度分别进行自我评估。社区根据自我评估的结果制定相应对策，修正预案。社区应当加强与各领域专家的联系，从不同专业角度对自评的综合防灾减灾应急救助预案进行评估，记录修改建议和意见，充实到本社区预案中。通过互联网等媒体，加强与国内外社区的交流，探讨现代社区综合防灾减灾应急救助预案的更新与完善。

第十六条 应急演练 社区应当结合自身实际需要，充分利用民政、卫生、民防、地震、消防和红十字等部门和单位的资源，发挥社区自治组织、志愿者服务队伍、专业救助队伍的作用，定期组织（或委托专业部门和社会组织）开展应对不同种类突发公共事件的应急演练，增强应急反应能力。演练具体包括组织指挥、灾害隐患排查、灾害预警及信息传递、灾害自救和互救逃生、转移安置、灾情上报等内容。要及时分析总结演练经验和问题，不断完善社区综合防灾减灾应急救助预案，提升社区的应对能力。

（一）每年在"国际减灾日"、国家"防灾减灾日"，积极开展社区综合防灾减灾应急救助预案演练等活动。

（二）社区应将综合防灾减灾应急救助预案的制定与实际演练紧密结合，在演练时及时启动相应的应急预案，保障涉险人员安全；高效、有序地实施应急响应措施，组织现场及周围相关人员疏散；组织现场急救和医疗救援等演练活动。

第十七条 宣传培训 要通过定期邀请有关专家、专业人员或志愿者，灵活多样地对社区管理人员和居民进行综合防灾减灾培训，使其掌握防灾减灾自救互救基本方法与技能，包括在不同场合（家里、室外、学校等）发生不同灾害（地震等地质灾害、洪水等气象灾害、火灾等）后的逃生自救、互帮互救等基本技能。适时开展社区间综合防灾减灾工作经验交流。

（一）社区应当根据各自的特点及可能面临的灾害风险，有侧重点地进行交通安全、医疗救生救护、消防安全、工作场所安全、家居安全、老年人安全、儿童安全、学校安全、公共场所安全、体育运动安全、涉水安全、社会治安、环境安全与防雷安全等综合防灾减灾方面的宣传教育与培训。

（二）充分利用社区内现有公共活动场所或设施（图书馆、学校、宣传栏、橱窗、安全提示牌等），设置综合防灾减灾知识专栏、制作张贴国家和本市有关综合防灾减灾政策、措施等各种宣传材料。

（三）充分利用广播、电视、电影、网络、手机短信和电子显示屏等多种途径，开展经常性的宣传教育，进一步扩大社区综合防灾减灾知识和避灾自救技能的覆盖面。

（四）开展日常性的居民综合防灾减灾宣传教育，印制符合本社区特点的、针对性强、切实可行的各类综合防灾减灾和应对突发公共事件的宣传材料，分发到每户家庭，做到家喻户晓。

（五）认真组织社区内每个家庭，结合本社区综合防灾减灾建设实际，制订家庭灾害风险应对计划，掌握必要的居家安全应对措施、程序及必要的自救技巧等。社区居民积极响应，努力提高防灾减灾意识和能力，在突发公共事件发生时，积极配合政府和社区开展综合防灾减灾工作。

（六）定期组织社区管理人员参加综合防灾减灾培训，同时采取知识竞赛、趣味问答等灵活多样的形式，向社区工作人员和居民进行综合防灾减灾培训。

第四章 设 备 设 施

第十八条 避险措施 社区应当充分利用辖区内的学校、体育场馆、公园及广场等资源，规划和设定转移安置场所、疏散转移路线。要在明显位置设立方向指示牌、绘制社区综合避难图，明确灾害风险隐患点（带）、应急避难场所分布、安全疏散路径、弱势人群临时安置避险位置、消防和医疗设施及社区指挥中心位置等信息。同时，配备必要的综合防灾减灾设备。

第十九条 安置场所 主要指社区应急疏散避险场所（过渡性避险安置场所）。针对社区内平房区域、楼房区域、平房与楼房混建区域和农村区域等房屋建筑种类不同、空间区域面积不同等现有条件，社区尽最大可能地设置符合相关专业标准、设计规范（《城市抗震防灾规划标准》（GB50413—2007）、《地震应急避难场所场址及配套设施》（GB21734—2008）、《公园绿地应急避难功能设计规范》（DB11—794—2011）等），并能够确保安全的应急疏散避险场所。要考虑到残疾人的特殊需求,开辟残疾人轮椅专用通道;配备男女专用房间(帐篷)、应急食品、水、电、通信、卫生间等生活基本设施;要配备心理咨询室,灾害发生时由志愿者或心理医生及时疏导受灾人员的心理问题,稳定受灾人群的情绪。

设置社区应急疏散避险场所参照的基本标准为:

室内安置场所人均有效面积不低于2平方米;

室外安置场所人均有效面积不低于3平方米;

有效面积 = 总面积 - 道路面积 - 不宜人员活动安置面积 - 其他不可利用面积。

社区的室内应急疏散避险场所包括:学校教室、体育馆、影剧院、人防设施等公共室内空间;民政系统的区县级和街道(乡镇)级的敬老院、福利院、光荣院;区县级的救助站、社区服务中心等设施。

社区的室外应急疏散避险场所包括:公园、绿地、广场、体育场、学校操场等室外空间。

第二十条 疏散转移 社区内应急疏散避险场所、关键路口、危险源等处应当设置醒目的安全应急标记;社区应当在辖区居民住房附近,利用标牌明确指示疏散转移方向和疏散路线,保证居民在突发公共事件发生时迅速、及时地到达应急疏散避险场所。

第二十一条 资源共享 要建立社区之间的联动机制,详细掌握周边社区应急疏散避险场所的设置情况,在发生突发公共事件、本社区不能满足疏散人口安置时及时安排使用,切实做到合理调度,资源共享。

第二十二条 避险示警 公布社区防灾减灾电子地图。社区防灾减灾电子地图的绘制,依托北京市政务地理空间信息资源共享平台,由北京市信息资源管理中心提供基础底图(包括矢量图、矢量影像图等)以及平台已有相关数据和标注。各社区负责基本情况和数据的填报,各街道(乡镇)负责组织辖区内各社区有关数据、标志点的录入和绘制工作,最终形成全市的防灾减灾电子地图。社区防灾减灾电子地图应当标明比例尺。社区要在醒目位置设置专栏,公开社区防灾减灾电子地图,便于居民查看,达到提示公众的目的。以上相关数据发生变化后,要及时统计并逐级上报到区县民政局统一汇总，由市民政局及时更改升级，保证各项数据准确。

第二十三条 标注制作 社区防灾减灾电子地图包括过渡性避险安置场所的区域标点、应急疏散路线的绘制、社区风险源的标注、消防和医疗设施及社区指挥中心位置标注和社区基础数据的录入。

（一）政府机构等办公地的区域标注。社区防灾减灾电子地图中要对辖区内市、区（县）、街道（乡镇）政府、承担灾害救助职责的市、区（县）民政局和承担综合防灾减灾工作任务职责的各专业部门以及居（村）委会办公地点进行标注，同时，标注辖区内消防和医疗设施及社区指挥中心等位置。标注地址要详细、具体，不得使用简称，地址应填报具体的门牌号码。

（二）社区应急疏散避险场所的区域标注。社区应急疏散避险场所是用于政府发出突发公共事件预警或灾害发生后需紧急转移安置且符合有关安全标准、适合居住的场所。安置场所要求远离危险源和其他安全隐患，适于搭建帐篷和临时居住生活。社区可根据相关规定，结合实际情况，确定本社区应急疏散避险场所的位置。

（三）社区应急疏散避险场所的标注。应提供社区应急疏散避险场所的名称、总面积、有效利用面积。

（四）疏散避险路线的绘制。疏散避险路线要求绘制从起点到安置场所的全程路线，路线选择要遵循道路安全畅通、快捷高效、合理分散的原则。楼房区线路要求起点具体到每个小区中每栋楼房；平房区路线要求具体到每条巷道。要根据安置场所可安置人口数量，合理安排疏散人员。同时，要标注出每个住宅小区的居住人口数量。

（五）风险源的标注。区（县）、街道（乡镇）应按照自然灾害、安全生产事故等划分确定风险源。如地质灾害中的山体滑坡、泥石流、洪涝易发区、采空区、有居民居住的泄洪区等区域，易发生爆炸、化学毒气泄漏等安全生产事故的厂矿企业、商业网点等，并标明各种灾害危险强度或等级、灾害易发时间和范围。社区内的风险源现场应当设置醒目标记。

本市山区县农村社区风险源标注确定的险村、险户以及采空区区域，要提供和标注户数、人口数、危险源（山体滑坡、泥石流、洪涝易发区、采空区等区域）的性质情况。

第二十四条 物资储备 社区应当备有必要的应急物资,包括救援工具(如水泵、铁锹、担架、灭火器等)、通讯工具(如喇叭、对讲机等)、照明工具(如应急灯等)、应急药品和生活类物资(如棉衣被、食品、饮用水等)。同时,居民家庭应配有针对社区特点的减灾器材和救生工具(如逃生绳、收音机、手电筒、哨子、灭火器、常用药品)等。

第五章 评估完善

第二十五条 档案建立 综合防灾减灾档案包括整个社区综合防灾减灾建设的各个部分,包含组织管理机制、灾害风险辨别与评估、灾害应急救助预案、宣传教育与培训演练、灾害隐患排查与处置、基础设施及资金投入、评估与改进系统等内容。

(一)社区综合防灾减灾档案的具体形式有:政策法规、制度、文件、工作日志、应急预案、活动记录、评估报告等。

(二)社区灾害记录应进行科学分类,具体是指社区在《北京市突发公共事件总体应急预案》所划分的自然灾害、事故灾难、公共卫生事件和社会安全事件4大类、13分类、34种不同灾害类型的基础上,对本社区可能面临的灾害风险进行分类记录,并将灾害发生的原因、种类、频率、造成的损失等细节记录存档。

(三)整个社区综合防灾减灾系统中的工作人员应当制作工作日志,详细记录每日的工作计划、完成情况、效果评价、改进措施等内容。应当将防灾减灾活动中产生的文字、照片、音频、视频等资料详细分类归档。

第二十六条 认证工作 选择有代表性的社区、重点单位或防灾减灾设备齐全的场所,开展气象灾害防御应急准备认证工作,并通过基层认证推动本市街道(乡镇)气象灾害防御应急准备认证达标工作的开展。有关认证标准依据市气象局的有关规定执行。

第二十七条 效果评估 通过对灾害信息的记录、统计和通报,对基础设施建设的落实,对居民的问卷调查,以及对社区居民应急逃生能力的测评等,评价本社区综合防灾减灾工作的效果,针对工作中暴露出的问题制定相应的对策。社区要不断总结以往的工作经验,为将来应急预案的完善和演练提供参考。

社区综合防灾减灾工作效果评估可参考的基本条件：

（一）社区居民（户）对社区综合防灾减灾状况满意率大于70%；

（二）社区近三年没有发生因灾造成的较大事故；

（三）具有符合社区特点的综合防灾减灾应急救助预案；

（四）经常开展综合防灾减灾知识宣传和技能培训；

（五）经常开展综合防灾减灾应急演练活动。

对发生重大安全事故且负有管理责任的社区，给予通报批评。

第二十八条 经验交流 通过社区间交流，相互取长补短，促进本社区综合防灾减灾工作的长期发展。交流应多渠道、多方面，包括：社区综合防灾减灾工作经验总结；社区综合防灾减灾工作问题汇总；社区综合防灾减灾工作沟通交流（经验座谈会、实地考察学习、网络通讯交流）；社区综合防灾减灾工作改进措施等。

第六章 附 则

第二十九条 本标准自下发之日起实施。

第三十条 本标准由北京市民政局负责会同各相关业务主管部门进行解释。

附录 2
相关典型案例

白鹤滩水电站施工区遭灾 事先没收到救命预警[①]

一、背景

6月28日凌晨6点左右,发生在白鹤滩水电站前期施工区的特大山洪泥石流,有"4、5层楼高"。截至7月4日,泥石流已致7人死亡、33人失踪。附近村民和施工人员记得,这场大雨始于27日晚8点左右,谁也没想到,这天夜里的大雨能引发如此大的山洪泥石流。因为,在此之前半个月,白鹤滩镇几乎每天下雨,晚上下,白天停。矮子沟附近村组均不同程度受灾,17户80余间民房被毁,所幸没有人员死亡。这场灾害中,伤亡、失踪者均为白鹤滩水电站施工人员、晏子酒家的经营者和打工者。在晏子酒家上方七八百米处,还有两处工棚被冲毁,里面住了约50名工人。他们负责修建工棚斜对面的一个导流洞。幸运的是,这些工人中虽有人受伤,但通过自救和附近村民帮助,他们全部逃生。

二、原因

1. 没有收到的预警

事发前一天和事发当天,宁南县官方和三峡集团都发出预警

[①] 本案例根据《潇湘晨报》记者周清树、周喜丰编写的新闻报道改编,有部分删节,文中一级标题为笔者所加,报道原文来自 http://news.rednet.cn/c/2012/07/06/2669464.htm。

信息,三峡集团也表示连发了8次预警。但两条渠道的预警信息并没有传达至一线施工人员。事实上,山洪泥石流到来前,当地曾发出了预警。记者查阅宁南县国土资源局地质灾害值班记录本,上面记录:27日下午4时44分,接县气象局短信,预计27日晚到28日,宁南县有中雨天气过程,局部地区有暴雨、强雷暴、冰雹,地质灾害为"可能性大的"4级。当天下午5时05分,值班人员发送预警短信:由于近日持续降雨,土壤含水量增加,请各地质灾害隐患点监测人特别注意对滑坡、崩塌、泥石流等隐患的监测、巡视和预警预报,及时撤离转移严重受威胁群众,切实防范因持续降雨可能引发的地质灾害造成的人员伤亡和重大财产损失,并及时报送信息。该短信发送县级领导小组电话34个,乡镇领导、监测人、矿山、国土局电话245个。

宁南县国土资源局副局长蒲红志介绍,经调查,27日下午5时05分,预警信息下发到各乡镇后,各乡镇于5时10分下发给了监测人员;下午6时32分,白鹤滩镇副镇长给三峡公司的白鹤滩电站筹备处处长胡念初发了短信,"胡有没有下发,就不清楚了。"6月28日凌晨6时,居住在矮子沟上游的村民117户、557人根据预警信息,全部安全撤离;居住在矮子沟导流洞附近一处工棚上游的村民孙红友,在组织村民撤离时,还用手电照明和大喊的方式,提醒住在工棚里面的施工人员。

三峡集团也表示曾发布过预警信息。该集团质量安全部主任胡斌说,28日凌晨3点,他们第一次发出暴雨预警信息,至山洪泥石流灾害发生前,他们一共发了8次预警。预警信息通过手机短信发送,发送对象主要包括建设部门负责人、安全部门负责人等,"他们收到短信后,再向下发送。"

但记者走访发现,这些预警并没有传达到施工工人处。李磊说,下雨这半个月来,他没有收到来自施工方的预警或提醒。事发时住在303交通洞工地的电工李贵元也称,他没有收到预警信息。住在矮子沟导流洞旁两处工棚里的陆秩华、肖先瑟、伍贤贵、廖立平、游毕文、胡仁武、康石生、任芬凤等12位工人,均表示在事发前一天和当天没有收到过任何口头、书面或短信通知和提醒。这些工人称,27日晚,他们还接到了加班通知。李磊称,他和同住在一个房间里的工友加班到28日凌晨5点。居住在导流洞附近工棚里的李大念、刘石文、陈贵先也在导流洞内加班,直到山洪泥石流涌进洞里。与李大念同住一个工棚的张文波说,27 日晚上,除了李大念等三人,其余的人本来也要加班。但晚上 11 点多,他接到带班班长电话通知,由于坏掉的搅拌机还没修好,取消当晚加班。陈诸华介绍,晏子酒家所住工人负责开挖白鹤滩编号为 303 的交通洞,该项目中标单位为中国水利水电第四工程局;水电四局将该工程发包给道隧集团(成都)工程有限公司,道隧集团负责招具体的施工人员。陈诸华是该项目的开挖一队队长,住在晏子酒家的施工人员就是他招来的。陈诸华说,事发前半个月内,他也没有收到包括短信、电话或口头通知在内的任何预警信息。记者经调查了解,上方开挖的矮子沟导流洞同样经过了转包,施工人员由武汉东苑建筑工程有限公司招入。事后,胡斌说,他们将预警信息传达到了水电四局,也对水电四局有向下传递信息的要求,"我们要求传达到每一个施工人员处,我们正在检查他们是否传递到位。"

2."让人惊讶"的渣场

"在沟里堆渣,挤占行洪道,遭遇极端天气的话,肯定很危险",有专家称。三峡集团打算挖导流洞导流洪水,但项目尚未完工,泥石流已凶猛而至。山洪泥石流灾害发生后,晏子酒家上方的一座渣场备受当地村民诟病。村民认为,渣场的存在加剧了泥石流的冲击力。

村民介绍,这座渣场于去年开始堆放,渣土高 10 多米,宽约 40 米,横亘在矮子沟河道中,只留下一道宽约 5 米的沟壑让流水通过。记者在现场看到,渣场最高处 10 多米,临近矮子沟流水区域的地方高 3 米左右。渣场的堆渣,有两个来源:一是 2005 年到 2006 年,当地居民取材建房及一家沙石料厂在开采中产生的堆渣;二是开挖导流洞时,从洞里拉出的碎石和废渣。和平村村民何美全和六城村村民冯代祥曾在导流洞工作过。他们称,这座导流洞称为上平洞,洞长 965.5 米,2010 年农历 7 月 12 日开工。"原来沙石料厂在此的堆渣只有 300 方左右,渣场几乎是平的。现在渣场的规模,主要是导流洞里开挖出来的碎石和渣土造成的。"胡斌承认,导流洞下方的矮子沟区域是规划的一个渣场,堆渣将达到 4100 万方。陈诸华说,在规划中,就连晏子酒家现在所处的位置,也将成为渣场。

地质学家、横断山研究会会长杨勇曾对沟里堆渣的行为表示惊讶。在考察金沙江水电开发期间,杨勇分别于2010年、2011年到过矮子沟。"施工方在看似不会有泥石流发生的沟里堆渣,挤占行洪道,遭遇极端天气的话,肯定很危险,我当时还特意提醒过他们(施工人员)。"

电站业主也试图规避这一地质风险。胡斌说,为腾出矮子沟的地皮和空间,三峡集团决定改变矮子沟中河水流向,便在山间挖出一条导流洞,让洪水从洞中流过。但是,导流洞项目尚未完工,山洪泥石流已汹涌而来。环抱着矮子沟的,是两座当地人称为"椅子角"和"上村梁子"的山。在晏子酒家前约400米处,两座山形成拐角。在长约300米的拐角处,水由北向南流,经过拐角后,矮子沟的水继续由西向东流,一直流入千米外的金沙江。

6月30日,记者在拐角处看到,这里堆满了石块。椅子角山西侧处堆积了大量淤泥,踩进去深没膝盖。陈诸华、赵剑及正在清理石块的和平村村民认为,泥石流在经过两座山拐角时,应该有一次回流。而高只有3米左右的平坦渣场不会对泥石流造成堵塞,但渣场东侧坍塌了长约10米、宽约2米的渣土,增加了泥石流的含沙量和冲击度。蒲红志表示,在矮子沟设立渣场,电站业主并没有向县国土局备案或者报批,"至于沟里的渣土在多大程度上参与了泥石流,需要专家来分析"。在官方通报的事故原因中,初步判断为局地强降雨造成饱水土体发生崩滑,局部堵塞沟道,发生溃决形成瞬间较大洪流侵蚀斜坡及沟谷松散体,形成此次特大山洪泥石流灾害。胡斌说,此次泥石流形成3处堵塞汇流的情况,第一次堵塞发生在距导流洞上方11公里左右。事发后赶至现场的白鹤滩电站设计方华东勘测设计研究院一位人士称,另一次堵塞发生在晏子酒家上游约4公里处。相关部门没有详细公布第三次堵塞的地点。

3. 危险的电站库区

在一片挺坝与反坝的口水战中,金沙江流域脆弱的地质已面露狰狞。专家介绍,金沙江流域内新构造活动强烈,地震频发,岩体破碎。滑坡、崩塌、泥石流等灾害频繁发生,危害巨大。

对于金沙江水电开发来说,刚刚过去的6月是黑色的。在"6·28"特大山洪泥石流发生前,金沙江流域还有另外两个电站施工区发生类似灾害:6月14日下午,局地强降雨诱发山体滑坡泥石流灾害,位于云南玉龙县的阿海水电站施工工地两个工棚被泥石流卷走,7 人失踪、1 人重伤;22 日凌晨,云南禄劝县乌东德水电站工地上发生泥石流塌方事故,两辆卡车掉落山谷,1 人死亡、2 人失踪。

阿海水电站由云南省金沙江中游水电开发有限公司开发,已经开始蓄水;白鹤滩、乌东德水电站由三峡集团公司开发,乌东德水电站系金沙江下游 4 大梯级水电站的"龙头",其下游便是白鹤滩电站。公开报道显示,白鹤滩水电站规划装机容量 1600 万千瓦,正常蓄水位 825 米,其装机容量仅次于三峡电站,位列世界第二。而乌东德水电站规划装机容量 870 万千瓦,亦位列世界前十。目前,白鹤滩和乌东德两电站进行的均是前期施工,均计划在 2012 年完成项目核准。加上三峡集团在金沙江下游开发的溪洛渡与向家坝电站,4 座电站的总装机容量相当于"两座三峡"。

金沙江密集的水电开发,近年引发广泛争议。在支持者看来,这是在国家调整能源结构的大背景下,充分利用水能资源,利国利民;而在批评者看来,这种"不留一米水头的开发"将毁掉一条河流,并造成难以预计的生态灾难。在一片挺坝与反坝的口水战中,金沙江流域脆弱的地质已显露其狰狞面目。

杨勇长年考察金沙江流域地质问题,20 余年来,他一次又一次地见证了这个流域的生态蜕变。他痛惜的是,相对于二三十年前的自然灾害,现在给金沙江制造创伤的更多是人为因素。杨勇介绍,金沙江地处青藏高原过渡地带,地质条件恶劣,生态环境脆弱。流域内新构造活动强烈,地震频发,岩体破碎。滑坡、崩塌、泥石流等灾害频繁发生,危害巨大。据初步统计,金沙江流域地质灾害 3739 处,其中滑坡 2032 处,崩塌 322 处,泥石流 932 处,不稳定斜坡 453 处。"白鹤滩库区,库容最大,搬迁移民人数最多,地质灾害最密集。"杨勇说,白鹤滩电站大坝位于川滇南北构造带,选址时尽量避开了大断层,但乌东德水电站大坝离断层只有几百米。

4. 脱节的应急联动

四川省常务副省长魏宏在急赴宁南途中,便在追问:四川省在汛前举行的地质灾害防治工作电视电话会议,宁南县有没有通知到白鹤滩电站业主三峡集团?宁南县回复:"根据文件精神,未通知三峡集团参加。"

位于库区的宁南县，不仅是地质灾害的易发区、高发区，而且山高谷深，处于干热河谷地带，地质破碎，老百姓居住条件差，环境恶劣。蒲红志说，宁南地质灾害主要表现为，突发性、季节性和夜间多发、成灾严重性大。5月至10月，是当地汛期，而地质灾害主要集中在6月至9月，夜间发生的地质灾害占到60%—65%。

今年4月5日，四川省政府曾组织召开全省汛期地质灾害防治工作电视电话会议，四川省常务副省长魏宏强调，各地要坚持开展地质灾害隐患排查预防；始终把工作重点放在群测群防上；特别注重把所有工作做到操作层面；坚持汛期情况下实行主动避让；切实抓好地质灾害治理工程。然而，这次按照惯例每年在汛前召开的会议，白鹤滩水电站业主三峡集团并无人员参加。

在"6·28"特大山洪泥石流发生之后，四川省常务副省长魏宏在急赴宁南的途中便追问宁南县有没有通知三峡集团参加。宁南县出具了一份"情况说明"，称根据文件精神，县政府办通知了地质灾害领导小组单位30家32人和矿山企业8家有关负责人参加。蒲红志称，当时的一个疏漏是，上级文件只说要通知领导小组和市县级重点工矿企业，所以，当时未通知三峡集团参加。"因为它是央企，所以没有纳入进来。"

宁南县的"情况说明"同时表明，在5月29日白鹤滩电站建设移民推进工作大会上，县政府副县长宋远和对三峡集团在工程建设过程中的地质灾害预防工作做了专题安排和强调，同时，白鹤滩镇政府也按照地质灾害属地管理原则，对三峡集团在建设过程中涉及的地质灾害工作进行了督促，并分别于5月7日、5月22日去函，要求三峡集团加强排查。然而，所有的这些沟通与提醒，并没能让晏子酒家里的住客提前逃离。

宁南县有关部门负责人称，此次事故当地百姓无一死亡，说明老百姓的警觉性已经很高了；至于预警短信为什么没有传达到施工工人，他们不便表态，还需要上级有关部门进行调查。就在"6·28"特大山洪泥石流发生前一天，因为阿海水电站泥石流灾害的发生，6月27日，云南省丽江市政府召开山洪地质灾害防治工作座谈会，强化山洪地质灾害群防群治联动机制。这次会议，同样透露了一个惊人的事实：在6月14日阿海水电站发生泥石流灾害前三天,丽江市气象部门已通过手机短信平台向阿海水电站发布了重要天气消息并向政府和相关部门报告,提示注意做好局地强降水引发的泥石流防范工作,"但由于在应急联动机制以及防灾减灾意识等方面存在薄弱环节,导致在连续发布气象预警的情况下仍出现重大人员伤亡事故。"

主要参考书目

1. 艾尔·巴比:《社会研究方法》(第11版),邱泽奇译,华夏出版社2009年版。
2. 陈庆云:《公共政策分析》,中国经济出版社1996年版。
3. 陈庆云:《公共政策分析》(第二版),北京大学出版社2011年版。
4. 张国庆:《现代公共政策导论》,北京大学出版社1997年版。
5. 张金马:《政策科学导论》,中国人民大学出版社1992年版。
6. 林德金等:《政策研究方法论》,延边大学出版社1989年版。
7. 国家科委全国重大自然灾害综合研究组:《中国重大自然灾害及减灾对策(总论)》,科学出版社1994年版。
8. 《中华人民共和国国家标准:自然灾害基本术语》,中国标准出版社2011年版。
9. 丁石孙:《灾害管理与平安社区》,群言出版社2006年版。
10. W.尼克·卡特:《灾害管理手册》,许厚德主译,地震出版社1993年版。
11. 王柯:《"阪神大震灾"的教训与"创造性复兴"》,中国民主法制出版社2009年版。
12. 世界卫生组织:《社区应急准备——管理及政策制定者手册》,人民军医出版社2002年版。
13. 中华人民共和国国务院新闻办:《中国的减灾行动》,外文出版社2009年版。
14. 赵民等:《社区发展规划:理论与实践》,中国建筑工业出版社2003

年版。

15. 中华人民共和国民政部和联合国驻华机构灾害管理小组编:《社区减灾政策与实践》,2009年。

16. 吕芳:《社区减灾:理论与实践》,中国社会出版社2011年版。

17. 罗平飞:《全国减灾救灾政策理论研讨优秀论文集》,中国社会出版社2011年版。

18. 托马斯·R.戴伊:《自上而下的政策制定》,鞠方安等译,中国人民大学出版社2002年版。

19. 卡尔·帕顿、大卫·沙维奇:《政策分析和规划的初步方法》,孙兰芝等译,华夏出版社2001年版。

20. E.R.克鲁斯克、B.M.杰克逊:《公共政策词典》,唐理斌等译,上海远东出版社1992年版。

21. 威廉·N.邓恩:《公共政策分析导论》,谢明等译,中国人民大学出版社2002年版。

22. R.M.克朗:《系统分析和政策科学》,陈东威等译,商务印书馆1985年版。

23. 姜圣阶:《决策学基础》,中国社会科学出版社1986年版。

24. 陈振明:《政策科学》,中国人民大学出版社1998年版。

25. 史蒂文·凯尔曼:《制定公共政策》,高正译,商务印书馆1990年版。

26. 斯图亚特·那格尔:《政策研究百科全书》,林明等译,科学技术文献出版社1990年版。

27. 大岳秀夫:《政策过程》,傅禄永译,经济日报出版社1992年版。

28. C.E.林德布洛姆:《政策制定过程》,朱国斌译,华夏出版社1988年版。

29. 叶海卡·德罗尔:《逆境中的政策制定》,王满船等译,上海远东出版社1996年版。

30. 徐颂陶、徐理明:《走向卓越的中国公共行政》,中国人事出版社1996年版。

31. 张世贤:《公共政策析论》,(台湾)五南图书出版公司1986年版。

32. 詹姆斯·安德森:《公共决策》,唐亮译,华夏出版社1990年版。

33. 朱崇实、陈振明等:《公共政策——转型时期我国经济社会政策研究》,中国人民大学出版社1999年版。

34. 斯图亚特·尼古:《政策学:综合与评估》,周超等译,中国人事出版社1991年版。

35. 刘斌、王春福等:《政策科学研究[第一卷]〈政策科学理论〉》,人民出版社2000

年版。

36. 刘家顺、王永青等:《政策科学研究[第二卷]〈政策研究方法〉》,人民出版社 2000 年版。

37. 胡宁生:《现代公共政策研究》,中国社会科学出版社 2000 年版。

38. 郭魏青、卢坤建:《现代公共政策分析》,中山大学出版社 2000 年版。

39. J. Edward Russo、安宝生、徐联仓:《决策行为分析》,北京师范大学出版社 1998 年版。

40. P. E. 穆迪:《决策——获得较佳决策的方法》,朱美琪等译,人民交通出版社 1988 年版。

41. T. X. 布依:《群体决策支持系统》,席酉民等译,西安交通大学出版社 1992 年版。

42. 林水波、张世贤:《公共政策》,(台湾)五南图书出版公司 1982 年版。

43. 戴维·米勒、韦农·波格丹诺:《布莱克维尔政治学百科全书》,邓正来等译,中国政法大学出版社 1992 年版。

44. 范翰章等:《决策心理学》,中共中央党校出版社 1996 年版。

45. 弗莱蒙特·E.卡斯特、詹姆斯·E.罗森茨韦克:《组织与管理——系统方法与权变方法》(第四版),傅严等译,中国社会科学出版社 2000 年版。

46. 韩春立等:《管理决策论》,学术期刊出版社 1989 年版。

47. 赫伯特·西蒙:《管理行为——管理组织决策过程的研究》,杨砾等译,北京经济学院出版社 1988 年版。

48. 贺仲雄等:《决策科学——从最优到满意》,重庆出版社 1988 年版。

49. 黄孟藩:《决策概论》,浙江教育出版社 1989 年版。

50. 黄孟藩等:《决策行为与决策心理》,机械工业出版社 1995 年版。

51. 胡象明:《经济政策与公共秩序》,湖北人民出版社 2002 年版。

52. 李成言等:《廉政政策分析》,北京大学出版社 2002 年版。

53. 李成智:《公共政策》,团结出版社 2000 年版。

54. 刘文海:《技术的政治价值》,人民出版社 1996 年版。

55. 迈克尔·罗斯金等:《政治科学》(第 6 版),林震等译,华夏出版社 2002 年版。

56. 曼瑟尔·奥尔森:《集体行动的逻辑》,陈郁等译,上海人民出版社 1995 年版。

57. 毛寿龙等:《西方政府的治道变革》,中国人民大学出版社 1998 年版。

58. 尼古拉斯·亨利:《公共行政与公共事务》(第 7 版),项龙译,华夏出版社 2002 年版。

59. 鲍宗豪:《决策文化论》,上海三联书店 1997 年版。

60．塞缪尔·亨廷顿：《变化社会中的政治秩序》，王冠华等译，三联书店1989年版。

61．斯蒂文·库克、尼葛尔·斯莱克：《制定管理决策教程》，邸东辉等译，华夏出版社2000年版。

62．桑玉成等：《公共政策学导论》，复旦大学出版社1991年版。

63．谢庆奎等：《中国政府体制分析》，中国广播电视出版社1995年版。

64．谢庆奎等：《中国地方政府体制概论》，中国广播电视出版社1995年版。

65．许文惠等：《行政决策学》，中国人民大学出版社1997年版。

66．杨爱华：《公共决策》，团结出版社2000年版。

67．杨海滨：《决策环境论》，冶金工业出版社2000年版。

68．张尚仁：《现代决策方法学》，山东人民出版社1989年版。

69．赵成根：《民主与公共决策研究》，黑龙江人民出版社2000年版。

70．中国社会科学院公共政策研究中心、香港城市大学公共管理及社会政策研究中心编：《中国公共政策分析》（2001年卷），中国社会科学出版社2001年版。

71．欧文·E.休斯：《公共管理导论》（第二版），彭和平等译，中国人民大学出版社2001年版。

72．张国庆：《行政管理学概论》，北京大学出版社2000年版。

73．宋艳琼、赵永、徐富海：《国家社区减灾三种模式比较》，载《中国减灾》2010年第19期。

74．金磊：《中国安全社区建设模式与综合减灾规划研究》，载《城市规划》2006年第10期。

75．张晓宁：《中国的社区减灾政策》，载《中国减灾》2010年第5期。

76．吕芳：《社区公共服务中的"吸纳式供给"和"合作式供给"：以社区减灾为例》，载《中国行政管理》2011年第8期。

77．中国城市科学研究会：《21世纪城市综合防灾减灾战略思考》，载《城市发展研究》2000年第3期。

78．关贤军、陈海艺、尤建新：《城市社区防灾减灾工作机制研究》，载《中国安全科学学报》2008年第11期。

79．叶宏、王健、张建：《社区灾害管理的本土化策略：以西部民族地区为例》，载《西南民族大学学报（人文社科版）》2012年第6期。

80．杨新红：《美国减灾的应急及社会联动机制研究：以卡特里娜飓风为例》，载《中国安全生产科学技术》2012年第1期。

81．宗文：《时代呼唤灾害教育》，载《投资北京》1996年第9期。

82. 汪泓宏:《时代的趋势——发展灾害教育》,载《中国减灾》1996年第2期。

83. 陈霞、朱晓华:《试论灾害教育在防灾减灾中的作用》,载《灾害学》2001年第3期。

84. 民政部国家减灾中心:《农村社区减灾能力研究报告》,联合国开发计划署(UNDP)资助项目《早期恢复和灾难风险管理项目》的子项目报告,2009年2月。

85. 民政部国家减灾中心:《川甘陕农村社区减灾调研报告》,联合国开发计划署(UNDP)资助项目《早期恢复和灾难风险管理项目》的子项目报告,2009年7月。

86. 民政部国家减灾中心:《我国减灾救灾政策研究现状的调研报告》,2009年11月。

87. 中国国家减灾委办公室:《城乡社区减灾能力建设研究报告》,联合国开发计划署(UNDP)资助项目《早期恢复和灾难风险管理项目》的子项目报告,2010年12月。

88. 民政部国家减灾中心:《健全和完善跨部门的民政综合协调机制研究——以减灾救灾综合协调机制为例》,2013年6月。

89. 来红州:《全国综合减灾示范社区调研报告》,2012年。

后　记

　　没想到书稿完成之时,新的一年又悄然而至。虽然还是隆冬时节,但北京的冬天似乎还不够寒冷,期盼已久的瑞雪也没有如约而来,让人真真切切地感受了一把"大雪"无雪的怅然,也只能在记忆中寻找那曾经的在古城墙下踏雪寻梅的诗情画意。这不能不让人对过去的一年留下些许遗憾。

　　书稿的撰写也是如此。原计划一年完成的任务,却由于林林总总的原因拖延至今,让我们在成稿欣喜的同时总感觉少了些什么。这或许就是哲人们所言的"留有缺憾的美"的因缘吧!但不管怎样,我们都有一种如释重负的感觉。因为,它的出版总算是了却了我们当初的一个心愿,也算是对所有关心和帮助我们完成书稿撰写的诸君有了一个交代。

　　工作之余做研究是一件很辛苦的事情,但同时又是一件让人心驰神往的事情。它就像深山老林里一间神秘的小屋,大漠深处一轮弯弯的月儿,天涯客舍一缕清幽的笛声。多少年后,它都会轻轻地叩开你记忆的门扉,让你在纷繁复杂的琐事中,让你在世事纷扰的尘间里,始终在内心深处轻轻地安放着一处精神的家园和心灵栖息之所。

　　政策研究是一项长线工作,它需要时间、理念和执著的精神。而社区减灾政策的复杂性和实践性,注定了对它的研究是一个漫长而艰苦的过程。它不仅需要深厚扎实的理论功底,更需要丰富的政策实践经验,尤其是需要孜孜以求的思考和探索精神。要达到这一切,我们都还有很长很长的路要走。所以,在研究和写作中总有一种力不从心的感觉,一些本该更深入分析的部分也只能点到为止。好在我们更多的是将本书定位于对政策的一种理解、对工作的一种思考、对问题的一种探索,而不是一本完完全全的学术书籍,故纵然有诸多不足,相信读者都能以宽容来待之。

在本书的写作过程中,最应该感谢的是民政部国家减灾中心。她不仅给了我们一份职业,更给了我们成长的机会。她让我们有机会参与《国家防灾减灾人才发展中长期规划(2010—2020年)》的编制,她让我们有机会参与《全国综合减灾示范社区标准》的修订,她让我们有机会参与《中国的减灾行动》白皮书的编写,她让我们有机会参与减灾的国际交流与合作……所有这些难得的经历,都是一笔弥足珍贵的财富,不仅让我们有了研究的基础和写作的灵感,更让我们的成长之路走得更稳,也走得更远!

感谢民政部救灾司减灾处处长来红州博士,他对社区减灾政策的理解,让我们深受启发。他为我们的写作提供的支持和帮助,更让我们深受感动,心怀感激!

感谢英国国际发展部驻华代表处环境顾问吴琳女士,她对本书的顺利出版给予了大力支持。

感谢联合国开发计划署驻华代表处助理国别主任杨方女士,她的远见卓识和敬业精神给我们留下了深刻的印象。在合作开展社区减灾项目的几年时间里,她对我们的研究给予了很多的帮助,也大力支持我们将研究中对社区减灾的所思所想形成文字、集结成书。

本书得以顺利出版,与北京大学出版社的努力是分不开的。在这里,由衷地感谢北京大学出版社社科编辑部高桂芳博士,他为本书的出版付出了辛勤的劳动。

作者水平有限,欢迎读者的批评指正。

作　者

谨识于北京广百东路6号院

二〇一四年元旦